L'Oral au lycée

Préparer l'EAF

Laurence Escudé
Fabienne Marliangeas

scérén
CRDP
MIDI-PYRÉNÉES

Collection Savoir et Faire en Français

Centre National de Documentation Pédagogique
Centre Régional de Documentation Pédagogique de Midi-Pyrénées
3, rue Roquelaine – BP 7045 – 31069 TOULOUSE cedex 7
Directeur de la publication : Marc BLANCHET
Directrice de la collection : Joëlle JEAN, IA-IPR de Lettres
Édition : Vincent PUYMOYEN

PAO : CRDP Midi-Pyrénées
Maquette de couverture : Yolande REYNIER

ISSN 1275-5575
ISBN 978-2-86565-396-6

Sommaire

DEUXIÈME PARTIE

QUESTIONNER À L'ORAL DE L'EAF

TROISIÈME PARTIE

VERS UNE DIDACTIQUE DE L'ORAL

Préface

L'ORAL : enseignement de l'oral, place de l'oral dans l'enseignement, maîtrise de l'expression orale, prise en compte des enjeux pragmatiques, exercices et évaluation spécifiques, autant d'exigences, autant en fait de questions qui forment un leitmotiv d'autant plus obsédant que si la réflexion théorique s'est bien développée depuis des années, si la recherche didactique a connu quelques avancées, dans la pratique de la classe et *a fortiori* au lycée, l'oral est encore « le parent pauvre », en dépit des enseignants eux-mêmes, de plus en plus conscients de ses enjeux et de sa valeur.

Si l'apprentissage de l'oral a pris une importance croissante dans les Instructions officielles et dans les préoccupations ministérielles, c'est d'abord parce que l'amélioration et la maîtrise du discours oral est la condition *sine qua non* de la maîtrise de l'expression : expression de soi, de ses idées, de ses sentiments, de ses convictions mais aussi de cette aptitude au dialogue qui passe par l'écoute, la compréhension et le respect de l'autre. Or, rien ne facilite le dialogue comme la conscience qu'ayant soi-même « les mots pour » dire et se dire, on bénéficiera de la même écoute et du même respect. C'est donc surtout la condition de cette estime de soi sans laquelle il ne saurait y avoir ni ouverture à l'autre ni confiance en quelque contrat que ce soit.

L'enjeu social et, disons-le, politique que nous définissons ici est un enjeu crucial et représente, parmi toutes celles que l'institution scolaire est de plus en plus appelée à assurer, la mission fondamentale de l'école. Il suffit pour s'en assurer de lire le texte officiel définissant « le socle commun des connaissances et des compétences ».

Or, si les programmes de l'école, du collège et maintenant du lycée font une place de plus en plus affirmée à l'oral, cet enseignement reconnu comme essentiel a cependant du mal à se développer. Pourquoi ? Les enseignants sont unanimes à déplorer la réduction des horaires qui les prive d'un temps absolument nécessaire à leurs yeux pour entreprendre cet enseignement spécifique. Un rapport de l'Inspection générale qui effectuait en 1999 un bilan décevant de l'oral au lycée incriminait plutôt la focalisation des professeurs sur l'EAF et les modalités d'approche des textes littéraires. Les deux explications pourraient fort bien au demeurant être complémentaires.

Est-il bien pertinent dès lors de produire un livre sur l'enseignement de l'oral au lycée qui affiche clairement comme objectif de «Préparer à l'EAF» ?

Reconnaissons d'abord qu'il serait vain de nier que «préparer les élèves à l'EAF» figure parmi les préoccupations majeures des enseignants de lettres et s'avère souvent pour eux un objectif pédagogique central.

Ajoutons qu'il serait sans doute hypocrite de le déplorer dans la mesure où la pression parentale et sociale, le commentaire médiatique des sujets et des résultats, la glose saisonnière plus ou moins pertinente des diverses instances littéraires et culturelles ne permettent guère au professeur d'essayer d'y échapper.

Mieux vaut à l'évidence faire en sorte qu'atteindre cet objectif suppose, impose même véritablement, de construire des compétences dont l'exercice, la mise en oeuvre et la finalité, tout en entrant en résonance et concordance avec les modalités de l'épreuve de français au baccalauréat, les débordent très largement.

C'est bien, semble-t-il, un des objectifs visés par les nouveaux programmes de lycée mis en place au début des années 2000, et par la réforme importante qui s'en est suivie de l'épreuve anticipée de français à l'écrit comme à l'oral.

Il importait donc de mettre à la disposition des enseignants de lettres un ouvrage qui explicite avec clarté et fermeté non seulement les contenus de ces programmes mais aussi les modalités de leur mise en œuvre, en commente les principales modifications, en éclaire les présupposés théoriques et les conséquences didactiques et pédagogiques dans l'enseignement de notre discipline : projet annuel, séquence et croisement des objets d'étude, projet de lecture et problématiques littéraires, élaboration du descriptif et bon usage de celui-ci pour questionner à l'oral.

Mais on voit donc par là même pourquoi il s'avérait indispensable de souligner et de développer les principales pistes grâce auxquelles désormais un enseignement de l'oral peut et doit se construire en liaison étroite avec «la préparation de l'épreuve et les méthodes d'approche et d'étude des textes» et non pas indépendamment et comme de surcroît.

En cohérence profonde et nécessaire avec les programmes du collège, les programmes de lycée mettent l'accent sur les objectifs fondamentaux de l'enseignement du français : maîtrise de la langue et des discours à l'oral comme à l'écrit, connaissance de la littérature, constitution d'une culture, formation du jugement et d'une pensée critique autonome.

C'est bien dans ces perspectives, en effet, que les programmes précisent, redéfinissent et diversifient les modes d'approche et de lecture des textes. L'étude analytique de l'œuvre intégrale voit sa prééminence confirmée et accrue, le rôle indispensable du groupement de textes dans la constitution d'une culture est affirmé et conforté à travers l'introduction explicite dans les programmes de tous les modes d'intertextualité littéraire et iconographique. La nécessité pour l'enseignant de formuler clairement désormais un projet de lecture problématisé éclaire leur étude commune et complémentaire.

À la lecture analytique des œuvres et des textes, s'ajoute la pratique régulière et institutionnalisée des lectures cursives. Les compétences nécessitées par les exercices traditionnels de dissertation et de commentaire littéraire s'expriment aussi au travers d'un autre exercice d'écriture et de composition, plus « novateur » que réellement nouveau tant il s'inscrit lui aussi dans une très ancienne tradition, l'écriture d'invention.

Pas une seule de ces pratiques de classe qui ne soit évaluée désormais à l'EAF et ne constituent la matière même des épreuves écrite et orale.

Loin des controverses théoriques sur les possibilités d'une didactique de l'oral, même si elles prennent le soin de les exposer, d'en expliciter les réels enjeux et de s'interroger sur les difficultés ainsi soulevées, les auteurs de cet ouvrage relèvent le défi de proposer un enseignement de l'oral dont la mise en œuvre est concrètement et directement articulée sur les nouveaux programmes de lycée, les modalités rénovées de l'examen et les pratiques de classe ainsi induites, conformément aux préconisations des IO.

C'est en effet l'originalité principale de cet ouvrage que de se vouloir d'une efficacité directe et de montrer comment chaque pratique de classe, la plus quotidienne et la plus habituelle de l'enseignant de lettres, peut et doit concourir à construire des compétences d'oral autant que d'écrit, de langue autant que de culture, de parole organisée comme de raisonnement solidement argumenté.

Osons d'abord une lapalissade : l'étude de la littérature représente la plus profonde et la plus complète leçon de relation sensible et intelligente à soi, au monde, à l'autre, initie aux compétences les plus affirmées d'écoute et de dialogue, à la compréhension la plus fine, la plus complexe et la plus subtile des lois qui régissent la langue, le discours et la communication.

L'analyse des dialogues au théâtre ne laisse pas ignorer grand-chose des lois de l'échange, la lecture d'un poème éclaire la relation consciente et inconsciente du sujet à la langue et au langage, et à la manière insoupçonnée dont ceux-ci nous forment et nous informent, etc.

Mais les démarches pédagogiques elles-mêmes relèvent de cet apprentissage ou devraient en relever. Dans quelle mesure, par exemple, la pratique de la lecture analytique, pratique orale fondée sur la réception des élèves et la négociation collective des interprétations, consent-elle à l'élève un temps conséquent de prise de parole organisée ? Quelle valeur est donnée à cette parole ? par quelle exploitation de la part de l'enseignant, des autres élèves ? Et fait-on toujours mesurer à la classe la progression ainsi permise dans la compréhension et l'interprétation du texte ? N'est-ce pas là cependant une condition indispensable de l'apprentissage à mettre en œuvre dès la classe de Seconde si l'on veut correctement préparer les élèves à l'oral de l'EAF ? Mais aussi aux compétences interprétatives nécessaires à l'épreuve du commentaire ?

Nul enseignant n'ignore que la mise en voix d'un texte en constitue une première approche interprétative et sa récitation, une des formes de son appropriation. Mais songe-t-on assez qu'une retranscription d'oral facilite la compréhension du bon usage du brouillon et des spécificités de la réécriture autant sinon plus que des caractéristiques du langage parlé ?

Préparer les élèves à la deuxième partie de l'EAF, cet « entretien » souvent considéré par les professeurs comme décevant, ne répond ni aux mêmes critères ni aux mêmes exigences que la maîtrise de « l'exposé » initial mais ne saurait s'improviser davantage. La validation diversifiée des lectures cursives, leur mutualisation et leur restitution par des prises de parole régulées, par une forme d'argumentation plus souple et plus socialisée, par un dialogue ouvert et dynamique orienté vers la relecture autonome et personnelle de l'œuvre représentent en revanche à cet égard un exercice d'autant plus fructueux qu'il peut être régulier et contribue également pour une large part à la préparation de l'épreuve écrite.

On l'aura compris, les deux auteurs de cet ouvrage qui se révèlera des plus précieux pour les enseignants de lettres en lycée, ont relevé et réussi un pari audacieux: « l'oral » est bien un objet d'apprentissage spécifique mais point n'est besoin de l'enseigner aux élèves, en cours de français, comme un objet indépendant de l'enseignement général de la discipline, et qui relèverait d'activités ou de mises en situation, totalement absentes à ce jour des pratiques de classe. Au contraire, convenablement conçues, conduites et orientées toutes les pratiques, toutes les activités de lecture et d'écriture, d'analyse, de commentaire, d'écoute et de restitution, de réflexion et d'argumentation, et les différentes étapes de découverte, de tâtonnement, d'élaboration et de production finale plus ou moins maîtrisée, contribuent à construire et à développer des compétences de communication, à doter les élèves de stratégies discursives efficaces, les aident à créer avec autrui des interactions verbales riches et complexes, lors de l'examen certes, mais aussi dans leur vie sociale, professionnelle et affective.

C'est affirmer que le professeur de français en enseignant aujourd'hui la littérature et la langue dans un rapport réflexif approfondi, dans une conscience de plus en plus affinée des enjeux littéraires, des problématiques historiques et culturelles, de l'évolution des fonctionnements linguistiques et langagiers comme de leur dimension pragmatique, contribue d'une manière fondamentale et essentielle à une formation réussie à la citoyenneté et plus largement encore, conformément à sa mission de toujours, à une éducation aux humanités et aux valeurs de l'humanisme.

Joëlle JEAN
IA-IPR de Lettres
Directrice de la collection
« Savoir et Faire en Français »

Introduction

C'EST muni de son « descriptif des lectures et activités » de l'année que le candidat se présente devant l'examinateur le jour de l'épreuve orale de l'EAF. Le descriptif donne le cadre contractuel de l'épreuve et l'examinateur utilise ce document pour mettre en œuvre le questionnement puisque, comme on le sait, l'examinateur pose à l'élève une question d'interprétation sur un texte.

Cette question posée sur un texte connu du candidat réforme l'épreuve en donnant un sens plein à son intitulé : on attend bien un oral véritable, et non un « écrit oralisé » dans lequel l'élève restituerait dans un « discours second[1] » le déroulement d'une lecture analytique. La posture même de l'élève s'en trouve changée, les attentes de l'examinateur doivent l'être et de façon corollaire la préparation fournie par le professeur durant l'année.

Le cadre est clairement celui de l'oral, et par conséquent, envisager la préparation à cette épreuve de l'EAF suppose de s'interroger de façon générale sur l'enseignement de l'oral dans le cours de français. Si historiquement l'enseignement s'est centré sur l'écrit au détriment de l'oral – et même contre ce dernier –, l'idée de revaloriser l'oral dans les apprentissages est ancienne et assez communément admise. Mais c'est récemment que des travaux ayant explicitement comme but l'élaboration d'une didactique de l'oral se sont multipliés – sans pour autant que soient levées toutes les ambiguïtés.

Jean-Louis Chiss le rappelle dans un article de l'ouvrage *Didactiques de l'oral*[2] : « la question même de la possibilité d'une didactique de l'oral a été maintes fois affectée d'un réel point d'interrogation ». Les difficultés sont grandes : il s'agit de définir des contenus, d'envisager des progressions, de concevoir des exercices et enfin des modalités d'évaluation. Or cette systématisation ne va pas de soi.

---

1. C'est Elizabeth Nonnon, dans un article intitulé « Prise de parole autour des textes et travail sur l'oral au lycée », paru dans le *Recherches* n° 22, qui utilise cette expression éclairante.
2. Jean-Louis Chiss, *Didactiques de l'oral*, CRDP de Basse-Normandie, 2003, « le couple oral/écrit et la tension entre communicatif et cognitif ».

Il suffit de considérer que la définition même du terme « oral » est loin d'être évidente. L'oral peut être envisagé dans une approche fonctionnelle qui est celle des oraux du quotidien, mais le terme renvoie aussi aux lectures à « voix haute », ou bien encore à des pratiques scolaires comme l'exposé, qui donne lieu le plus souvent en réalité à un écrit oralisé dans lequel la part d'oral effective est tout à fait réduite.

Même si la perspective de l'épreuve du bac paraît simple et bien balisée, différents niveaux sont en jeu, à la fois distincts et profondément interdépendants. Les protagonistes de l'oral de l'EAF occupent des rôles et des places qui varient selon le moment considéré : lors de l'épreuve, le candidat se trouve face à un examinateur qui l'interroge en fonction des informations fournies par le descriptif ; mais il existe, en amont, un autre plan où se retrouvent ces mêmes protagonistes dans des rôles différents. L'examinateur est aussi enseignant. À ce titre, il a, durant l'année, orchestré l'élaboration du descriptif, et préparé spécifiquement ses propres élèves à l'épreuve orale. Quant à l'élève, il se trouve, avant l'épreuve, en situation d'apprentissage. Cette situation ne concerne pas seulement « l'année du bac », le travail effectué durant la classe de Première et dont le descriptif fait foi : dès la Seconde, des compétences sont mises en place.

Or, de même que la posture d'examinateur irrigue la pratique en classe, le professeur devient examinateur en ayant à l'esprit les difficultés, les problèmes posés dans son propre cours. Et l'élève construit peu à peu les compétences diverses et complexes qu'exige l'épreuve. La préparation ne se résume pas, dès lors, aux fameuses révisions, souvent effectuées dans la précipitation, qui précèdent immédiatement l'épreuve. Les interactions nécessaires entre les rôles d'enseignant et d'examinateur, d'une part, d'élève et de candidat, d'autre part, sont riches d'enseignement : elles permettent de fixer un cadre de travail rigoureux, dans lequel le double *a priori* de l'élève « bon à l'oral » ou « mauvais à l'oral » perd de sa pertinence. L'oral du bac en effet ne mesure pas seulement les capacités individuelles du candidat. Il est lié à ce qui se passe en classe, au moment où se construit le rapport aux textes sur lesquels il sera interrogé le jour de l'épreuve.

C'est tout d'abord cela que nous avons tenté de clarifier dans cet ouvrage. Mais nous proposons aussi de façon concrète et pratique des outils, des dispositifs et des exercices à mettre en oeuvre en Seconde et en Première pour, véritablement, « faire de l'oral » en classe.

PREMIÈRE PARTIE

Le descriptif des lectures et activités à l'oral de l'EAF

Le descriptif est évoqué dans le BO du 28 juin 2001 : « *En vue de l'examen oral, le professeur rédige pour l'ensemble des élèves de sa classe un "descriptif des lectures et activités" réalisées pendant l'année* ». L'élaboration de ce document implique en amont de la part de l'enseignant une bonne compréhension des « nouveaux programmes » de Première puisqu'il s'agit pour lui de construire un projet dans le cadre contraint d'un programme. En aval, il engage, de la part de l'examinateur qui est également enseignant, une réflexion sur le questionnement dans la première partie de l'oral. Il s'agit à ce titre d'un document dont l'enjeu s'avère déterminant pour la bonne conduite de l'examen.

On voit ici que l'objectif de ce « Descriptif des lectures et activités » est double. Sa rédaction doit en effet concilier deux impératifs parfois contradictoires. Le document doit tout d'abord se trouver en conformité ou du moins en cohérence avec le projet annuel de l'enseignant, en rendre compte honnêtement, être le reflet fidèle du travail mené avec les élèves tout le long de l'année. Mais il ne saurait se confondre avec le compte rendu détaillé de toutes les activités conduites en classe. On doit en effet garder à tout moment à l'esprit la finalité de ce descriptif : dans la perspective de l'interrogation à l'EAF, il doit avant tout permettre à l'examinateur d'interroger l'élève en toute équité et en toute pertinence, et à l'élève de passer son oral dans de bonnes conditions. Il s'agit donc pour le professeur de choisir ce qu'il fait figurer dans ce descriptif. D'où l'importance accordée aux principes de sa conception, aux choix qui président à son élaboration, à la formulation attentive de son contenu, au respect de la terminologie utilisée dans la plus stricte conformité avec les Instructions officielles.

CHAPITRE 1

Principes

I – Le descriptif, un document contractuel

Le BO du 28 juin 2001 précise : *« En vue de l'examen oral, le professeur rédige pour l'ensemble des élèves de sa classe un "descriptif des lectures et activités" réalisées pendant l'année. Ce document rend compte de l'ensemble du travail mis en œuvre dans la classe. Il mentionne explicitement les textes et les œuvres intégrales analysées, les groupements de textes étudiés, les lectures cursives effectuées, ainsi que leurs relations avec les objets d'étude. Il présente toutes les précisions nécessaires pour que l'examinateur soit informé pleinement et sans équivoque du travail du candidat. Il est signé par le professeur et visé par le chef d'établissement »*. De fait, approuvé par le chef d'établissement, le professeur et l'élève, le descriptif prend valeur de document officiel, *de document contractuel. Il engage l'élève et l'enseignant d'une part, l'enseignant et l'examinateur, l'élève et l'examinateur d'autre part.*

Il implique en effet qu'enseignant et élève fassent figurer sur le descriptif les activités menées en commun au cours de l'année et que l'élève puisse être à même d'être performant sur tous les points figurant sur le descriptif. Il permet par ailleurs à l'examinateur d'interroger avec équité et pertinence : le descriptif doit donc faire figurer de façon la plus claire, précise et juste les travaux et lectures menés dans le cadre du projet annuel de la classe.

Une telle définition de ce document implique que tout ne doit pas figurer sur le descriptif. Le professeur doit être conscient du fait que *tous les éléments mentionnés peuvent faire l'objet d'une interrogation de la part de l'examinateur.* Il apparaît donc que certaines indications n'ont pas à figurer pour éviter d'alourdir inutilement la rédaction et la lecture de ce document.

Certains descriptifs mentionnent par exemple les travaux d'écriture proposés au cours de la séquence, ce qui relève d'un souci légitime de la part de l'enseignant de reproduire au plus près, le plus précisément possible, la logique de son travail en classe. Mais comment peut-on demander à l'élève de mémoriser tous les travaux d'écriture menés au long de l'année ? Dans le même temps, en quoi l'examinateur pourra-t-il évaluer un élève capable, au mieux, de réciter le corrigé proposé en classe ?

Autre exemple : se trouvent parfois mentionnée l'intégralité des exposés proposés par certains élèves. Certes, le recours à l'exposé permet à la fois une participation active des élèves et un apport pertinent à l'étude par exemple d'un mouvement littéraire et culturel. Mais comment le candidat peut-il être en mesure, en fin d'année, de répondre de façon appropriée à l'examinateur, alors même que ce n'est pas lui qui a effectué les recherches ?

Enfin, le problème de ce qui doit ou non figurer sur le descriptif se pose particulièrement pour les lectures cursives et textes complémentaires lus ou étudiés en classe. Les examinateurs mettent parfois bien malgré eux des candidats dans l'embarras en les interrogeant sur un des textes complémentaires sans lien explicite avec la problématique de séquence indiquée, ou qui n'a pas fait l'objet d'une réflexion suffisamment approfondie en classe. Nous conseillons que ne figurent en extraits lus en lecture cursive ou en documents complémentaires que les textes en rapport direct avec la problématique et/ou l'objet d'étude abordés par la séquence. Nous proposons deux exemples d'extraits fournis aux élèves en lecture cursive ou document complémentaire. Ce n'est pas ici la légitimité de ces textes qui est en jeu, mais l'intérêt de les faire figurer ou non sur le descriptif.

Dans le cadre d'un groupement de texte intitulé « Poésie et modernité », l'enseignant se proposait de croiser deux objets d'étude : l'objet « Poésie », et l'objet « Mouvement littéraire et culturel ». Les cinq textes distribués aux élèves permettent une mise au point rapide sur les grandes scansions du XXe siècle. La problématique dégagée dès la première séance de confrontation des textes a été la suivante : « Peut-on encore affirmer l'existence d'un genre poétique après que les auteurs, ont articulé le principe du refus de contraintes qui ont longtemps fondé l'identité du genre ? ». Un des textes proposés est un extrait de l'*Ode à Charles Fourier,* de André Breton. Un texte complémentaire a été distribué en amont de la lecture analytique : il s'agit d'un extrait des *Entretiens,* interview d'André Breton par Aimé Patri où André Breton explicite le lien entre l'œuvre de Charles Fourier, le surréalisme et la technique de l'écriture automatique. Même si le document permet aux élèves de progresser dans l'appropriation de ce poème complexe, nous ne le ferons pas figurer sur le descriptif. On estimera en effet qu'il ne peut servir que de façon très partielle de support à l'entretien lors de la seconde partie de l'épreuve.

Autre exemple : la lecture analytique du texte fameux de Bernard de Fontenelle extrait de l'*Histoire des Oracles,* Première dissertation, chapitre IV, 1686 : l'« Histoire de la dent d'or », au cours d'une séquence sur l'apologue. Ce texte aborde le sujet dangereux des préjugés liés à la religion et ridiculise la croyance aveugle au merveilleux. Dans la leçon de cet apologue, le narrateur prône l'esprit d'examen, s'élève contre un raisonnement fondé sur les préjugés. Un extrait est proposé en lecture cursive : il s'agit d'un extrait de l'*Essai* III, 11 « Des boiteux » où Montaigne fustige le même comportement dans un raisonnement inductif similaire. On conservera cet extrait sur le descriptif, estimant qu'au cours de la deuxième partie de l'épreuve orale, le texte pourra servir de support à l'entretien tant à propos du fonctionnement de l'apologue, de l'articulation entre l'anecdote et la leçon, que des formes de l'argumentation utilisées.

On définira ainsi le descriptif comme *une restitution du travail de l'année scolaire, mais une restitution orientée en vue de l'examen,* ce qui le distingue du projet annuel. Si tous les exercices et travaux figurent sur le projet annuel, il n'en est pas de même pour le descriptif. Ce descriptif est en effet un appel à l'interrogation, et en ce sens, il lie l'enseignant à l'examinateur.

II – Rédaction du descriptif

1 – Présentation et circulation des textes

La mise en page et la présentation du descriptif sont laissées à l'appréciation de chaque enseignant. Cependant, pour faciliter la lecture et le travail de l'examinateur à qui s'adresse le descriptif, chaque professeur devra faire figurer d'une façon générale : le manuel utilisé, l'édition des œuvres intégrales et les références très précises des textes (chapitre, acte et scène, page, début et fin d'extrait). Pour chaque séquence, on devra distinguer deux parties. La première correspond au premier temps de l'interrogation orale, celui où il est demandé à l'élève de rendre compte de la lecture qu'il fait d'un texte choisi par l'examinateur dans le descriptif, lecture orientée par la question posée. Le second temps de l'épreuve se déroule sous la forme plus libre de l'entretien, notamment à partir des lectures cursives. On distinguera donc dans le descriptif ces deux parties de l'examen en indiquant :

Pour la première partie de l'épreuve (la lecture du texte)

- le titre de la séquence ;
- l'objet (les objets) d'étude et la (les) perspective(s) d'étude concernée(s) ;
- la problématique fondant le projet de lecture de l'œuvre intégrale ou du groupement de textes ;
- les textes étudiés en lecture analytique (groupement de texte ou œuvre intégrale) ;
- pour les œuvres intégrales, le projet de lecture fédérateur des extraits proposés.

Pour la deuxième partie de l'épreuve (l'entretien)
- les textes étudiés en lecture cursive ;
- le cas échéant des indications sur les activités complémentaires et sur les lectures et travaux personnels de l'élève.

Nous préciserons plus loin les modalités retenues pour l'élaboration de chacune de ces indications dont nous pouvons dès à présent remarquer que celles qui figurent dans la première partie de l'épreuve doivent y figurer obligatoirement, alors que lectures cursives, textes et activités complémentaires ne sont que des indications facultatives.

La circulation des textes quant à elle est prévue par le BO du 16 janvier 2003 : *« L'examinateur reçoit à l'avance les descriptifs des lectures et activités des candidats qu'il aura à évaluer.*

Les photocopies des textes étudiés en lecture analytique ne figurant pas dans les manuels sont jointes aux descriptifs.

Pour l'épreuve, le candidat apporte :
- *son exemplaire du descriptif des lectures et activités ;*
- *deux exemplaires du manuel en usage dans sa classe ;*
- *un jeu de photocopies des textes ne figurant pas dans le manuel, identique à celui qui a été adressé à l'examinateur ;*
- *deux exemplaires des œuvres intégrales étudiées.*

Le jour de l'épreuve, l'examinateur apporte les descriptifs des lectures et activités qu'il a reçus ainsi que les textes photocopiés joints ».

2 – Descriptif et projet annuel

On doit constamment rappeler les acteurs en jeu dans l'élaboration du descriptif pour justifier le soin apporté à sa rédaction. Il s'agit en effet de rendre perceptible la cohérence du projet mené tant à destination de l'élève que de l'examinateur.

Pour l'examinateur, le descriptif est un document officiel qui doit refléter de façon sincère, concise et claire le travail effectué au cours de l'année de Première. Sincère, puisque l'enseignant se doit de ne faire figurer sur ce document que les textes et lectures tant analytiques que cursives qui auront été abordées en classe de façon suffisamment approfondie pour permettre une évaluation pertinente à l'oral par le collègue examinateur. Concise : on ne connaît que trop le travail que représente la lecture de la dizaine de descriptifs que tout examinateur a à sa disposition le jour de l'interrogation. On se doit donc d'éviter les descriptifs trop longs, d'autant qu'un certain nombre d'indications portées sur ces descriptifs est souvent inutile. On proposera comme longueur moyenne un descriptif de trois pages, quatre au maximum. Claire enfin : tout enseignant a été confronté à la difficulté de pénétrer la logique parfois peu explicite de la pensée du collègue enseignant qui propose tel descriptif. Il s'agit d'en faciliter la lecture et la compréhension pour permettre à l'élève de passer son oral dans les meilleures conditions : expliciter la problématique, indiquer clairement les références des textes étudiés, signaler les consignes ou orientations des lectures cursives.

À destination de la classe le descriptif peut aussi servir à clarifier avec les élèves les objectifs poursuivis et les démarches adoptées lors de la séquence. Document pour conduire l'interrogation orale, le descriptif devient aussi un instrument didactique formateur dès lors qu'on l'élabore progressivement au cours de l'année, dans un travail concerté avec les élèves. Il est donc conseillé de le rédiger au fur et à mesure avec la classe. À la fin de chaque séquence, il permet de faire le point sur le travail effectué, de distinguer les textes étudiés en lecture analytique ou en lecture cursive ; de justifier le choix des lectures cursives retenues figurant sur le descriptif. Il permet de faire comprendre aux élèves les attentes de l'examinateur le jour de l'oral. Mais surtout, il rend perceptible la cohérence du projet en montrant l'articulation des objets d'étude, leur reprise d'une séquence à l'autre, en lien avec les perspectives d'étude abordées. Le travail mené au cours de l'année en classe ne sera plus aux yeux des élèves une succession de séquences sans aucun lien entre elles, mais prendra sens.

III – Le descriptif : reflet de la compréhension des programmes de lycée

Les Instructions officielles (nouveaux programmes de Première parus au BO n° 40 du 2 novembre 2006) explicitent le programme de Première. Elles donnent les objectifs et les contenus du programme (perspectives d'étude et objets d'étude), précisent les démarches et la mise en œuvre. On y trouve une analyse des lectures admises au lycée (lecture analytique et lecture cursive), des différentes formes d'écriture pratiquées (écrits d'argumentation, d'invention, et écrits fonctionnels), des pratiques d'oral recommandées et des préconisations pour la mise en place de séances spécifiques d'étude de la langue.

Les documents d'accompagnement définissent les objets d'étude comme des « contenus de programme ». On relèvera que s'ils représentent des « étiquettes » utiles pour désigner des éléments du programme, ils regroupent des catégories extrêmement hétérogènes. Certains intitulés font directement référence à des genres (la poésie, le théâtre), d'autres à des discours (l'argumentation), d'autres encore à des catégories plus composites (les mouvements littéraires, les réécritures). Cette même hétérogénéité, nous le verrons, se retrouve dans l'intitulé des perspectives d'étude. Pourtant, ces objets d'étude présentent l'avantage de l'équité : tous les élèves de lycée peuvent ainsi se voir proposer un socle de connaissances et de compétences de lecture communes. Aussi l'élève doit-il prendre conscience en Première par exemple qu'il « ne part pas de rien », que les œuvres lues, les savoirs réunis en Seconde constituent un socle de connaissances qui vont lui permettre de comprendre des textes plus complexes, de saisir les relations entre des auteurs ou des périodes, de construire un sens à ses représentations littéraires. Cette progression est perceptible notamment à travers l'étude de l'argumentation telle qu'elle est proposée par les programmes de Seconde/de Première. Ainsi, le programme de Seconde invite à préciser les opérations principales dans le domaine de l'argumentation : démontrer et convaincre d'une part, convaincre et persuader d'autre part ; le document d'accompagnement invite à rechercher des problématiques se rapportant *« à des événements et au rapport de l'individu à la collectivité »* dans des textes empruntés aux genres narratifs et théâtraux du XIXe et XXe siècles. Après avoir étudié en Seconde la variété des formes argumentatives, le programme en Première désigne de façon plus spécifique la délibération et l'argumentation indirecte, à travers des textes s'articulant autour de problématiques *« ancrée[s] dans une dimension plus conceptuelle, liée au travail sur les genres de l'essai, du dialogue et sur la délibération »* ainsi que sur les XVI-XVIIIe siècles.

Les nouveaux programmes précisent la liberté laissée à chaque enseignant pour organiser son projet annuel : *« Le professeur choisit les textes et les œuvres qu'il fait lire et étudier ; il organise son enseignement en tenant compte du niveau de ses élèves et de son projet pédagogique. »* Nous verrons plus loin qu'une des façons de jouer avec cette liberté pédagogique, d'en profiter pour mener à bien un projet personnel tout en répondant aux exigences du programme, peut consister justement à combiner les objets d'étude, à les croiser.

En lien avec les perspectives d'étude, les objets d'étude permettent ainsi d'établir une continuité forte entre les deux classes de lycée, et entre les différentes séquences à l'intérieur du projet annuel d'une même classe.

Chapitre 2

Première partie du descriptif : passages obligés

I – Comprendre les objets d'étude à travers les enjeux de l'enseignement disciplinaire

1 – Objets d'étude et perspectives d'étude

Certains descriptifs donnent l'impression d'une succession d'objets d'étude sans aucun lien entre eux. Or le descriptif doit être le reflet de la progression adoptée en classe. Deux aspects nous semblent ici importants pour permettre à l'enseignant de rester libre de ses choix dans le cadre contraint des programmes, de mener à bien un projet annuel correctement construit et de rendre perceptible cette cohérence à la fois auprès des élèves dans le cadre de son projet annuel, et auprès de l'examinateur à travers la rédaction du descriptif.

Il s'agit tout d'abord de croiser les objets d'étude. Nous avons dit le danger d'assimiler séquence et objet d'étude. *« [...] un objet d'étude peut être abordé à l'intérieur d'une ou plusieurs séquences; une séquence peut aussi rassembler des éléments issus de plusieurs objets d'étude. »* indiquaient les programmes de 2001. Plus qu'une possibilité, cette indication nous semble une nécessité. Croiser les objets d'étude permet de révéler la complexité des textes qui ne peuvent, pour aucun d'entre eux, se rattacher à une « étiquette » purement utilitaire, être rangés dans une case forcément réductrice, donc fausser la réception et la compréhension de l'œuvre.

Comment, par exemple, mener l'étude des *Faux-Monnayeurs* d'André Gide en œuvre intégrale en Seconde ? Doit-on réduire l'étude de l'œuvre à l'objet d'étude « Récit » ; ou bien ne s'intéresser à l'œuvre que dans une perspective d'histoire littéraire en s'attachant au positionnement du narrateur face au naturalisme et au réalisme et à sa volonté de « styliser le réel » ; à moins qu'on ne retienne dans l'œuvre que l'objet d'étude « Travail de l'écriture » en étudiant parallèlement le *Journal d'Édouard,* le *Journal des Faux-Monnayeurs* et le *Journal* d'André Gide indiquant les difficultés, les hésitations, les avancées de l'écriture de son roman ? Au lieu de réduire l'étude de l'œuvre à un seul aspect, à un seul objet d'étude, on voit bien ici l'intérêt de croiser ces objets d'étude tout en choisissant lequel sera étudié en priorité, celui ou ceux qui sera (seront) étudié(s) en objet(s) secondaire(s).

L'autre intérêt de croiser ces objets d'étude est de construire de façon progressive des savoirs en reprenant les objets d'une séquence à l'autre, mais en les abordant de façon différente, en les approfondissant, en les complexifiant.

Il s'agit d'associer aux objets d'étude les perspectives d'étude. Le même BO précise :

« Les objets retenus pour l'année de Première seront abordés selon :

– Une perspective dominante, qui constitue l'approche la plus pertinente pour chacun des objets d'étude.

– Une (ou des) perspective(s) complémentaire(s) permettant d'étudier les textes et les œuvres dans leur complexité. »

Il précise les quatre perspectives d'étude qui sont proposées en Première :

– L'étude de l'histoire littéraire et culturelle envisage l'étude des textes dans leur contexte historique, sociologique. Elle permet d'aborder la notion d'intertextualité, de rendre les élèves sensibles aux notions de production et de réception de l'œuvre, de montrer en quoi ces notions sont indissociables.

– L'étude des genres et des registres envisage les textes comme des codes. Le genre détermine un horizon d'attente et crée des codes connus par le lecteur. À chaque genre correspond un registre : le lyrique pour la poésie, le tragique pour la tragédie, chacun de ces codes se nuançant, se déclinant, se croisant.

– L'étude de l'argumentation et des effets sur les destinataires permet un regard nouveau sur les œuvres : elle a partie liée avec la pragmatique du discours. On considère que toute œuvre littéraire est un discours que quelqu'un tient à quelqu'un. On s'interroge alors : qui parle/à qui, pour produire quel effet, dans quelle visée. Quelle image de lui-même le locuteur cherche-t-il alors à construire ?

– L'étude de l'intertextualité et de la singularité des textes permet d'aborder également l'étude des textes dans leur contexte, de montrer la présence de l'intertexte dans tout texte, de s'interroger sur le problème de l'originalité de l'œuvre et les choix d'écriture qu'elle implique. »

Nous pouvons tout d'abord remarquer qu'à l'hétérogénéité des objets d'étude que nous avions relevée plus haut correspond l'hétérogénéité des perspectives d'étude. Mais ces perspectives d'étude, outre qu'elles permettent de construire une progression avec la classe de Seconde, précisent le cadre qui préside à la lecture et à l'écriture des textes – perspective historique, pragmatique, générique ou intertextuelle –, et balaient tout le champ de la littérature. Les objets d'étude peuvent alors se définir comme un répertoire des perspectives que tout enseignant peut à loisir décliner, combiner.

Nous tenterons de montrer, à travers l'étude du roman en Seconde, puis en Première comment la conduite de l'œuvre intégrale peut permettre d'aborder plusieurs objets d'étude.

Mise en œuvre

Étudier le roman en Seconde

En proposant à une classe de Seconde *L'Œuvre* d'Émile Zola, l'enseignant pourra initier les élèves à l'étude du récit et d'un mouvement littéraire, le naturalisme; enfin au travail de l'écriture puisque l'œuvre propose une réflexion sur la création littéraire. Cette œuvre assez difficile est abordée en fin d'année. Elle a été précédée au premier trimestre par un groupement de texte «Lectures et réceptions de *Du Côté de chez Swann,* Marcel Proust» qui a permis d'introduire une réflexion sur «Lire, écrire, publier»: de quels acteurs, de quelles influences dépendent l'édition et la diffusion d'une œuvre littéraire. L'étude de quelques nouvelles des *Diaboliques* de Jules Barbey d'Aurevilly a mis en place un certain nombre de notions propres à l'analyse du récit: la séquence narrative, la caractérisation du personnage et l'alternance des points de vue. Ces éléments seront bien entendu rappelés, repris, approfondis. Nous pensons que l'élève ne pourra les comprendre, les assimiler, voire les réutiliser au cours de travaux d'écriture que grâce à ces éclairages successifs proposés par différents textes.

Exemple de séquence: Étudier *L'Œuvre* d'Émile Zola en Seconde

Objets d'étude: Le récit, le roman.
Étude d'un mouvement littéraire: le naturalisme.
Le travail de l'écriture.

Pistes d'étude

Nous développerons successivement nos objectifs de lecture par rapport aux différents objets d'étude abordés avant de proposer une description précise de la séquence qui permettra de montrer comment la conduite de l'œuvre intégrale permet de les croiser.

Le récit, avec le repérage des traits distinctifs du genre romanesque: inscription dans une temporalité, caractérisation du personnage, structure narrative.

L'étude de cette œuvre intégrale, située au début du troisième trimestre, aura été précédée un peu plus tôt dans l'année par l'étude d'un recueil de nouvelles qui aura mis au point un certain nombre de notions tant disciplinaires que grammaticales ou linguistiques concernant l'étude du récit. La séquence pourra ainsi se centrer sur les problématiques artistiques mises en œuvre dans le roman. Nous montrerons par ailleurs que les idées esthétiques de l'œuvre trouvent leur source dans les écrits d'Émile Zola lui-même, notamment *Mon salon.*

Étude d'un mouvement littéraire : le naturalisme. On insistera sur le fait que cette notion de « mouvement littéraire » est inséparable de l'étude du contexte dans lequel le mouvement apparaît ; qu'elle s'élabore en fonction des œuvres qui l'ont précédé. Le roman aborde les problèmes de la création artistique et expose les nouveaux principes esthétiques. On montrera l'unité esthétique du mouvement naturaliste avec ses prolongements dans les autres arts : peinture et sculpture, ainsi que ses liens et ses ruptures avec le romantisme.

Le travail de l'écriture : nous insisterons ici sur les démarches qu'implique l'acte d'écrire, ses épreuves, la part de l'inspiration et celle du travail opiniâtre dans l'écriture. L'étude aura ici pour support à la fois le roman qui met en scène Sandoz face à ses difficultés d'écrivain, et les brouillons ou projets de Zola.

Problématique : quelle réflexion *L'Œuvre,* miroir de la vie artistique de la fin du siècle, propose-t-elle sur l'Art et la condition de l'artiste ?

Déroulement de la séquence

Le titre et le schéma d'ensemble de l'œuvre

Documents complémentaires : la liste des titres prévus ; le plan prévisionnel de l'œuvre (La Pléiade) – comparaison avec le plan général de l'œuvre.

Lecture analytique 1 : le dîner chez Sandoz (chapitre III, p. 93-103, édition Livre de Poche).

Étude transversale : les trois jeudis chez Sandoz (dégradation de l'atmosphère entre les participants avec les rivalités et jalousies – description et évolution des menus).

Lecture analytique 2 : le projet de Sandoz (p.190-192) « étudier l'homme tel qu'il est [...] l'homme physiologique, déterminé par le milieu, agissant sous le jeu de tous ses organes ».

Texte complémentaire : la préface de *La Fortune des Rougon.* Le projet d'Émile Zola dans les Rougon-Macquart.

Lecture analytique 3 : la lutte (p. 243-246). Lantier et les difficultés de la création.

Étude transversale : étude comparative de la description des logements successifs de Lantier, signes de sa déchéance (quai de Bourbon – Bennecourt – rue de Douai – rue Tourlaque).

Zola et la peinture

- les relations entre Paul Cézanne et Émile Zola : extrait de *Cézanne et Zola se rencontrent,* Raymond Jean, Actes sud – extrait de *Mon Salon.*
- Étude de l'image : Édouard Manet, *Le Déjeuner sur l'herbe.* En contrepoint, lecture des extraits décrivant *Plein Air* de Claude Lantier.

Lecture analytique 4 : le Salon des Refusés (p. 351-54) : l'exposition et l'échec de *L'Enfant mort.*

Étude transversale : le monde des salons. Les salons rythment les temps fort de la saison artistiques. Émile Zola y évoque les relations entre artistes : rivalités, échecs et plagiats, les réactions du public, les luttes d'influence et les affrontements des écoles.

Lecture cursive : Le portrait de Dorian Gray, Oscar Wilde.

Mise en œuvre

Étudier le roman en Première

L'introduction de l'objet d'étude « Roman » est à mettre en perspective avec l'étude du récit en Seconde. Il ne s'agira pas ici de reprendre toutes les notions mises en place l'année précédente, mais de les réactiver de façon ponctuelle pour aller plus avant dans l'étude du roman. On se servira également des connaissances que les élèves ont acquises en Seconde avec l'étude du romantisme pour étudier une œuvre pivot entre la pensée rationaliste des Lumières et la réhabilitation des passions romantiques, sur fond de pittoresque exotique. On insistera donc sur le fait que toute œuvre littéraire se lit en contexte ; des textes complémentaires seront ici proposés aux élèves pour qu'ils comprennent comment toute œuvre se nourrit des écrits antérieurs et devient elle-même le terreau qui permet aux écrivains à venir de produire de nouvelles œuvres.

Exemple de séquence : Étudier *Paul et Virginie,* Bernardin de Saint-Pierre en Première (édition établie par Robert Mauzi, GF, n° 87)

Objets d'étude : – Le roman et ses personnages : visions de l'homme et du monde.
– Un mouvement litttéraire et culturel : entre Lumières et romantisme.

Pistes d'étude

En pleine époque des Lumières, la pensée rationaliste n'empêche pas l'épanouissement de la sensibilité. Dans les *Études de la Nature* (1784) et les *Harmonies de la nature* (1796), Bernardin de Saint-Pierre s'opposant à la pensée rationaliste de son siècle, y évoque l'harmonie d'une nature prête à accueillir les aspirations des hommes au bonheur. L'auteur partage avec son ami Rousseau la même défiance de la société et lui emprunte le mythe du bon sauvage. En 1788, il fait paraître *Paul et Virginie* dont l'objectif est d'illustrer le rêve d'un âge d'or sentimental et champêtre. Dans la lignée de la pastorale qui oppose le cadre de l'Ile de France à la société corrompue, Bernardin de Saint-Pierre invente le roman exotique qui séduira les romantiques.

On montrera que l'œuvre paraît à une étape clé dans l'évolution du roman. Après *La Nouvelle Héloïse* et *Les Liaisons dangereuses,* le roman peut être perçu comme « le dernier triomphe romanesque du XVIIIe siècle » (Mauzi). L'œuvre semble adaptée aux élèves de Première car le romantisme a pu être étudié durant l'année de Seconde, et l'œuvre intégrale peut être abordée dans une progression annuelle après une séquence consacrée aux Lumières. Le roman est par ailleurs de nature complexe et cette complexité pourra constituer une entrée dans le texte. Il est tout à la fois roman didactique et sentimental : roman didactique car la visée argumentative du discours du vieillard au jeune européen narrataire est constante ; il consiste également en un roman d'éducation puisque il emprunte à l'*Émile* le principe d'un traité de pédagogie orienté sur la durée de l'enfance et de l'adolescence. C'est enfin un roman sentimental qui nous rapporte une histoire d'amour contrariée par la mort.

On s'interrogera sur l'ambiguïté du sens porté par le roman. Bernardin de Saint-Pierre emprunte à Rousseau la représentation d'une nature originelle qui accueille dans l'harmonie une humanité sans péché. Pour étoffer le mythe et lui donner une dimension morale, l'auteur y introduit l'idée de vertu qui n'est pas le fait de la nature, mais une conquête de l'homme civilisé. Il prétend ainsi que la vertu n'existe qu'au sein de la nature – c'est la pudeur de Virginie, propre à l'éducation parisienne qu'elle a reçue, qui cause sa mort – alors que *La Nouvelle Héloïse* présentait la difficile conciliation entre les exigences de la vertu et le choix du cœur. L'idéologie proposée dans ce roman de la nature est donc ambiguë : la nature est-elle compatible avec la vertu ? Si la vertu n'est pas abandon aux élans de la nature, la nature n'est pas toujours bénéfique ; elle est même parfois le contraire de la vertu.

Problématique : *Paul et Virginie,* ou l'échec d'une utopie.

Déroulement de la séquence

Séance 1 : Les récits enchâssés : observation du début et de la fin des narrations ; le rôle du « bon vieillard ».

Un premier narrateur décrit dans l'*incipit* le lieu de l'action, rapporte sa rencontre avec un vieillard qui propose l'histoire de Paul et Virginie, vingt ans après qu'elle se soit déroulée, dans un récit enclavé. On relèvera au cours du récit les allusions du second narrateur à son interlocuteur et aux lieux où le récit se déroule. Les interventions du narrataire sont rares mais importantes : elles interviennent à des lieux stratégiques du récit, constituent des ruptures significatives qui rythment le récit. On s'interrogera ensuite sur cette figure du vieillard et sur ses fonctions. En tant que voisin, il a aidé et conseillé la petite communauté qu'il évoque. Si son influence sur l'action a été assez limitée, il a un rôle de témoin et de confident de Paul et des deux mères ; il est également le théoricien de la nature : il a contribué à l'instaurer en aidant aux plantations et à la culture du bassin. Le dédoublement de la narration sert essentiellement à accréditer la fiction et redouble la relation auteur-lecteur. Le narrataire est comme le public lecteur, un européen étranger à la nature. Le développement des deux narrations fait communiquer les deux mondes antithétiques, société française et nature. Il a enfin une fonction idéologique : par le biais de ce narrateur, l'auteur précise l'idéologie qui commande le texte. Il se fait l'avocat de la vie dans la nature, réaffirmant l'excellence de la nature face aux maux qui atteignent l'homme.

Séance 2 : Lecture Analytique 1 – Incipit (p. 91) « Sur le côté oriental [...] sur l'azur des cieux ».

Le roman s'ouvre sur la description d'un site situé au nord de l'Ile-de-France, sans aucune mention des héros qu'annonçait le titre de l'œuvre. L'exotisme permet l'instauration d'un lieu idéal car lieu des harmonies de mouvement et de couleur. La pureté et la beauté de ce lieu en font également un site prédestiné où la nature est faite à la mesure de l'homme.

Lecture complémentaire : Alphonse de Lamartine, « L'isolement » ou « Le Vallon », *Méditations poétiques.*

Séance 3 : Lecture Analytique 2 – p. 112-113 « Chaque jour était pour ces familles [...] les plaisirs purs, simples, et toujours renaissants ».

En maniant le lexique du bien et du mal qui s'opposent dans les figures de l'antithèse et du paradoxe, ainsi que dans les parallélismes et les oppositions marquées par la syntaxe, le narrateur parvient à opposer le monde fermé du bassin qui prend alors valeur d'exemple, à la société européenne. À partir d'exemples de bienfaits des familles, le discours développe toute une diatribe sur la fausseté et l'hypocrisie de la société.

Séance 4 : Lecture cursive interne à l'œuvre intégrale : l'opposition nature / société dans le roman
À l'aide de références précises au texte, on montrera comment, dans le roman, la nature est perçue comme un système harmonieux où tout est ordonné pour le bonheur des êtres ; et comment la société s'emploie à troubler cet ordre naturel. On relèvera les valeurs attachées à la nature et à la société.
Lectures complémentaires : Jean-Jacques Rousseau, extraits du *Discours sur l'origine de l'inégalité parmi les hommes* (1755), notamment la première partie où Jean-Jacques Rousseau évoque « l'état de nature » comme un état de référence idéal. On retiendra de *Émile ou De l'Éducation* (1762) le passage où Jean-Jacques Rousseau préconise la lecture de Robinson Crusoé, exemple de la vie naturelle.

Séance 5 : Lecture Analytique 3 – La découverte de l'amour, p. 129-130 « Dans une de ces nuits ardentes [...] pour exercer la vertu ».
Le passage évoque un épisode charnière pour l'héroïne et le roman : la transition de l'enfance à l'adolescence, de l'univers idyllique de la pastorale à un univers plus conflictuel, de l'immobilité édénique à l'évocation d'une nature violente, de l'innocence à la sensualité. L'irruption de l'amour est évoquée à travers le lexique de l'érotisme et du mal. C'est le moment ou nature et vertu se dissocient, moment central où la nature change de sens : de bénéfique, elle devient tentatrice et destructrice. Le passage est central dans l'économie du roman, dont il anticipe le dénouement. Cet ouragan annonce celui qui va susciter le naufrage (on y retrouvera les mêmes termes et les mêmes symptômes : la chaleur, l'air immobile, la lune) en amplifiant l'espace clos du bassin, l'ouvrant à l'espace maritime.

Séance 6 : Lecture Analytique 4 – L'évocation de l'ouragan et la description de la tempête : p. 179-180 « Vers les neuf heures du matin [...] tous les objets de la terre, de la mer, et des cieux »
Le texte commence par l'évocation de signes inquiétants avant de montrer l'arrivée de l'ouragan puis de décrire la tempête elle-même. Il s'agit du moment dramatique par excellence. On étudiera dans ce passage l'art de la description : comment éléments descriptifs et narratifs sont mêlés pour annoncer le drame final. On relèvera les notations auditives et visuelles qui révèlent le désordre de la nature dans ses moindres détails. L'annonce du drame imminent, l'opposition entre la folie meurtrière de la nature et l'innocence de Virginie posent le problème du caractère ambigu de la nature, ici révélée sous son aspect destructeur et maléfique.

Lecture complémentaire : Chateaubriand, *Itinéraire de Paris à Jérusalem* in I/ Grèce « Le 2, à midi, le vent devin favorable ; mais les nuages qui s'assemblaient [...] il y trouverait le port plus sûrement que moi. » (GF, p. 55-56)

Lecture de l'image : Horace Vernet, *Joseph Vernet attaché à un mât étudie les effets de la tempête* (1822)

Horace VERNET (1789-1863),
Joseph Vernet attaché à un mât étudie les effets de la tempête, 1822.
© Musée Calvet, Avignon, 2006.

Horace Vernet (1789-1863) est un peintre et dessinateur français surtout connu comme peintre de batailles. Il deviendra le peintre officiel de Napoléon III. Il met ici en scène son grand-père, Joseph Vernet (1714-1789), connu pour ses paysages maritimes, notamment les tempêtes et les naufrages. On relèvera le désordre de la nature dans tous ses états : le ciel et la mer déchaînés, les couleurs sombres, les lignes brisées de la foudre qui viennent croiser celles des mâts démis du bateau. Des objets peu identifiables semblent voler, tomber à la mer, celui-ci ne semble plus en mesure de décider de son itinéraire et paraît soumis aux aléas de l'orage. Le trait de la foudre vient frapper la ligne perpendiculaire du bateau. Cette sujétion à l'orage est renforcée ici par la position de la femme agenouillée et en prière, la seule à se détacher du lot des passagers par son vêtement clair. Elle implore, les mains jointes, le visage tourné vers l'origine de l'éclair lancé entre les nuages. La connotation religieuse est relayée par le nom du bateau inscrit sur le côté visible: « La Santa Maria ». Les autres personnages semblent lutter pour se maintenir dans le bateau et ne pas sombrer. Tous semblent affolés sauf Joseph Vernet, seul dans le mouvement de l'orage, attaché au mât pour s'adonner plus à son aise à l'étude de cette tempête, bien campé avec ses pieds en équilibre. La couleur rouge de sa cape, seule touche de couleur du tableau, fait écho au ciel entrouvert d'où part la foudre. Si son regard croise la foudre, celle-ci semble l'épargner. Si les autres personnages subissent le phénomène, lui seul paraît lui résister pour comprendre les mystères du monde, leur origine, pour les rationaliser. Les vagues soulèvent la proue du navire, surélevant du même coup le peintre qui surplombe le tableau, laissant en retrait les autres personnages. Sa main droite levée semble pouvoir arrêter la tempête ; elle signale en tout cas la volonté de la comprendre. À gauche de cette main, seule ligne verticale du tableau, s'ouvrent au loin un coin de ciel bleu et une mer étale. Comprendre le monde, c'est déjà le maîtriser.

On rappellera que Joseph Vernet est un peintre maritime: s'il tente de comprendre la tempête, c'est pour mieux la fixer dans une œuvre à venir. Se détache ici le peintre des autres personnages, et on fera le parallèle avec le texte de Chateaubriand. Au plus fort de la tempête, usant de la métaphore picturale, le narrateur témoigne de la même fascination voire de la même complaisance pour ce déchaînement incompréhensible des forces de la nature: « [...] je traversais encore les flots [...] j'allais encore recueillir des images, chercher des couleurs pour orner des tableaux [...]. Je me promenais sur le gaillard d'arrière, et de temps en temps je venais crayonner une note à la lueur de la lampe qui éclairait le compas du pilote. »

On relèvera également les motifs communs avec la tempête proposée dans Paul et Virginie: la violence du déchaînement, la terreur et la fascination qu'elle inspire au personnage. Au loin, on devine la côte évoquant un paysage peut-être oriental, à coup sûr exotique.

Séance 7: Lecture cursive – L'eau dans le roman

On montrera aux élèves comment l'eau associe des éléments contradictoires, à la fois bénéfiques et maléfiques. Dans le bassin, c'est l'eau douce des sources et rivières qui abreuve la petite communauté, permet la fécondité de la nature et isole des dangers de la mer. L'eau est l'élément naturel par excellence car comme la nature, elle est associée à des valeurs antinomiques. De la même façon que la nature favorise puis détruit l'amour pur entre Paul et

Virginie, de même l'eau les isole et cultive l'utopie de leur vie naturelle avant de détruire cette même utopie en devenant l'océan qui sépare les deux héros, puis qui tue Virginie.

Séance 8: Lecture Analytique 5 – La prosopopée de Virginie (p. 193-94) «Virginie maintenant est heureuse [...] pour supporter des peines d'un moment. »
Dans ce passage caractérisé par une écriture poétique et un appel au sublime, dans un mélange de sensualité et d'éléments concrets et abstraits, de spirituel et de sublime, le narrateur s'adresse au cœur et à l'âme. L'utopie terrestre ayant échoué, Virginie propose à Paul la vision d'un autre monde où le bonheur est peut-être possible.

2– Construire une progression didactique autour des objets d'étude de la Seconde à la Première

Mise en œuvre

Les objets d'étude définis comme contenus de programme déterminent les centres d'intérêt des œuvres, impliquent des choix de lecture, donnent des indications sur les problématiques à aborder. Nous voudrions ici donner comme exemple l'étude d'une même pièce de théâtre en œuvre intégrale en Seconde et en Première. L'objet d'étude «Théâtre» est en effet commun aux deux niveaux, au même titre que l'étude d'un mouvement littéraire et culturel et le discours argumentatif. Mais les programmes précisent « les genres et les registres: le comique et le tragique» en Seconde. En Première, le théâtre est étudié en tant que « texte et représentation». Ces indications fournies par la formulation des objets d'étude permettent d'étudier une même œuvre en adoptant des perspectives de lecture bien différentes. Par ailleurs, associer l'étude de la pièce avec un autre objet d'étude, celui du mouvement littéraire et culturel permet de varier l'angle d'approche. Ainsi, *Hernani* figure au programme des deux classes de lycée, mais sous des intitulés d'objet d'étude distincts, impliquant des problématiques, des axes d'étude et des lectures analytiques différents. Nous proposons ici des indications pour mener l'étude de l'œuvre en Seconde, puis en Première, en précisant les objets d'étude et les perspectives d'étude envisagés, la formulation de la problématique, le projet de lecture et les extraits faisant l'objet de lectures analytiques. Nous justifierons le choix de ces lectures analytiques en fonction du projet de lecture de l'œuvre.

Étudier *Hernani* de Victor Hugo en Seconde, en Première : Comprendre/Associer/Décliner les objets d'étude.

Étudier Hernani *en Seconde*

Objets d'étude : Étude d'un mouvement littéraire : le romantisme
Théâtre, genre et registre.

Perspectives d'étude

Les documents d'accompagnement précisent que le romantisme est bien « une scansion majeure dans l'histoire littéraire française ». *« Ce mouvement se prête bien à des lectures touchant à la poésie, mais aussi au théâtre et au roman ».* Pour l'étude du théâtre en Seconde, ils indiquent parmi les objectifs *« l'approche de la notion des registre tragique ou comique, en ce qu'elle est liée au genre de même nom, mais aussi en ce qu'elle en dépasse les limites ».* Hugo figure parmi les auteurs dont l'étude est conseillée. L'étude de la pièce s'inscrit donc parfaitement dans le programme et les objectifs de la classe.

Problématique

Comment se construit la figure du héros romantique marginalisé dans une dramaturgie qui joue de la mixité des registres ?

Objectifs

Il s'agira de montrer, du point de vue du héros Hernani, la tension entre le monde des possibles – son identité de grand d'Espagne enfin réalisée, son amour pour Doña Sol enfin concrétisé par un mariage, la vengeance promise à son père enfin assouvie – et la frustration engendrée par la réalité qui le condamne à la marginalité : la forêt est le seul domaine sur lequel il peut régner, ses vassaux sont des bandits en déroute qui sont d'ailleurs exterminés à l'acte III « couchés dans la montagne. Tous sur le dos, en brave, devant Dieu ». Hernani apparaît comme un personnage profondément divisé. Sa complaisance envers lui-même, son obsession du suicide, sa difficulté à vivre sont autant de caractéristiques qui font d'Hernani un personnage romantique. Mais dans son rôle d'exclu, il est aussi celui qui fait entendre la voix de tous les exclus, régnant « Parmi [ses] rudes compagnons/Proscrits dont le bourreau sait d'avance les noms », lui que « la vieille Catalogne en mère » a reçu « Parmi ses compagnons, libres, pauvres, et graves ». Il revêt ainsi un rôle social : la question du pouvoir est au cœur de l'œuvre. Ce désir de changement, de liberté va de pair avec les innovations formelles que l'on connaît par rapport aux règles de la dramaturgie classique, par rapport à la forme versifiée, au langage ou au registre utilisés.

Lectures analytiques menées

- I, 1 : le mélange des genres,
- I, 2 : dialogue Hernani / Doña Sol (v. 70-170) : Hernani, une identité complexe,
- II, 3 : le bandit face au roi,
- III, 4 : tirade d'Hernani (v. 973-1004), la difficulté d'être,
- V, 6 : fin tragique du héros (v. 2088 jusqu'à la fin).

On pourra en amont de la lecture analytique de cette première scène, proposer en lecture cursive la préface de *Cromwell* et la lecture d'une scène d'exposition du théâtre classique. Il s'agira en effet de faire percevoir aux élèves en quoi cette scène d'exposition opère une rupture par rapport au théâtre classique, en quoi consiste l'écart. Après avoir relevé les éléments d'information attendus dans une telle scène, on étudiera ce qu'elle pouvait avoir de surprenant pour un spectateur en 1830 : le rythme, les effets de rupture, le morcellement des vers, les effets de comique voire de burlesque.

Le texte suivant, extrait de I, 2, met face à face Hernani et Doña Sol. Il ne s'agit pourtant ni d'une scène d'amour ni d'une simple scène d'information, dans la lignée de la scène d'exposition. La scène consiste en un quiproquo, un impossible dialogue entre les deux amants. Doña Sol est entièrement tournée vers celui qu'elle aime, et son amour se manifeste en termes de sensations ; mais son amant ne peut vivre la passion que sur le mode de la souffrance. Le héros apprend, en vertu de la double énonciation, à la fois à Doña Sol présente sur scène, à Don Carlos dissimulé dans l'armoire, et au spectateur, qui il est. Or cette identité, par la filiation qui est divulguée, se révèle à la fois mythique et tragique. La mort de son père semble peser sur l'identité du jeune homme : il est « le fils d'un homme mort sur l'échafaud », victime d'une fatalité qui lui échappe ; quant à sa mère, « la vieille Catalogne », elle justifie sa vie errante de paria. Vivant parmi « ses montagnards, libres, et pauvres, et graves », fort de ce dénuement, le héros devient le porte-parole de l'injustice sociale. À l'issue de cette séance, on esquissera un premier portrait du héros romantique.

La scène II, 3 va permettre d'approfondir à la fois la complexité du personnage et son affrontement à celui qui représente l'ordre social, Don Carlos. Le personnage d'Hernani apparaît nettement ici dans sa lutte contre les contraintes qui bornent l'individu et la dynamique sociale : la rivalité amoureuse entre les deux hommes se double d'un conflit entre riche nanti et valeureux marginal. Mais l'antagonisme entre Don Carlos et Hernani est moins simple qu'il n'y paraît : Hernani est de haute naissance, et Don Carlos est loin d'être porteur des valeurs héroïques qu'il devrait prendre en charge. Nous sommes véritablement en présence de deux frères ennemis, et l'identité d'Hernani se construit dans un rapport de coïncidence avec Don Carlos, son « double ».

L'extrait suivant propose le célèbre monologue d'Hernani et permet d'affiner notre approche du héros romantique, après l'étude de la scène I, 2. La tirade manifeste comme la précédente la volonté du héros de voir clair en lui et de définir qui il est : en alternant récit d'actions et passages d'introspection, monologue et dialogue, il dessine ainsi un être original, proscrit, archétype de l'amoureux et du révolté. Il s'agira également, en étudiant la composition de la tirade et la fonction dramatique du «je» de l'extrait, de montrer en quoi le héros constitue une incarnation du héros romantique: cet être particulier devient ainsi au fil de la tirade et de la généralisation qui s'opère l'archétype de toute une génération, figure d'un héroïsme paradoxal qui oscille entre mélancolie et révolte, entre énergie et passivité.

La dernière scène sera étudiée en perspective avec la première: au registre comique de la scène d'exposition qui relevait de la comédie galante, on opposera la fin tragique du héros. On relèvera ici les éléments du registre tragique: la présence de la fatalité – «La fatalité s'accomplit» – par le personnage de Don Ruy Gomez qui jette le domino noir pour rappeler la promesse donnée. Hernani est impuissant à résister au destin qui est ici le rappel de la fidélité due au père «La tête de ton père!». Pourtant, face à Hernani, hésitant, incapable d'agir, on remarquera que c'est Doña Sol qui agit une fois de plus et le précède dans le suicide. On notera le lexique à forte charge émotive, les modalités exclamatives et interrogatives, les nombreuses apostrophes. La nuit de noces des amants s'accomplit dans la mort.

Étudier Hernani *en Première*

Objet d'étude: Théâtre, texte et représentation

Perspectives d'étude

Les documents d'accompagnement citent explicitement *Hernani* dans le répertoire des œuvres que l'on peut étudier en Première. En effet, l'œuvre permet d'étudier un drame, présentant la mixité générique que l'on connaît. Mais nous nous attacherons principalement à montrer comment l'œuvre dramatique prend toute sa signification dans sa réalisation sur scène, en choisissant notamment d'étudier comment le déplacement des personnages, leur constant va et vient d'un espace à l'autre fait sens.

Problématique

Étudier comment la circulation des personnages relève d'une transgression des espaces qui engage une représentation propre au drame romantique hugolien.

Objectifs

Nous prenons comme point de départ de notre réflexion une remarque d'Anne Ubersfeld dans *Le Roi et le bouffon*[1] *: essai sur le théâtre de Hugo de 1830 à 1839 :* « Dans le théâtre classique d'une façon générale, tous les personnages appartiennent au même monde, nous dirons au même espace Sans doute n'en est-il pas de même, dès qu'on approche de la fin du XVIIIe siècle, aussi peut-on considérer par exemple que, dans *Le Mariage de Figaro*, il y a réellement deux zones parfaitement distinctes entre elles, une frontière infranchissable. Mais justement on ne cherche nullement à la franchir et les domestiques, qui ont leur monde, se contentent de repousser l'assaut du maître et ses tentatives infructueuses pour y pénétrer. Au reste, toute transgression reste encore sur le plan du jeu et non sur le plan du sérieux, de l'engagement total. Au contraire, cette notion de passage d'un espace à l'autre que nous trouvons au cœur du drame hugolien, et qui a pour Hugo une si grande importance, son drame étant fondé sur la transgression de “mystérieuses barricades” nous permet de construire d'une façon plus précise un modèle du drame hugolien ».

À l'origine de la pièce, deux espaces s'opposent : le vieil ordre seigneurial, représenté par Don Ruy Gomez et l'ordre monarchique nouveau, dans la personne de Don Carlos. Un autre conflit social se dessine : Don Ruy Gomez et Don Carlos d'une part, et Hernani, le bandit, le proscrit, le marginal d'autre part. Cet espace social devient également le lieu d'un antagonisme sentimental dont Doña Sol est l'enjeu. Or les personnages ne vont cesser de passer d'un espace à l'autre, de « transgresser » d'invisibles barrières en changeant d'identité. Ainsi Don Carlos obligera Don Ruy Gomez à rejoindre le clan des exilés et des bannis en son château de Silva dans les montagnes d'Aragon. Autre franchissement, autre transgression : le Roi devient Charles Quint, passant du rôle de rival amoureux et d'opposant à celui d'empereur en charge des valeurs héroïques traditionnelles pardonnant aux conjurés et à Hernani, renonçant à Doña Sol. Enfin Hernani lui-même à l'acte IV devient Jean d'Aragon, d'exclu accède au statut de héros. Cette confusion constante des identités peut se lire dans les didascalies et la gestion de l'espace qui en découle : toute l'œuvre se déroule dans la pénombre, ou dans une semi-

---

1. Anne Ubersfeld, *Le Roi et le bouffon, étude sur le théâtre de Victor Hugo*, collection « Les essais » Éditions José Corti, 2001.

obscurité ; de nombreux personnages travestis traversent la scène. Nous relèverons que ces deux modalités, déguisement et nuit sont de même nature théâtrale, relevant de la thématique de la dissimulation.

Lectures analytiques menées

– I, 1 : la confusion des identités,
– II, 2 : Don Carlos/Doña Sol ou la dialectique de l'ombre et de la lumière,
– III, 6 extrait : la scène des portraits (v. 1164-1225),
– IV, 2 : le monologue de Don Carlos (v. 1560 à la fin) : le passage d'un ordre à l'autre,
– IV, 4-5 : les scènes du masque.

La première lecture analytique met d'emblée l'accent sur l'importance du théâtre comme représentation, en lien direct avec l'intitulé de l'objet d'étude « texte et représentation ». Cette scène d'exposition définit une dramaturgie basée sur l'obscurité. L'abondance et l'importance des didascalies permet en effet de souligner une pratique de la dissimulation : le lieu nocturne, la dissimulation des identités et la volonté de cacher et/ou de se cacher place au centre des enjeux dramatiques le problème de l'identité des personnages. Cette confusion des sentiments et des personnages est à l'origine d'un art du paradoxe qui est propre à l'esthétique romantique : le cadre intime et clos qu'est la chambre de Doña Sol devient lieu public où se croisent tous les personnages, où s'entremêlent tous les registres ; la scène foisonne de vraies ou fausses entrées et sorties. L'espace devient ainsi le lieu de toutes les transgressions.

La scène II, 2 sera étudiée dans son intégralité. Nous y étudierons la confusion des identités entre personnages. Elle met en présence Doña Sol et Don Carlos qui usurpe l'identité d'Hernani. Nous montrerons comment le projet d'enlèvement de la jeune femme par le roi se fonde également, à la faveur de la nuit, sur une confusion des identités entre les deux personnages masculins principaux de l'œuvre (on remarquera que si le premier acte a pour sous-titre « Le roi », le deuxième est placé sous le signe d'Hernani « Le bandit »). Le stratagème de Don Carlos ayant échoué, c'est Doña Sol elle-même qui opèrera un renversement de valeurs entre les deux hommes : « Si Dieu faisait le rang à la hauteur du cœur, / Certes, il serait le roi, prince, et vous le voleur » (vers 495-496). Nous relèverons enfin qu'un autre revirement, une autre transgression s'opère, qui met en valeur Doña Sol, l'« ange », la valeur lumineuse, la véritable héroïne de cette scène : au nom de son amour pour Hernani, la jeune femme est en effet prête à rejoindre son amant dans la clandestinité. Don Carlos ne semble, lui, motivé que par son désir, prêt à mentir, à user de violence pour posséder la jeune femme ; il présente ici une image dégradée de la royauté.

La scène III, 6 dite « scène des portraits » est particulièrement riche pour étudier le théâtre comme représentation, en s'intéressant notamment à l'importance des objets. D'une part le commentaire des portraits de ces ancêtres par Don Ruy Gomez permet d'étudier la mise en scène de l'héroïsme : il s'agit pour « Le vieillard » – sous-titre de cet acte III – de donner une leçon d'héroïsme au souverain dégradé qu'est Don Carlos. Le décor a ici valeur didactique et la mise en abyme fonctionne pleinement : le spectacle offert s'organise autour de l'objet scénique. D'autre part, l'enjeu de la démonstration de pouvoir du roi est Hernani, caché derrière un portrait qui dissimule une porte commandée par un ressort. Or cet objet « ressort » génère la plupart des jeux de scène de l'extrait. À ce titre, il est le symbole de la mécanique théâtrale au sens propre comme au sens figuré.

La fin du monologue de Don Carlos permet de souligner l'importance de la représentation du lieu théâtral et son influence sur les personnages. Le tombeau de Charlemagne à Aix-la-Chapelle devient lieu d'initiation, lieu de passage, lieu de *nekuia* qui permet une réflexion sur le pouvoir et sa légitimité, et occasionne un véritable coup de théâtre. Don Carlos, roi vaniteux et esclave de ses plaisirs s'y métamorphose en Charles Quint, empereur valeureux et clément, à présent digne de prendre en charge les valeurs héroïques.

Les scènes 4 et 5 de l'acte III permettent de mettre en perspective les acquis des séances précédentes. Nous y retrouvons en effet la thématique de la dissimulation avec cette scène de nuit qui favorise les déplacements du « masque en domino noir ». La scène s'organise par ailleurs autour d'objets symboliques dont la manipulation provoque de nombreux jeux de scène : le cor, objet romantique par excellence, qui sonne le glas des amants ; la fiole de poison qu'Hernani porte à plusieurs reprises à sa bouche. Le rappel de la promesse donnée indique à Hernani devenu Don Juan d'Aragon que l'héroïsme ne peut s'accomplir que dans la tragédie.

II – Un intitulé de séquence orienté

Beaucoup de descriptifs donnent en intitulé de séquence l'objet d'étude abordé. Or la culture des élèves se construit à partir de la lecture des textes et des œuvres, non de l'apprentissage d'objets d'étude. Simples artifices de présentation des programmes, ils ne peuvent donc pas se substituer aux textes. Le descriptif doit mettre au premier plan les textes et les œuvres intégrales qui ont permis d'aborder les objets d'étude au programme. L'intitulé de séquence inclura donc le titre de l'œuvre intégrale, l'intitulé du groupement de texte. Sa formulation devrait en outre, dans le cadre de l'œuvre intégrale, permettre une première compréhension de l'approche qui a présidé à l'étude des textes. Cette formulation sera alors précisée et approfondie par l'expression de la problématique.

1 – Formulation de la problématique

La problématique à partir de laquelle l'œuvre intégrale ou le groupement a été étudié doit figurer dans le descriptif. C'est une information essentielle pour l'examinateur qui, sachant ainsi sous quel angle les textes ont été abordés, peut plus facilement poser une question qui s'inscrive dans les perspectives de travail de l'année.

La notion de problématique n'est certes pas une nouveauté. Tout enseignant s'efforce d'initier ses élèves à la construction d'une problématique tant dans ses travaux de commentaire et de dissertation à l'écrit, qu'à l'oral lors de la construction d'une lecture analytique de texte. Appliquée à l'étude du groupement de textes ou d'une œuvre intégrale, la problématique choisie doit être formulée avec le plus de soin et de précision possible sur le descriptif. C'est cette problématique qui justifie le choix des textes et en oriente la lecture. Il s'agit là d'une information essentielle à la fois pour le professeur examinateur et l'élève candidat : l'expression précise de la problématique de séquence permettra le jour de l'épreuve à l'examinateur d'adapter son champ de questionnement aux connaissances particulières de l'élève, et à l'élève d'orienter sa pratique de lecture des textes.

Le point sur : Définir une problématique de séquence

Problématiser une séquence, c'est mettre en évidence un problème, une difficulté, un enjeu important du texte. Cela suppose une observation rigoureuse du texte, une confrontation de plusieurs points de vue.

Les difficultés rencontrées par l'enseignant lors de la construction d'une problématique de séquence, qu'elle soit appliquée à l'étude d'une œuvre intégrale ou d'un groupement de textes, est double. Tout d'abord, l'enseignant doit alors mener de front problématique littéraire et problématique didactique : comment mettre en œuvre la conduite d'une séquence à un moment donné de l'année scolaire, en tenant compte des connaissances des élèves à ce stade de l'année et en inscrivant la séquence dans la perspective d'un projet annuel ? Quels documents complémentaires, quelle(s) lecture(s) cursive(s) introduire, comment, à quel moment dans le déroulement de la séquence ? Ces questions relèvent de conduites de classe que chaque enseignant a l'habitude de gérer et de maîtriser. Par ailleurs, aucun texte officiel ne définit clairement la notion de problématique.

Appliquée à la lecture d'une œuvre intégrale ou d'un groupement de textes, on pourrait définir ce que n'est pas une problématique de séquence, à partir d'exemples empruntés à des intitulés proposés dans des descriptifs lors de l'oral de l'EAF. Ainsi, une problématique, ce ne peut être :

- un thème : « Les fonctions du biographique » dans un groupement de textes donné ni même deux thèmes coordonnés : « Biographie et enfance » ;
- le nom d'un personnage : « Étude du personnage éponyme dans Don Juan » ;
- un motif « L'oiseau dans la poésie lyrique du XIXe siècle » ou encore « La femme dans la poésie du XXe siècle ».

Dans ces exemples, aucun problème n'est explicitement formulé, qui permette à l'examinateur le jour de l'oral de l'EAF d'engager l'élève à mener une lecture dynamique des textes. On pourrait proposer les reformulations suivantes : « En quoi l'expression de soi permet-elle la re-construction d'une image particulière de soi ? ». Si l'on veut s'attacher à étudier le personnage de Don Juan dans la pièce éponyme, on pourrait alors formuler ainsi la problématique « Don Juan "grand seigneur" ou "méchant homme" ? » en reprenant une citation de l'œuvre. Lors de l'étude d'un groupement de textes consacré à la poésie lyrique, on pourrait s'interroger sur l'éthos du poète, l'image qu'il cherche à donner de lui-même au destinataire du poème et au lecteur ; la problématique serait alors ainsi formulée : « Dans ces poèmes où domine l'expression musicale et harmonieuse des sentiments du poète, quelle image le poète construit-il de lui-même, pour quel public ? ».

La définition proposée par *Le Robert,* dictionnaire historique de la langue française est la suivante : il s'agit *« d'une chose qui n'est pas certaine, dont la vérité est douteuse ».* Le nom *« désigne la technique qui consiste à bien poser un problème ou un ensemble cohérent de problèmes, et par métonymie, l'ensemble des problèmes se posant sur un sujet déterminé ».*

Il s'agit bien là d'une notion essentielle car elle constitue un élément de dynamisme qui s'opposerait à une lecture plus statique de l'œuvre ou du groupement de textes. Elle consisterait ainsi à dégager un paradoxe implicite et pourrait se formuler sous la forme d'un ensemble de questions, d'une mise en tension.

On voit ici que la notion de problématique s'inscrit dans une triple perspective qui justifie et légitime sa pertinence face à un public d'élèves. D'une part, la problématique est liée au débat, au dialogue. Elle a partie liée à l'argumentation : il s'agit de formuler des hypothèses de lecture que l'on justifiera par des références précises au texte. Or, la conduite du cours de français est bien cette mise en relation, en dialogue, cette confrontation de l'élève face au texte. La nouvelle épreuve de l'oral à l'EAF définit ainsi la lecture que l'on attend de l'élève, dans sa première partie : *« Cette lecture est orientée par une question initiale à laquelle il doit répondre en partant de l'observation précise du texte, en menant une analyse simple et en opérant des choix afin de construire une démonstration. On n'attend donc de lui ni une étude exhaustive du texte ni la simple récitation d'une étude faite en classe »* : loin du psittacisme, on attend bien de l'élève qu'il interroge ce texte qui pose problème, qu'il se collette avec lui. Proposer aux élèves de travailler sur des problématiques de séquence, c'est afficher d'emblée que l'on se pose une question, un problème dont la réponse, la solution n'est pas donnée par avance, mais ne sera assurée que par une lecture attentive, une interrogation rigoureuse et personnelle du texte.

D'autre part, la problématique est liée à la réception des textes. Expliciter la problématique d'une séquence, engager l'élève à dégager la problématique d'un texte, c'est l'impliquer directement comme lecteur dans la découverte des textes, dans une découverte du sens mettant en jeu le discutable, le possible dans une démarche de questionnement plus que dans l'univers des certitudes. On affirme bien ainsi qu'il n'existe pas *une* lecture du texte, *une* interprétation.

Enfin, définir une problématique à propos d'une œuvre ou d'un groupement, c'est faire un choix, c'est afficher d'emblée un projet de lecture : on ne peut, dans le cadre d'une séquence, étudier tout *Dom Juan*, ou tout *Candide*. On ne peut étudier « l'ensemble des problèmes se posant » lors de la lecture de l'œuvre intégrale. Étudier l'œuvre « intégralement », ce n'est pas l'étudier dans l'intégralité des problématiques qu'elle peut proposer ; c'est choisir la problématique qui, en fonction de l'objectif de la séquence et de (des) l'objet(s) d'étude exploité(s), se révèlera la plus pertinente. On proposera ainsi aux élèves un projet, une perspective d'étude.

2 – Problématiser une étude d'œuvre intégrale

Dans les pages suivantes, on pourra lire des exemples de démarches concernant la définition de problématiques de séquence tant pour les œuvres intégrales que les groupements de textes, en Seconde comme en Première.

Mise en œuvre en Seconde :

Électre, Jean Giraudoux

Nous proposons ici un exemple emprunté à une séquence menée en Seconde : l'étude en œuvre intégrale d'une pièce de Jean Giraudoux, *Électre.* Il ne s'agit pas seulement de proposer une « problématisation » de l'œuvre, mais d'inscrire le choix de la problématique dans le programme de Seconde, dans les objets et les perspectives d'étude. Nous voudrions également montrer comment cette problématique peut être formulée avec les élèves à partir de repérages simples dans le texte, indiquer les choix de lecture qu'elle implique ainsi que les objectifs disciplinaires qu'elle permet de définir.

Inscription dans le programme de Seconde

« Le théâtre : les genres et les registres (le comique et le tragique).
Il s'agit de percevoir les spécificités (le théâtre comme texte et comme spectacle) et les évolutions du genre, les liens, mais aussi les distinctions entre genre et registre ».
Corpus : une pièce au choix du professeur – *« auteurs français du XVIIe au XXe siècle dont l'œuvre constitue un repère culturel [...] nombre d'auteurs ayant écrit des pièces relevant des deux genres ou – pour certaines – difficilement classables »* (Documents d'accompagnement) parmi lesquels Jean Giraudoux.
Perspective dominante : étude des genres et des registres.
Perspectives complémentaires : approche de l'histoire littéraire ; étude des effets sur le destinataire.

Choix d'une problématique

Dans le cas particulier de l'étude d'*Électre* en œuvre intégrale en classe de Seconde, c'est la lecture analytique de la première scène dont nous ne donnons ici que les conclusions, qui aura permis de mettre en place avec les élèves le projet de lecture de l'œuvre, la problématique choisie.

Lecture analytique de I, 1

– une scène sous le signe de l'intertextualité et du *fatum* tragique.

Le poids du passé semble impliquer une tonalité tragique et ainsi confirmer les hypothèses de lecture que suggérait le titre. La présentation des lieux fait directement référence à l'histoire des Atrides. Le poids du tragique est inscrit dans les lieux présents qui disent l'histoire passée : le crime d'Atrée, le premier roi d'Argos, l'assassinat de Cassandre. De même, le personnage d'Électre est lié à la mort dès sa première évocation : si sa chambre se situe aux combles, c'est « parce que de cet étage, on voit le tombeau de son père ». Enfin, la « récitation » d'inspiration divine des petites Euménides comparées aux « trois petites Parques » fait peser sur la scène une atmosphère tragique

– le mélange des genres.

Le registre tragique est pourtant atténué, modéré par des éléments qui relèvent tant du dialogique que des décors et de la mise en scène. La façade du palais, animée de sentiment et dotée d'expression, relève plus précisément du merveilleux ; de même que la croissance des Petites Filles qui « grossissent à vue d'œil », grandissant « à la vitesse d'une oronge ». L'attitude des Euménides, loin de l'atmosphère du mythe, n'est plus source de terreur cathartique mais d'une forme de plaisir lié aux éléments de comique qu'elles introduisent tant dans les mots que dans le jeu de scène : ce sont « d'affreuses petites bêtes » qui montrent leur derrière et qui émaillent leur discours de termes prosaïques. Elles permettent ainsi un dédoublement des registres : dotées d'un arrière-plan tragique fort, elles sont simultanément impliquées dans une réception burlesque de leur personnage.

Définition d'un projet de lecture

Les élèves seront d'emblée sensibles à ce mélange des genres et des tons. On pourra ainsi choisir d'étudier dans la pièce la coexistence des registres comique et tragique, à l'image du palais d'Argos qui « rit et pleure à la fois » ; et plus précisément la fonction du comique dans cette pièce à dominance tragique : peut-on parler ici de registre comique ? Dans quelle mesure ce registre implique-t-il la présence du genre comique ?

On retiendra ici que ce choix, s'il est forcément réducteur, permet d'interroger un aspect essentiel de l'œuvre et de mener à bien la séquence en quatre semaines. Les lectures analytiques proposées aux élèves seront choisies en fonction de la problématique retenue. D'autres projets de lecture, d'autres problématiques restent bien entendu possibles. On peut par exemple se demander en quoi la réécriture du mythe antique permet un questionnement des valeurs qui reste d'actualité. On peut également étudier le tragique dans la pièce comme ce qui permet à l'homme d'affirmer son humanité, de l'« arrache[r] à sa position de quadrupède »...

Objectifs

L'étude de l'œuvre permet de définir la notion de genre (tragédie / comédie), d'introduire *« l'idée de l'évolution et de l'éventuelle transgression des codes génériques »* et de registre : de *« faire apparaître la question des émotions mises en jeu dans la littérature »* ; mais également de montrer la distinction entre genre et registre. Dans *Électre,* le registre comique est omniprésent. Il se manifeste par le biais de représentations qui s'opposent aux stéréotypes littéraires comme la représentation des dieux en personnages incohérents et étourdis ou les anachronismes qui introduisent un décalage comique. Les éléments de comique viennent le plus souvent s'inscrire dans une atmosphère tendue et assurent un phénomène de détente, ménagent des moments de pause. Par les références au quotidien – tant dans le « style bas » adopté par certains personnages, que par les références à des réalités triviales ou la présence de personnages ordinaires – la présence du comique permet une remise en question des préjugés. Mais on perçoit ici les limites de ce comique : sa force libératrice face au déterminisme tragique ne peut éviter la catastrophe finale. Sa fonction heuristique en montre les limites : la raison d'être de ce comique est d'amener à réfléchir sur les problèmes de déterminisme et de liberté. Les éléments du registre comique n'ont donc de portée comique que parce qu'ils sont en discordance avec l'arrière-plan tragique.

Mise en œuvre en Première :

Fragments d'un Paradis, Jean Giono ou le récit du roman

Nous proposons l'étude de *Fragments d'un paradis,* (Gallimard, collection « L'Imaginaire ») de Jean Giono à des classes de Première L. Le roman s'organise comme un palimpseste et propose une réflexion sur un roman à la recherche de sa forme romanesque à travers un faisceau d'écritures qui le traversent et l'organisent. L'étude de cette œuvre intégrale permet d'aborder l'objet d'étude « Roman » et en objet d'étude secondaire, celui de « Réécriture ».
Nous tâcherons donc de faire valoir ce qui dans l'écrit d'invention est du à la lecture, à un écrit antérieur : il ne peut y avoir d'écrit que par démarcage d'un écrit précédent. Tout l'intérêt formel d'un récit réside dans la stylisation d'un

matériau acquis. De même, tout l'intérêt sémantique du récit se doit au jeu de connivence, de cryptage et décryptage à l'intérieur d'une sphère culturelle qui réunit l'auteur à sa communauté de lecteurs.

Objets d'étude : Le roman – Les réécritures

Définition d'un projet de lecture

Jean Giono (1895-1970) écrit en 1944 un roman d'aventure marine, un récit se déroulant sur l'eau. Nouveau lieu, nouvelle méthode d'écriture (texte dicté à une dactylographe), personnages apparaissant sur le fil de l'invention orale, absence de plan préconçu : *Fragments d'un Paradis* est à tous égards une œuvre laboratoire, et sans doute une œuvre limite. De même que tout est fait par l'auteur pour échapper aux règles du roman, de même ses personnages ont fui l'Europe dévastée par la guerre et la crise de civilisation. Or, l'essentiel des thèmes de l'auteur s'y trouve condensé, comme toutes les formes possibles de l'écriture narrative : les personnages écrivent un journal, lisent des événements dans le monde mouvant qui les entoure, rencontrent ou citent des œuvres littéraires ; l'auteur lui-même se sert d'œuvres antérieures, ou se servira de *Fragments d'un paradis* pour la suite de sa propre œuvre. Jean Giono, à l'instar de ses personnages, fuit un monde désenchanté, en quête d'un nouveau « paradis » comme d'une nouvelle manière de « chanter » le monde. Le récit s'élabore ainsi comme une entreprise globale de réécriture et de refondation.

Problématique

Il s'agit d'étudier, au travers de ce roman singulier de Jean Giono, la capacité de l'écriture à produire du récit à partir de textes antérieurs, en les reformulant, en les refondant, en les poursuivant. Le processus créatif ne peut se passer de matériaux existants ; la valeur romanesque réside dans la seule organisation de matériaux formels déjà acquis.

Objectifs

On propose de parcourir une œuvre centrale – chronologiquement et formellement – de l'œuvre d'un romancier important qui a produit près d'une soixantaine de livres au cours du dernier siècle. Un choix de lectures cursives peut permettre en amont, de balayer l'étendue de l'œuvre, ses thèmes, ses formes – essentiellement romanesques : on citera avant tout *Le Chant du Monde* ; *Les Grands chemins* ; *Un Roi sans divertissement* ; *Le Hussard sur le toit* ; *L'Iris de Suse*. On concentrera l'étude de *Fragments d'un Paradis* sur l'enjeu du couple créateur écriture / lecture. Un tourniquet de formes narratives instruit le récit (*Journal du Capitaine* ; dialogues théâtralisés ; narration au passé ; narration au présent ; aventure métaphysique ; description scientifique ; recette de cuisine...). On en organisera le relevé formel. De plus, chaque personnage est en contact étroit avec la matière du livre : le Capitaine rédigeant le *Journal* ; le *Journal* des seconds ; la lecture des *Instructions nautiques* par « l'écrivain », l'intendant du navire Noël Guinard (anagramme de Jean Giono et d'Angelo, futur héros du cycle du *Hussard*) ; apparition de livres sur l'île déserte (*Don Quichotte* et *Paradise Lost*) ; citations nombreuses d'œuvres dans les dialogues (*Des jardins d'Armide* de l'Arioste au *Mariage du Ciel et de l'Enfer* de William Blake). Enfin, l'auteur lui-même réécrit par réminiscence (Jules Verne) ou démarque explicitement (un extrait de *Fragments d'un Paradis* est un palimpseste d'un ouvrage majeur de récit de voyage écrit par le commandant Charcot) des extraits ou des thèmes évidents de la littérature d'aventure ; le texte lui-même servant de matrice pour un roman parmi les plus importants de l'après-guerre du même Giono, *Un roi sans divertissement.*

Lectures analytiques menées

- *Texte 1 :* « Il semblait que tout était en phrases claires » – p. 40-41, chapitre *On s'aperçut que,* de « Tous les incidents de route... » à « ... avant qu'on soit arrivé à comprendre ».
- *Texte 2 :* « L'Indien, palimpseste du Français » – p. 44-45, chapitre *Journal du Capitaine,* de « Les formes de l'arrière ont prouvé jusqu'ici... » à « ... à l'horreur de nos berceaux ».
  Texte complémentaire : *Le Français au Pôle Sud,* Jean-Baptiste CHARCOT (1906), *Postface,* édition José Corti, 2006.
- *Texte 3 :* « L'impossible robinsonnade » – p. 90-91, chapitre *Aventure de Noël Guinard,* de « Noël Guinard frappa à la porte du Capitaine... » à « ... bois flottant d'épave. »
- *Texte 4 :* « Le testament du capitaine » – p. 132-133, chapitre *Tristan,* de « Moi, je suis marié... » à « ... qui remplissait les jardins de la terre ».
- *Texte 5 :* « Le monstre marin, divertissement contre l'ennui universel » – p.148-149, *Tristan,* de « Les colonnes d'oiseaux ne cessaient pas de jaillir ... » à « ... les quatre horizons nus ».
  Texte complémentaire : « la danse du hêtre » – *Un roi sans divertissement,* Jean Giono (1946), Pléiade, tome III, p. 474, de « Il était surtout (à cette époque) pétri d'oiseaux et de mouches... » à « Et Bergues disparut ».

Le Texte 1 fait un point sur la succession d'événements mystérieux dont a été témoin le navire *L'Indien.* La sphère narrative est totalement mouvante, sans plus de repères fixes. Ce texte fait donc le partage entre un avant et un après : ainsi, les requins que les marins seraient allés combattre joyeux sont désormais autre chose que des requins, ce sont des «monstres», les «anges» (sous-titre de *Fragments d'un Paradis*) qui annoncent autre chose. Les personnages sont désormais dans un nouvel espace, entrent dans un temps nouveau. Perdus dans ce nouvel univers, il leur faudra décoder ce nouveau monde avec de nouveaux yeux, une nouvelle manière de lire: se servant «de formes, de couleurs, d'odeurs, en place de mots».

Le Texte 2 est intéressant à plus d'un titre. Nous trouvons tout d'abord l'aspect scientifique d'un *Journal* de marine rédigé par le capitaine. Tous les aspects techniques du bateau et de la navigation y sont consignés. Le second texte s'oppose donc en cela violemment au premier. Mais ces aspects sont aussitôt gommés par la révélation du journal intime: partir, pour *L'Indien,* c'est se défaire du « civilisé » et de sa science, inutile pour aborder les mystères, véritable réalité du monde.

Le Texte 3 met ensemble les deux personnages principaux : le Capitaine, homme du pont, homme solaire, et Noël Guinard, homme de la cale, homme de l'ombre, mais tous deux doubles de l'auteur-Giono, tous deux hommes de l'écrit. Notons que Noël Guinard, l'écrivain de *L'Indien,* ne connaît le réel que du fond de la cale, par sa seule lecture du livre des *Instructions nautiques,* manuel de description topographique des côtes marines. Ils trouvent les traces d'une civilisation antérieure, due certainement à un naufrage. L'énigme reste entière: Il ne reste de l'installation humaine récente que des débris de civilisation, hormis deux livres au titre programmatique: *Don Quichotte* en espagnol, vaine et folle quête du monde chevaleresque; *Paradise Lost* en anglais, « paradis perdu ». Toute installation humaine est vouée à l'échec : il n'y a que la quête, la recherche, qui demeure.

Le Texte 4 est une sorte de programme et de testament du personnage-capitaine et de l'auteur Giono. Apparaissent ici tous les aspects du contexte narratif: épaisseur du personnage et de l'histoire réelle (Seconde guerre mondiale). Les frontières entre personnage, narrateur, auteur disparaissent. Ce que le texte 2 donnait dans l'intimité du *Journal* apparaît désormais pour la communauté des officiers du navire: « À vous dire la vérité, je ne suis pas parti pour une croisière scientifique». Le double fonds de l'œuvre est éventé: le récit devient bien une aventure initiatique qui engage radicalement les personnages comme le lecteur.

Le Texte 5 présente enfin l'acmé de *Fragments d'un Paradis,* l'événement définitif de la quête: nous sommes en face de l'ineffable, de l'indicible, du monstrueux à l'état pur. Cette matrice fusionnelle est le divertissement suprême dans un univers totalement nu et vide de forme et de sens. Le texte est une longue description : elle efface toute action des hommes. Il n'y a plus que deux possibilités : rester collé au spectacle de fusion, spectacle radical de vie et de mort, qui engloutira les hommes, ou bien s'en séparer ; c'est l'ultime arrachement dont Noël Guinard est finalement l'auteur. S'arracher au monstrueux, c'est retrouver les repères de la normalité. Mais la normalité étant elle-même une gangue de mort, désormais, plus rien n'est possible dans le roman comme dans la vie des personnages. Tout se dissout dans l'ultime chapitre *Pluie* : personnages et narration disparaissent, le roman restant inachevé.

3 – Problématiser un groupement de textes

Tout enseignant qui se trouve en position de constituer un groupement de textes est tenté de faire se rencontrer des extraits qui trouvent leur cohésion autour d'une même thématique. Les nouveaux programmes, et entre autre les objets d'étude figurant dans les Instructions officielles présentent l'avantage de subordonner cette cohérence thématique à l'étude d'un genre (la poésie, le théâtre, le roman, l'épistolaire), d'un discours (l'argumentation), d'une catégorie littéraire. Il s'agit donc pour l'enseignant, à travers des textes parcourus par les mêmes éléments sémantiques, de repérer les constantes et les écarts entre ces extraits et de proposer un parcours de lecture logique qui permettra aux élèves de s'approprier de la façon la plus claire possible ce qui fait à la fois la cohérence du groupement qui leur est proposé, et la singularité de chacun des textes qui le compose ainsi que les choix d'écriture qu'elle implique.

Mise en œuvre en Seconde :

« Éloge et blâme autour du portrait de Louis XIV »

Nous proposons ici deux groupements de textes l'un en Seconde, l'autre en Première, qui présentent une cohérente thématique forte. Nous verrons comment nous avons « problématisé » ces groupements de texte, quels objectifs étaient subordonnés à cette problématique et quels axes de lecture ont été proposés aux élèves.

Groupement de textes

- BOILEAU, Épître I « Au Roy » (1669-1672) – Édition La Pléiade p. 106-107.
- RACINE, *Alexandre le grand* « Au Roy » (1666) – Édition GF, Théâtre I, p. 99-100.

- Bossuet, *Lettre à Louis XIV* (juillet 1675) – Édition Hatier « Textes choisis ».
- La Bruyère, *Les Caractères* « Du souverain » (1688) – Édition La Pléiade p. 286-288.
- Fenelon, *Les Aventures de Télémaque* (1699) Édition GF, p. 152-154.

Document iconographique : *Portrait équestre de Louis XIV devant Namur couronné par la victoire,* Mignard.

Inscription dans le programme de Seconde

L'intérêt principal de ce groupement de texte est qu'il d'aborde plusieurs points du programme de Seconde. D'une part, il paraît en parfaite adéquation avec l'objet d'étude « Éloge et blâme » : *« Le but est de percevoir et de comprendre en quoi les usages de l'éloge et du blâme sont des moyens importants d'argumentation ».* Les Instructions officielles préconisent en perspective dominante, *« l'étude de l'argumentation et des effets sur le destinataire » et en perspective complémentaire « l'étude des genres (en particulier le portrait) et des registres ».* Par ailleurs, le groupement permet d'aborder l'objet d'étude « Écrire, publier, lire ». Parmi les objectifs inscrits dans les Documents d'accompagnement on propose les deux axes d'étude suivants : *« aider les élèves à mieux mettre en contexte les textes qu'ils lisent ; contribuer à l'étude de l'histoire littéraire ».* Le groupement pose nettement la problématique de l'écriture et de la condition de l'écrivain sous le règne de Louis XIV : en liaison avec l'histoire littéraire et culturelle et avec l'étude de la singularité des textes, les extraits permettent une approche des conditions de la création.

Un tel groupement est abordé en fin de Seconde avec une classe composée d'élèves ayant choisi en LV3 le chinois. L'objet d'étude « Démontrer, convaincre, persuader » aura permis d'aborder précédemment les différentes formes de l'argumentation : un groupement de textes intitulé « L'œil occidental et la Chine » s'intéressera à la problématique de l'altérité avec les extraits des œuvres suivantes : *Mourir à Shanghai* d'Albert Londres ; *La Condition humaine* de André Malraux ; *René Leys* de Victor Segalen, « Un barbare en Chine », in *Un barbare en Asie* de Henri Michaux ; *Nouvelles Orientales* de Marguerite Yourcenar. Au second trimestre, la classe aura étudié *Le Misanthrope* de Molière – objet d'étude « Le théâtre, genre et registre ; tragique et comique ». On aura apprécié notamment à l'aide de documents complémentaires l'importance du débat esthétique voire politique à l'époque classique. La portée argumentative de certains passages aura été mise en évidence. Le portrait satirique aura été abordé avec l'étude de la scène dite des portraits II, 4. En fin d'année, le groupement proposé permettra en outre de terminer avec l'étude de l'argumentation indirecte dans les extraits des *Caractères* et du *Télémaque,* étude qui sera reprise et approfondie en classe de Première.

Problématique envisagée

Le genre du portrait a permis dès l'Antiquité d'évoquer les vertus ou les vices des gouvernants. Les discours politiques de la Grèce antique laissaient ainsi une grande place à l'éloge et au blâme. Au XVIIe siècle, nous allons voir que la puissance du pouvoir et de l'État se déploie jusque dans la sphère lettrée. Le roi organise sa propagande et assoit sa légitimité sur une politique culturelle d'apparat. Il est donc tout naturel de voir fleurir dans la littérature de l'époque de Louis XIV des portraits du souverain, marqués par la rhétorique de l'éloge. Nous nous demanderons en quoi ces cinq textes permettent de nourrir une même réflexion sur les rapports entre pouvoir poétique et pouvoir politique sous le règne du Roi Soleil.

Objectifs

Chaque texte propose un portrait en action du souverain, s'intéresse aux initiatives menées sous son règne. Les portraits sont construits selon certaines constantes : d'une part la distinction entre politique intérieure et politique extérieure menées par le souverain, entre les « affaires de dehors » et « au-dedans » ; mais cette différenciation n'est évoquée que pour mettre en valeur la figure du roi guerrier, ses conquêtes, les actions belliqueuses entreprises. Chaque document propose donc une mise en scène de la puissance et de l'héroïsme du souverain. Le premier objectif sera donc disciplinaire : il s'agira d'étudier le fonctionnement du portrait et son insertion dans des textes distincts d'un point de vue générique : l'épître, la forme brève de la maxime, et la fiction.

Nous insisterons auprès des élèves sur la portée argumentative de l'éloge et du blâme : le portrait est mis au service d'une stratégie argumentative dont nous étudierons les variations, en relevant les procédés utilisés (lexique, registre, syntaxe expressive…). Les élèves pourront repérer que le portrait s'inscrit dans une situation de communication particulière : nous soulignerons les liens avec la rhétorique oratoire qui engage l'*ethos* ou mœurs de l'orateur et le *pathos* ou dispositions de l'auditoire, dans une perspective pragmatique. Nous montrerons pourtant que l'équivoque est au cœur de la poétique de l'éloge, déclinée ici sous la forme du panégyrique, de l'éloge paradoxal ou du plaidoyer : la réversibilité de l'éloge en blâme peut être observée à tout moment.

Enfin, ces textes s'inscrivent dans un système de mécénat, de collaboration entre Louis XIV et les auteurs proposés. Les textes révèlent les rapports particuliers qui lient le souverain aux poètes grâce à la mainmise qu'imprime le règne du roi soleil sur les instances littéraires, notamment. Un des objectifs du groupement est en effet de rendre les élèves conscients que toute œuvre littéraire ne peut se lire que par contextualisation. Or tous les auteurs présents dans ce groupement se sont inscrits dans ce système de mécénat ; en échange des éloges, Louis XIV distribuera des gratifications sous forme de titres ou de subsides : Boileau et Racine seront nommés à la fonction d'historiographe du roi en 1677 ; La Bruyère, protégé par Bossuet, fréquente Racine et Boileau et sera reçu à l'Académie ; Bossuet, évêque de Condom, sera précepteur du Dauphin, comme Fénelon le sera de ses trois fils dont le Duc de Bourgogne, héritier du trône. Tous se trouvent donc au cœur d'un système de requêtes et de récompenses ; et l'éloge est la plus ostentatoire des rétributions.

Projet de séquence

En première séance, la lecture analytique de l'épître de Boileau permettra d'étudier la dimension argumentative de l'éloge. Les élèves pourront percevoir en quoi l'épidictique consiste à formuler un jugement de valeur. Il s'agit pour le poète de convaincre son roi en se livrant à son éloge, tout en justifiant ainsi la pratique du mécénat.

La dédicace de Racine sera ensuite étudiée : nous montrerons en quoi l'épître dédicatoire permet de représenter un contrat de collaboration entre le poète et le monarque. Nous étudierons notamment comment se construit l'*ethos* du poète, dans une perspective pragmatique où se jouent des enjeux de pouvoir à la fois poétique et politique. Mais le portrait s'inscrit ici dans un jeu complexe d'échos où l'éloge prend pour référence et contre modèle tout à la fois le héros de la tragédie que précède l'épître.

Nous quitterons ensuite le genre épistolaire pour celui du « caractère » où l'argumentation est plus implicite dans la mesure où l'évocation du souverain se fait sur un mode plus impersonnel. Il s'agira d'une séance à dominante étude de la langue, où nous montrerons comment la construction en parataxe du passage, procédant par accumulation et opposition, construit métaphoriquement l'éloge d'une « idée de souverain », et donc le blâme de Louis XIV.

Une autre séance sera consacrée à la lecture analytique de l'extrait du *Télémaque* de Fénelon. C'est dans ce texte que nous étudierons les caractéristiques de l'argumentation indirecte. Le blâme des actions guerrières du souverain est atténué par une série de détours dus notamment à l'insertion du portrait dans une fiction à visée didactique où la double énonciation joue à plein, dans le discours d'un personnage mythologique qui manie l'ironie avec éloquence.

Une dernière séance sera proposée aux élèves en lecture de l'image, par exemple autour du portrait de Mignard *Portrait équestre de Louis XIV à cheval couronné par la Victoire, devant Namur.* Les élèves n'auront aucune peine à relever tant dans les dimensions du tableau, sa thématique, sa composition et le jeu de ses couleurs, les éléments de l'éloge. Mignard se livrera à de nombreux portraits de Louis XIV et sera en retour anobli par le souverain et nommé à la direction de l'Académie de peinture et de sculpture en 1690.
Nous avons choisi de proposer aux élèves, en évaluation, le texte de Bossuet dont ils auront à proposer un commentaire littéraire. Cette lettre paraît en effet un bon support pour l'évaluation car elle permet de réinvestir les différents acquis des séances précédentes.

Lecture de l'image

Le document iconographique proposé est un tableau équestre du souverain *Portrait équestre de Louis XIV à cheval couronné par la Victoire, devant Namur.* Le tableau, non daté, est postérieur à 1692, date de la prise de Namur. Il s'inscrit dans le contexte particulier de la politique expansionniste menée alors par Louis XIV. En 1689, Louis XIV trouve toute une Europe conjurée contre lui. Il doit soutenir la guerre partout en Europe, en Amérique du Nord, aux Antilles, aux Indes et un peu partout en mer. Aux Pays-Bas espagnols, mais défendus surtout par allemands et hollandais, Louis en personne dirige l'offensive. Il alterne alors défaites et victoires, dont celle remportée devant Namur en 1692, qui sera à nouveau perdue en 1695. Dans ces temps d'incertitudes que Goubert nomme « Le temps des épreuves (1689-1714) », on comprend la nécessité pour le souverain de mettre en valeur ses victoires. Ce siège de Namur est d'ailleurs célébré par Boileau et Racine (Odes). Mignard bénéficie de la faveur royale : Louis XIV l'anoblit en 1687 et il prendra la direction de l'Académie en 1690. À partir de 1670, pour tenter d'accéder aux chantiers royaux, il va s'adonner au genre des portraits royaux. On recense aujourd'hui une dizaine de ces portraits. Celui qui est proposé ici a été installé sous Louis Philippe dans le Salon d'Hercule au château de Versailles.
On pourra distinguer trois éléments principaux dans ce tableau : au premier plan le souverain à cheval, dans l'angle supérieur gauche, l'allégorie de la victoire, et l'arrière-plan plus confus évoquant le siège de Namur.
On fera remarquer aux élèves le costume du roi : il s'agit véritablement ici d'une représentation du roi guerrier. La cuirasse, l'écharpe bleue de la royauté, le pistolet à la ceinture, la longue-vue à la main droite, tout indique que le roi tout puissant vient de présider à la bataille. On rappellera que le souverain a personnellement commandé au siège. La plupart des portraits

Pierre Mignard (1612-1695),
Louis XIV à cheval couronné par la Victoire, devant Namur.
Versailles, Châteaux de Versailles et de Trianon.

connus de Louis XIV sont des portraits d'apparat en pied: portrait de Hyacinthe Rigaud, Lebrun ou même Mignard. À l'inverse ici, c'est le mouvement qui domine: mouvement de l'écharpe blanche au vent, mouvement du cheval que le souverain paraît dompter sans difficulté. Le cheval est un élément essentiel de la majesté royale: la vigueur de l'animal, la beauté de sa robe alezan, la richesse de son harnachement, la vivacité de son œil, tout ici vise à conforter la puissance du souverain. Le cavalier et sa monture semblent d'ailleurs ne faire qu'un : même alignement des jambes de l'homme et des pattes de l'animal, même ligne de fuite du regard. Le souverain est représenté tel un centaure, un demi-Dieu commandant aux forces naturelles et surnaturelles.

Mais le triomphe du souverain est ici explicité par la présence de la Victoire surmontant Louis XIV. L'allégorie est habituellement une divinité représentée par une femme ailée. Cette divinité est ici affublée du casque et de la cuirasse guerriers. Elle porte les attributs habituels de la victoire: la palme de la main gauche et les lauriers de la droite. Le roi est évoqué comme un César commandant par sa puissance au monde tout entier.

Enfin, l'arrière-plan vient compléter cette représentation de la victoire. On devine Namur dans le fond gauche, au centre de collines, au confluent de deux fleuves, la Sambre et la Meuse. Des mouvements de troupe, des panaches de fumée signalent les vestiges d'une bataille toute récente. On fera remarquer aux élèves les dégradés de couleur dans la peinture du ciel : à droite, un ciel sombre, endeuillé, noir des combats et des morts qu'ont entraînées les batailles. À gauche, une aurore signale l'avènement d'un jour nouveau pour le roi, la France, l'Europe et sans doute le monde. Ni les combats, ni le sang versé n'auront été vains. Le souverain victorieux peut régner en maître et promettre à ses sujets des jours meilleurs de paix et de clémence.

On rappellera aux élèves les dimensions du tableau : il s'agit d'une huile sur toile d'une dimension de 307 cm sur 243,7 cm, dimensions qui rendent la représentation de Louis XIV impressionnante au sens propre du terme. Le but ici est non seulement de flatter le souverain, mais de frapper, d'émouvoir le spectateur tant par le sujet que les dimensions de l'œuvre : l'hyperbole, l'amplification passent ici par une utilisation des couleurs, la composition du sujet, les dimensions de la toile. On voit combien la peinture participe au genre de l'éloge.

Mise en œuvre en Première :

« L'apologue, un plaisir subversif ? »

Groupement de textes

- La Fontaine, *Fables,* VII, 1 « Les animaux malades de la peste », 1694.
  Textes complémentaires : La Fontaine, *Fables,* « Le Loup et le Chien », « Le Lion et le Moucheron ».
- Fontenelle, *Histoire des oracles,* Première dissertation, chap. IV, 1686.
  Texte complémentaire : Montaigne, *Essai* III, 11, « La vérité et le mensonge ont leurs visages conformes, le port, le goût et les allures pareilles ».
- Montesquieu, *Lettres persanes,* « Le roi de France est vieux », 1721.
- Diderot, *Jacques le fataliste,* 1765-1796.
  Textes complémentaires proposés au cours de la séquence :
  Groupement de texte : La Fontaine, *Le pouvoir des fables,* Fables VII, 4 – Horace, *Épître aux Pisons.* – Molière, *Critique de l'École des femmes,* sc. 6.
  Lecture cursive : Swift, *Les Voyages de Gulliver.*

Inscription dans le programme de Première

L'objet d'étude abordé ici est « Convaincre, persuader, délibérer » avec en perspective dominante « Étude de l'argumentation et des effets sur les destinataires » et perspectives complémentaires « Étude des genres et des registres » et « Histoire littéraire et culturelle » : les valeurs des Lumières et leurs précurseurs.
L'étude de l'argumentation aborde ici la forme de l'apologue comme fiction ayant une visée argumentative. Il s'agit d'étudier l'argumentation indirecte sous ses différentes formes : fable, dissertation, roman épistolaire, dialogue. Le groupement de texte permettra également d'étudier les valeurs des Lumières et de leurs précurseurs. À travers des textes proposant une réflexion sur société, pouvoir et religion, nous étudierons le rôle de la littérature comme moyen de diffusion d'idées. Nous insisterons donc sur le rôle de cette argumentation indirecte comme contribution à diffuser, au même titre que d'autres ouvrages plus « sérieux », les principes et les valeurs des Lumières.

Problématique envisagée

Dans ces quatre apologues, nous étudierons le jeu entre la « fable » et la moralité : comment l'apologue associe le plaisir du conte et la formation morale de l'homme en sollicitant l'intelligence et la complicité du lecteur.

Objectifs

Nous montrerons d'abord que le rôle de l'anecdote est de plaire, de proposer au lecteur « le plaisir du conte ». Pour cela, le texte a recours à différents procédés qu'il s'agira d'isoler, et que nous schématisons ici :

- Il produit des effets de surprise et des contrastes comiques en présentant des personnages caricaturaux ou symboliques, des situations cocasses (la naïveté de l'âne chez La Fontaine) ou paradoxales (dans *Jacques,* c'est le valet qui fait la leçon à son maître).
- L'appel à la complicité du lecteur : la sollicitation directe dans le texte de Fontenelle ; à caractère plus elliptique ou allégorique chez Diderot : l'allégorie de l'homme-chien nécessite une reconstruction de la part du lecteur ; l'ironie chez Fontenelle ou Montesquieu qui usent de l'antiphrase, ou l'humour chez Diderot.
- Du fait de sa visée didactique, l'apologue adopte souvent le ton de la conversation, qui participe également de la forme plaisante que peut prendre l'apologue. Au XVIIIe siècle, l'apologue peut prendre la forme d'un dialogue spirituel (Diderot) mais jamais gratuit.

L'objectif est donc de plaire : on relèvera la valeur de l'adverbe « plaisamment » dans la Dissertation de Fontenelle, et le sourire du marquis des Arcis qui témoigne du plaisir pris à écouter la démonstration de Jacques.

Mais le désir de plaire est subordonné à la portée satirique de l'apologue : il s'agit de plaire pour instruire. L'apologue a en effet une visée satirique. Les cibles et les valeurs qui leur sont liées dans nos textes appartiennent à trois grands domaines :

- dans le domaine de la pensée, les auteurs font la satire de la superstition. Fontenelle valorise au contraire une attitude scientifique fondée sur l'observation et la raison. Montesquieu critique grâce au regard de ses persans l'intolérance religieuse.
- dans le domaine politique et social, le pouvoir monarchique et les valeurs aristocratiques font l'objet d'une vision critique. La Fontaine dénonce la politique de cour, l'arbitraire de la justice du roi et la bassesse des courtisans. Montesquieu stigmatise dans un portrait paradoxal les dysfonctionnements de la monarchie : l'importance accordée au faste et au prestige au dépens de l'efficacité politique, les gratifications accordées aux courtisans sans considération pour le mérite ni pour les compétences, les dépenses excessives qui entraînent la ruine du Trésor. *Jacques* nous propose le tableau satirique de l'appétit de domination dans la hiérarchie sociale, appétit qui vise surtout l'aristocratie.

– dans le domaine religieux, le texte de Fontenelle ébranle le fondement religieux de la société : si l'on peut mal raisonner « sur toutes sortes de matières » et déformer la réalité, ce que l'autorité admet pour vrai dans le domaine religieux pourrait ne reposer que sur des supercheries. Il assimile ainsi la religion à la superstition.

Pourtant, l'articulation entre fiction et morale est plus problématique qu'il n'y paraît et témoigne d'une jeu subtil qu'il convient de faire percevoir aux élèves, tant dans l'articulation entre fiction et morale que dans le passage entre XVIIe et XVIIIe siècles.
Dans sa forme traditionnelle, l'apologue associe une anecdote et une leçon, la première ayant pour fonction d'illustrer la seconde et d'intéresser le lecteur. L'anecdote est illustration de la morale. On souligne ainsi la dimension pédagogique du récit. Cette disposition se vérifie dans l'*Histoire des oracles* : le narrateur intervient explicitement à la fin de l'extrait pour dégager la leçon, le sens de l'anecdote, le commentaire explicite le sens, « ce que cela veut dire ». On observe le même fonctionnement dans la fable de La Fontaine : la morale peut être distinguée au niveau de l'énonciation et de la typographie. Rien de cela dans les *Lettres persanes,* et *Jacques le Fataliste.* Ces œuvres sont postérieures ; le personnage éponyme semble s'émanciper du contrôle de l'auteur narrateur. On relèvera le jeu sur l'écriture du récit : il appartient au personnage du maître de formuler explicitement la morale dans le dialogue. On glisse du XVIIe et XVIIIe siècles de la formulation d'une morale, comprise comme science du bien et du mal ou ensemble de règles morales, à la formulation d'une éthique au siècle suivant, c'est-à-dire à l'art de diriger sa conduite, la mise en situation quotidienne et concrète de ces règles morales.
Bien plus, on observe souvent la non coïncidence entre la leçon délivrée par le conte et celle, explicitée ou sous-entendue, de la morale. On observe ainsi entre les deux un jeu complexe de dissimulation et de dévoilement :
– soit la morale énoncée propose un élargissement. Dans le texte de Fontenelle, l'élargissement se fait de la superstition dans le domaine religieux à un discours prônant l'esprit d'examen et le refus de raisonnement fondés sur les préjugés. Dans *Jacques le Fataliste*, l'anecdote propose également une généralisation « tout homme veut commander à un autre ».
– soit l'anecdote dépasse le cadre de la morale et contient en elle-même sa propre justification : la richesse du conte excède parfois celle de la leçon explicite. La leçon est alors contenue essentiellement dans le corps de l'apologue. Les contradictions qui sont innocemment relevées visent indirectement la satire politique ; au lecteur de transposer, de compléter le

non-dit. Le fonctionnement est le même dans la fable de Jean de La Fontaine : la cible de la fable n'est pas – ou pas seulement – l'arbitraire de la justice. Le récit en dit plus que la morale et la critique s'en prend à la personne du roi ; ce dernier apparaît non seulement comme injuste et orgueilleux, mais profondément pervers, malhonnête : il use de mensonge, se décharge de la responsabilité de son crime sur ses courtisans. La leçon n'a donc plus besoin d'être explicitement formulée, la moralité n'a pas lieu d'être dite : des allusions permettent à elles seules d'exprimer des vérités. On soulignera ce coup de force contre le souci didactique.

On fera donc remarquer aux élèves que le plaire excède l'instruire : le moyen littéraire est sa propre fin. On insistera sur la force de questionnement que l'apologue met en place. Une nouvelle visée de l'apologue se met à jour : il s'agit non seulement de délivrer une leçon explicite ou non en ayant recours à la complicité du lecteur, mais plus subtilement en sollicitant son intelligence : dans le vide laissé par l'écriture qui ne dit pas tout, dans l'espace de réflexion contenu en creux, il s'agit de solliciter l'esprit critique du lecteur. On se situe ici dans le domaine de l'écriture comme de la réception. Les textes définissent la construction d'une posture de lecteur, d'un nouveau pacte de lecture, à l'image de l'essai tel que le pratique Michel de Montaigne qui demande à ces lecteurs une démarche « enquêteuse, non résolutive ».

4 – Problématiser une séquence centrée sur l'étude d'un mouvement littéraire et culturel

Les documents d'accompagnement assignent à l'étude des mouvements littéraires en classe de Seconde trois objectifs : donner aux élèves des repères précis sur les grandes scansions de l'histoire littéraire et culturelle ; leur permettre de réfléchir à ce qu'est un mouvement littéraire ; fournir des connaissances sur le contexte des œuvres étudiées. Ainsi, l'un des mouvements envisagés le sera en tant que tel tandis que les autres le seront associés à d'autres objets d'étude. Nous avons mentionné plus haut comment intégrer l'étude du mouvement littéraire en objet d'étude « secondaire » à une séquence. Nous voulons ici proposer une séquence dont l'objectif principal est l'étude d'un mouvement littéraire. Nous avons choisi de proposer à destination des classes de Seconde une séquence centrée sur l'étude du réalisme à partir d'un groupement de textes sur des *incipit* balzaciens.

La difficulté réside alors dans la formulation d'une problématique. Comment problématiser une séquence centrée sur l'étude d'un mouvement littéraire sans proposer aux élèves des représentations figées de ces mouvements ? Il nous semble pertinent, dans un premier temps, de cerner en quoi consiste le mouvement, ses caractéristiques principales, avant d'étudier les écarts par rapport à cette définition première. Ces écarts peuvent alors se situer à différents niveaux : écart entre objectif affiché par l'auteur/le mouvement et sa réalisation littéraire ; ou encore dissidence par rapport au mouvement par d'autres auteurs se réclamant de ce même mouvement.

Mise en œuvre en Seconde :

Un groupement de textes : Les *incipit* balzaciens

Groupement de textes

Incipit des romans balzaciens suivants :

- *La Maison du chat-qui-pelote* (1830)
- *L'Auberge rouge* (1831)
- *La Recherche de l'absolu* (1834)
- *Le Père Goriot* (1834-1835)

Texte complémentaire : préface de la *Comédie humaine.*

Projet de séquence

Nous proposons ici quatre *incipit* balzaciens. L'*incipit* peut être défini comme une unité narrative qui incarne le seuil d'entrée dans la fiction. Il désigne un espace où le lecteur se trouve à la lisière, sur la ligne qui départage le monde et le texte. À ce titre, l'*incipit* est le lieu d'origine d'une prise de parole du narrateur ou de l'auteur et d'une attention particulière portée au narrataire. Ce commencement voit donc la coïncidence entre attentes de lecture et lieu d'entrée dans la parole du texte. Une première image de l'univers évoqué est ainsi construite en fonction d'une visée communicative : il s'agit de prendre en compte le lecteur, de définir d'emblée un mode de relation avec lui. Le début de roman devient le lieu stratégique où se négocient un rapport au monde et un statut original de la fiction en même temps que se met en place l'autorité et la qualification de l'auteur et du narrateur. Nous nous attacherons donc à étudier dans cette séquence les stratégies que l'auteur met en place pour se faire passeur d'un monde à l'autre.

La lecture analytique des textes sera complétée par la lecture d'extraits du manifeste de Jules Champfleury ainsi que de l'avant-propos de la *Comédie humaine* où Balzac définit son projet.

La notion de réalisme consiste en une manière de définir le rôle de la littérature en société, de placer celle-ci dans une perspective historique, de la lire selon des modalités particulières. Entreprendre avec les élèves une réflexion sur l'histoire littéraire et culturelle, c'est entreprendre un débat sur les liens du littéraire avec la représentation du monde. L'esthétique romanesque se veut alors non plus production d'un ordre supposé être celui du monde mais imitation immédiate du monde réel donnant l'illusion de la vie. C'est la perception de cette « imposture » littéraire et ses enjeux qui servira de support à notre problématique de séquence.

Objectifs

Nous voyons donc ici que l'étude de l'*incipit* devient particulièrement intéressante lorsqu'elle est faite dans le cadre de l'histoire littéraire, lorsqu'elle est associée à l'étude du réalisme. L'*incipit* serait ainsi un moment clé de l'élaboration de la fiction dans la mesure où Balzac, selon un concept formulé dans la préface de *La Comédie humaine,* crée ici le monde représenté. Si la littérature réaliste propose une représentation mimétique de la réalité, l'*incipit* serait le lieu où se définit cette relation de mimesis entre réel et monde romanesque. Dans ce cadre, l'auteur doit proposer au seuil de la fiction une représentation la plus fidèle et la plus complète possible de la réalité. Dans ce lieu où le narrateur fait acte de démiurge, la prise de parole coïncide avec la construction de l'univers de fiction qui se bâtit en référence au monde réel mais dont l'édification ne relève que du bon vouloir du narrateur. Ainsi se mêle illusion référentielle et affirmation d'une autonomie par rapport à la réalité.

Ces débuts de romans, premières unités narratives du texte, constituent un point stratégique, lieux littéraires par excellence, lieux de concentration du discours romanesque, du discours du roman sur le roman. Une séquence centrée sur un « mouvement littéraire » permet aux élèves d'apprendre à contextualiser les textes lus. Surtout, cette notion de réalisme permet d'introduire une réflexion particulière sur les enjeux du roman : le récit vise-t-il à informer le lecteur, à l'amuser ou à le convaincre ? Les *incipit* seront surtout l'occasion d'amener les élèves à réfléchir sur les rapports entre réel et fiction, entre le roman et le monde qu'il prétend reproduire. Comment le roman raconte des faits imaginaires, tout en prétendant entretenir, dans le cas du roman réaliste, un rapport très particulier au réel ? La notion de vraisemblance sera ici convoquée.

Problématique envisagée

L'illusion réaliste suppose la présence d'un monde à part entière qui préexiste à la lecture et au récit même qu'en fait le narrateur. L'*incipit* est pourtant ce moment où s'affirme le pouvoir de l'écrivain qui d'un geste au pouvoir quasi-divin, opère la genèse du monde représenté. Nous verrons comment l'*incipit* balzacien tente de résoudre cette contradiction, dans quelle mesure il y parvient.

Organisation de la séquence

Lecture analytique du début de *La Maison du chat-qui-pelote.* Le texte pose en effet les enjeux de l'*incipit* de façon assez classique : le texte introduit le motif balzacien classique du personnage flâneur qui décrit la façade d'une maison. Nous assistons ici, en même temps que l'auteur-narrateur nous fait pénétrer au seuil de l'univers fictif du roman, à la naissance d'un personnage. L'entrée dans la fiction est redoublée par la mention du « seuil » de la maison observée ; le regard du flâneur néophyte guide celui du lecteur ; la curiosité du personnage symbolise ici celle du lecteur, tous deux animés du même désir de pénétrer dans l'univers mystérieux qui se dérobe à eux. Dans une mise en abyme que les élèves n'auront aucun mal à repérer, le personnage néophyte se fait ici le relais du lecteur, cherchant à déchiffrer, à voir au-delà, à interpréter alors même qu'il se trouve sur le seuil de la maison-roman.

Lecture analytique de l'extrait de *La recherche de l'absolu* qui présente de nombreuses similitudes avec le début de l'*incipit* précédemment étudié. Pourtant, le discours explicatif qui s'apparente ici au discours préfaciel est plus longuement justifié par une intervention métadiscursive du narrateur qui expose son projet d'écriture. Dans cet incipit programmatique, il légitime « Le prodigieux intérêt qu'inspire une description architecturale ». Dans un réseau de liens analogique et causal, il parvient à justifier l'étude du passé pour une meilleure compréhension du présent, l'étude des comportements humains par l'analyse de leur milieu, établissant un lien indissoluble entre la maison et ses habitants, la société et l'architecture.

Lecture analytique du texte du *Père Goriot.* Il s'agit d'envisager dans cette séance l'*incipit* comme lieu où nous assistons à la construction d'un univers où « all is true ». La littérature réaliste cherche, comme son nom l'indique, à représenter la réalité le plus fidèlement possible. L'écriture réaliste vise donc à l'authentification de la fiction par un ancrage fort dans la réalité tout en dissimulant le caractère factice de la fiction. Ainsi, le narrateur affirme la vérité des faits racontés, atteste de la véracité des situations décrites. Son objectif est de faire croire que la fiction raconte du vrai, ou du moins du vraisemblable.

Lecture analytique de l'*incipit* de *L'Auberge rouge.* On relèvera l'ironie qui préside à l'écriture de cette ouverture. L'*incipit* qui se joue des codes et des attentes du lecteur de romans balzaciens, avec le déni systématique de tout ancrage référentiel, que ce soit à propos de la date, du lieu ou des personnages. Le narrateur signale et dévoile les artifices de l'entrée dans la fiction, les procédés qui favorisaient ailleurs l'illusion référentielle. Le texte développe par ailleurs une isotopie du vague, du doute. Nous n'avons plus ici d'*incipit* informatif. Le lecteur entre dans un univers problématique car indéfini ; le narrateur va même jusqu'à avouer ses carences et le fait qu'il ne maîtrise qu'imparfaitement le monde qu'il affirmait ailleurs vouloir créer de toutes pièces. On voit ici mis en péril le projet de l'entreprise réaliste balzacienne.

III – Les lectures analytiques

La longueur de l'extrait étudié en lecture analytique est évoquée de façon non contrainte dans le BO du 16 janvier 2003 : *« La longueur du texte ou de l'extrait à étudier ne peut être fixée dans l'absolu. Elle dépend en fait de la question posée et des éléments de réponse à rechercher dans le texte. On s'en tiendra donc à une limite inférieure (une demi-page, ou moins dans le cas d'une forme poétique brève...) et à une limite supérieure (une page et demie, éventuellement deux pages pour un texte théâtral) »*. L'indication des textes proposés en lecture analytique ne devra comporter ni les « axes » étudiés en classe, ni une indication des questions à poser, mais les seules références des textes. Le nombre des lectures analytiques proposées variera bien évidemment en fonction des objectifs assignés à la séquence, de sa place dans la progression annuelle et de la longueur des textes étudiés. On pourra cependant proposer entre trois et six extraits pour les groupements de textes : il nous semble que le groupement de textes invitant à une confrontation des textes, en proposer moins de trois aux élèves condamnerait cette nécessaire mise en regard ; au-delà de six extraits en revanche, la confrontation peut sembler difficile ou les traits de comparaison redondants. Dans le cas de l'œuvre intégrale, proposer entre quatre et sept textes nous semble raisonnable : il s'agit de choisir les extraits comme autant de jalons d'une lecture de l'œuvre orientée en fonction d'une problématique préalablement définie. Il convient cependant de ne pas lasser les élèves avec une séquence trop longue dans le temps.

On doit ici aborder le cas particulier des œuvres intégrales. En effet, l'examinateur est en droit, dans le cadre d'une séquence portant sur l'étude d'une œuvre intégrale, d'interroger l'élève sur tout passage de cette œuvre. Il convient donc d'en informer les élèves et, nous le verrons, de construire des pratiques de classe spécifiques afin de familiariser les élèves avec cet exercice. Cette activité présente en effet un double avantage. Il permet à l'élève de réinvestir les savoirs élaborés au cours de la séquence, et surtout de mettre en place le savoir faire fondamental qui est à l'origine de cette nouvelle épreuve de l'oral : proposer une lecture personnelle du texte, d'autant plus personnelle que le texte n'aura pas été étudié en lecture analytique en classe. Par ailleurs, il s'agit de rassurer l'élève, lui montrer qu'un tel exercice, dans la mesure où il est bien maîtrisé, peut parfaitement lui permettre d'obtenir une note tout à fait satisfaisante, et constitue dans le même temps un excellent entraînement pour l'oral.

Pour les œuvres intégrales, il est recommandé de mentionner les études d'ensemble, telles qu'elles sont définies par la note du 27 décembre 2001 *« On entend par "étude d'ensemble" un parcours permettant d'analyser notamment sa structure, les caractéristiques du genre, la mise en œuvre d'un registre, les principaux choix d'écriture, etc. »* Cette précision permettra de guider l'examinateur dans le choix de la question posée dans la première partie de l'oral, et dans la conduite de l'entretien dans la seconde. Il ne s'agit pas ici de donner des « axes » contraints qui pourraient faire regretter un retour au bac « ancienne formule ». L'objectif est d'indiquer les choix de lecture menés en classe pour éviter de « piéger » le candidat sur tel aspect du texte qui n'aura pas nécessairement été étudié ni même évoqué en classe : devons-nous rappeler qu'étudier une œuvre « en œuvre intégrale », ce n'est pas étudier l'œuvre intégralement, mais choisir de s'attacher à tel aspect de l'œuvre, pour répondre à un objet d'étude particulier, qui aura permis de faire émerger telle problématique.

IV – Récapitulatif : exemple de présentation de séquence dans le descriptif

On proposera pour exemple deux séquences menées en classe de Première. L'une est consacrée à l'étude de l'*Essai* I, 31 « Des cannibales », de Montaigne, l'autre à un roman de Beckett, *Mercier et Camier*. Les indications mentionnées sur le descriptif concernant la première partie de l'épreuve pourront se présenter sous la forme que nous proposons ci-après.

Mise en œuvre

L'*Essai* I, 31 « Des cannibales », M. de Montaigne,
une forme dialogique
(Édition Mille et une nuits)

Objets d'étude

– Un mouvement littéraire et culturel ; l'Humanisme.
– Convaincre, persuader, délibérer : la forme de l'essai.

Perspectives d'étude

Histoire littéraire et culturelle – Étude de l'argumentation et de ses effets sur le destinataire.

Problématique

Comment la liberté d'écriture et de composition de l'essai permet-elle l'expression d'une pensée humaniste et de ses principes ?

Lectures analytiques

Extrait 1 : « Nous embrassons tout mais nous n'étreignons que du vent [...] Il semble qu'il y ait des mouvements dans ces grands corps comme dans les nôtres » (p. 14-16).

Extrait 2 : « Chacun appelle barbarie ce qui n'est pas de son usage [...] du temps qu'il y avait des hommes qui eussent su en juger mieux que nous » (p. 20-22).

Extrait 3 : « Au demeurant, ils vivent dans la contrée d'un pays très plaisant [...] ce sont elles qui leur maintiennent leur boisson tiède et assaisonnée » (p. 23-25).

Extrait 4 : « Ils ont leurs guerres contre les nations [...] à le rôtir et à le manger après qu'il a trépassé » (p. 28-30).

Extrait 5 : « Trois d'entre eux, ignorant combien coûtera à leur repos [...] ou ne missent le feu à leurs maisons » (p. 40-41).

Études d'ensemble

- Le choix du français et son statut au XVIe siècle.
- Les principes de l'humanisme : le lien entre acquisition d'un savoir intellectuel et expérience pratique.
- Le traitement des références antiques dans l'essai.
- L'essai comme forme permettant d'essayer son jugement.
- Essai et délibération.

Mise en œuvre

Mercier et Camier, Samuel Beckett, l'écriture du soupçon

(Édition de Minuit, Collection de poche « double » 38)

Objets d'étude

- Le roman
- Un mouvement littéraire et culturel : le Nouveau Roman.

Problématique

Alors que les deux héros «tournent en rond» dans un univers également circulaire, il s'agira d'étudier comment le jeu devient un moyen d'échapper à ce monde asphyxiant, et de dévoiler la circularité et l'impuissance de l'écriture.

Lectures analytiques

Extrait 1 : l'incipit «Le voyage de Mercier et Camier, je peux le raconter si je veux [...] Que cela pue l'artifice» (p. 7-10).

Extrait 2 : le rôle des objets, le parapluie « Ils coururent pendant un bon moment [...] je m'y roulerais jusqu'au matin » (p. 37-39).

Extrait 3 : la déchéance physique «Quel temps fait-il, au fait ? [...] le raisonnement capable de nous amener à une décision pareille» (p. 90-93).

Extrait 4 : Chapitre IX «Résumé des deux chapitres précédents » (p. 162-164).

Extrait 5 : Échec de la communication stérilité de l'échange «Comment Mercier se sent-il aujourd'hui ? [...] que la nuit ne fût pas loin.» (p. 168-171).

Études d'ensemble

- Un couple de clowns : une tragédie grotesque, «purger sa peine».
- Le roman de l'errance : l'innommable espace, la révolution perpétuelle.
- Le jeu clownesque, la gesticulation : le gag, le diverstissement.
- Une ascèse du langage : écrire en français, écrire sans style, le métalangage : où le signifiant se moque du signifié.

Chapitre 3

Deuxième partie du descriptif

On pourra différencier dans le descriptif une deuxième partie, bien distincte de la première, même si la séquence didactique menée durant l'année n'opère pas de discrimination entre ces deux parties. En effet, c'est à partir de l'étude du groupement de textes ou de l'œuvre intégrale dans le cadre de la séquence, en fonction d'une problématique donnée, que l'on demandera aux élèves de lire « cursivement » tel extrait ou telle œuvre dans son intégralité, que l'on proposera telle lecture ou activité facultative à la classe. En revanche, dans la mesure où l'épreuve de l'EAF distingue deux parties dans l'épreuve, le descriptif devra permettre à l'examinateur de discerner les éléments pouvant faire l'objet d'une interrogation durant la première partie, c'est-à-dire les lectures analytiques menées en classe, de ceux servant de support à l'entretien. Le BO du 16 janvier 2003 précise bien que lors de cette seconde partie de l'épreuve, l'examinateur ne se livre pas à une reprise de la première partie de l'épreuve mais, *« en liaison avec l'objet ou les objets d'étude, [il] cherche à évaluer un ensemble de connaissances et de compétences issu des lectures de l'année. Il ouvre le plus possible cet entretien aux lectures et aux activités personnelles du candidat, telles qu'elles sont mentionnées sur le descriptif »*. C'est bien le descriptif qui sert de support à cette deuxième partie de l'interrogation orale, et pour faciliter l'interrogation, on pourra mentionner les supports cette seconde évaluation, à savoir les lectures cursives communes à l'ensemble de la classe d'une part, et les lectures et activités personnelles de l'élève d'autre part.

I – Lectures cursives

Le point sur : La lecture cursive

On pourra tout d'abord définir la lecture cursive comme une lecture paradoxale. Le paradoxe est explicité dans les documents d'accompagnement : la lecture cursive *« concilie une part de contrainte (liée au travail en classe) et une part de liberté (lectures libres, par curiosité ou pour le plaisir de lire) »* : elle *« se développe en classe mais aussi en dehors de la classe »*. Les Instructions officielles la présentent comme *« la forme la plus usuelle de la lecture »* comme *« sa forme libre, directe et courante »*. Se trouve alors posé le problème de l'articulation entre l'espace privé de l'élève lecteur et l'espace public, socialisé du cours de français.

De fait, si la lecture est *« cursive »* c'est-à-dire rapide, *« effectuée d'une seule traite »*, elle se définit par la variété de ses supports, le fait qu'elle soit forcément orientée, et nécessairement validée. En effet, cette forme de lecture peut porter sur un document, un texte bref, un extrait ou une œuvre dans son intégralité. Elle consiste également en une lecture *« orientée »* dans la mesure où elle est liée à la problématique de la séquence, donc à la lecture analytique. Elle suppose un apprentissage, un *« mode de lecture »* de la part de l'élève ; elle vise une compétence à acquérir et envisage un réinvestissement nécessaire, principalement le jour de l'oral de l'EAF. L'enseignant doit donc se poser le problème des consignes de lecture : quel *« programme »*, quelles consignes de lecture donner à l'élève ; quelle compétence, quelles connaissances cherche-t-on à lui faire acquérir, pour quel réinvestissement ? Enfin, la lecture cursive étant évaluée à l'oral de l'EAF, elle doit donc être impérativement validée en classe.

Les documents d'accompagnement Lycée assignent à la lecture cursive deux objectifs principaux : *« développer l'autonomie des élèves »* et *« ouvrir à la découverte d'un grand nombre de textes »*. Le premier objectif vise ainsi à faire acquérir à l'élève une posture de lecture particulière, ce qui la distingue de la lecture libre ou lecture *« plaisir »*. Cette forme de lecture coïncide avec la nécessité d'amener progressivement l'élève à accéder à une véritable lecture littéraire. Elle est alors non seulement le lieu d'une découverte des textes, mais aussi de l'acquisition d'outils de lecture, de certaines compétences mobili-

sables à chaque lecture, par exemple, savoir sauter des passages pour aller à l'essentiel. Le deuxième objectif vise à élargir le champ de connaissance de l'élève en vue de la constitution d'une culture littéraire. Cette lecture cursive, si elle est mentionnée dans la seconde partie du descriptif, peut prendre place à différents endroits de la séquence. En amont elle permet aux élèves une entrée dans une séquence soit comme lecture préalable de l'œuvre étudiée ensuite en œuvre intégrale, soit comme activité préparatoire avant l'étude d'une œuvre intégrale ou d'un groupement de textes : il s'agira par exemple de faire découvrir aux élèves un contexte historique ou littéraire.
À l'intérieur même de la séquence, elle proposera une lecture complémentaire pouvant compléter ou approfondir une lecture analytique menée en classe, ou permettant une mise au point en lien avec l'histoire littéraire et culturelle. En aval de la séquence enfin, elle pourra permettre un prolongement de la séquence. Mais elle doit être distinguée de la lecture analytique, et à ce titre, on peut estimer raisonnablement qu'un extrait lu en lecture cursive n'occupera pas plus d'une heure de cours ; qu'une œuvre complète en lecture cursive occupera une séance entière pour mener à bien une synthèse ou une validation. On préférera alors une validation orale, dans la mesure où l'élève sera nécessairement évalué à l'oral sur cette même lecture cursive. L'enseignant peut solliciter la lecture oralisée de passages brefs choisis par l'élève qui doit justifier son choix. En lien avec l'argumentation, ce genre d'exercice présente un double un avantage : tout d'abord, le livre permet aux élèves de trouver ce qui leur fait souvent défaut : des arguments valides, substantiels pour un travail argumentatif ; ensuite, argumenter autour d'un livre, c'est réfléchir directement aux questions liées à la réception, donc stimuler une réflexion sur le littéraire. Le professeur peut également favoriser les échanges autour de la lecture en stimulant ainsi la pratique de l'oral en même temps que l'intérêt pour la lecture. Si la classe avait le choix entre plusieurs livres en rapport avec l'étude d'une œuvre intégrale, on peut demander aux élèves de préciser ce rapport, ce qui constitue un bon exercice de préparation à l'entretien. Certains collègues enfin organisent des débats dans un jeu de rôle où chaque élève doit défendre un point de vue ou adopter une posture particulière. Pourtant, si la validation de la lecture cursive est orale, il apparaît nécessaire d'inciter au lycée les élèves à fixer sous une forme ou une autre les souvenirs de lecture et la validation effectuée en classe, dans la perspective de l'EAF.

Nous proposons donc que le descriptif, dans sa seconde partie, indique les lectures cursives pratiquées avec les consignes données aux élèves, les pistes de lecture abordées en classe. Il ne s'agit en aucune façon d'offrir au collègue examinateur des questions toutes faites qui restreindraient le champ de questionnement du candidat et remplaceraient l'ancienne « question » proposée à l'élève. L'objectif est toujours d'alléger la tâche de l'examinateur et de veiller à ce que l'élève ne soit pas « piégé ». Indiquer par exemple en lecture cursive *Candide* en fin de séquence sur le mouvement littéraire et culturel des Lumières sans porter d'autre indication que le titre de l'œuvre ne peut qu'embarrasser l'examinateur et le candidat. Le collègue, à part une simple vérification du type « racontez l'intrigue du conte » qui présente bien peu d'intérêt pour juger de la lecture active du candidat, ne peut interroger sans risque l'élève sur « la place de l'ironie dans le conte » ou encore « la satire de l'idée de causalité dans l'œuvre ». À l'inverse, l'indication des consignes de lecture proposées aux élèves ou des vecteurs essentiels de la réflexion menée à l'oral en classe permettra à l'examinateur de cibler le questionnement et juger de façon plus pertinente de la lecture de l'élève. Dans le même temps, l'élaboration conjointe du descriptif avec les élèves fournira à ces derniers un cadre précis de connaissances à acquérir.
Les exemples qui suivent proposent des lectures cursives menées en classe de Première. On y trouvera explicités à la fois le cadre dans lequel ces lectures cursives (variées dans leur support – groupement de texte, extrait, œuvre intégrale) ont été proposées aux élèves, et leur place à l'intérieur de la séquence : en préalable à l'étude des textes, en complément de la lecture analytique, en prolongement de la séquence ; les objectifs de ces lectures et ce que l'enseignant a retenu en terme de contenu devant figurer sur le descriptif des lectures et activités fourni à l'examinateur.

Lors d'une séquence consacrée à l'apologue, on aura distribué en amont un corpus de trois extraits : Horace, « Épître aux Pisons » ; La Fontaine, « Le pouvoir des fables » (*Fables* VII, 4) ; Molière, *Critique de l'École des femmes,* sc. 6. Il s'agit ici de faire émerger la problématique littéraire du groupement étudié. Tous ces textes en effet traitent de la nécessité, pour le poète, l'orateur ou le dramaturge, de plaire et d'instruire à la fois. L'objectif de cette séquence sera ainsi d'étudier le jeu subtil entre fiction et morale : comment l'apologue, dans les formes diverses qu'il adopte (fable, dissertation, roman épistolaire ou dialogue philosophique), associe le plaisir du conte et la formation morale de l'homme.

Le descriptif mentionnera dans la seconde partie du descriptif sous la rubrique « lecture cursive », à la suite de la séquence, le corpus des trois textes avec la mention : « Comment chacun des auteurs définit-il la nécessité pour l'œuvre littéraire de plaire et d'instruire à la fois ? Dans quel but ? ».

Dans le cadre de l'étude des *Confessions (livres I à IV),* de Jean-Jacques Rousseau, en œuvre intégrale, une des lectures analytiques concerne, Livre Quatrième, le passage où il évoque le principe de son inspiration : effectuée hors du temps et de l'espace socialisés, la marche engendre un effet d'apesanteur propice à une libération morale et psychique qui permet les conditions de la création.

En lecture cursive, un extrait des *Essais,* III, 9 est proposé aux élèves. Dans ce texte, Montaigne, met en relation de la même façon son goût des voyages à cheval avec l'activité féconde et créatrice de son esprit.

On mentionnera l'extrait proposé en lecture cursive qui sera joint avec le descriptif à destination de l'examinateur en indiquant : « le lien entre la dynamique de l'inspiration, la création littéraire et le mouvement engendré par le déplacement d'un lieu à un autre ».

En prolongement de l'œuvre intégrale « Des cannibales », Montaigne, dans le cadre de l'objet d'étude « Mouvement littéraire et culturel », l'Humanisme, les élèves se seront vus proposer la lecture intégrale de la « Note de l'auteur », longue postface à *L'Œuvre au Noir* de Marguerite Yourcenar. L'auteur y explicite les procédés grâce auxquels elle s'est livrée à « la libre recréation d'un personnage réel ayant laissé sa trace dans l'histoire » en donnant les « modèles » qui ont présidé à la construction biographique de son personnage : Dolet, Erasme, Vinci... Par les multiples références historiques et culturelles qui émaillent le texte, cette lecture aidera les élèves à pénétrer plus avant dans cette période complexe de l'humanisme. Les questions posées aux élèves sont les suivantes : « Quels modèles l'auteur avoue-t-elle avoir empruntés à l'humanisme ? Dans quels domaines scientifiques se sont-ils illustrés ? Quelles sont les références littéraires proposées dans cette postface ? Relevez les éléments permettant d'éclaircir les querelles religieuses du temps de Zénon. ». Les éléments de réponse seront repris lors d'une séance de validation orale d'une heure.

L'enseignant reportera sur le descriptif, après la mention des références exactes de la lecture cursive « Guide de lecture et construction du personnage de Zénon : contexte historique, religieux, scientifique et littéraire au temps d'un humaniste. »

II – Lectures et activités personnelles de l'élève

La plus totale liberté est laissée pour le renseignement de cette rubrique. L'élève mentionnera lui-même, en accord avec l'enseignant, les lectures, recherches, exposés en rapport avec les séquences indiquées sur le descriptif. L'intérêt d'« individualiser » cette partie du descriptif est de rendre l'élève sensible au fait que si l'un des buts de l'EAF est de valider des compétences et des connaissances acquises tout au long de son cursus de lycéen et en particulier au cours de cette année de Première, l'examinateur va également tenter de juger de ses qualités de lecteur, de sa curiosité intellectuelle et de sa culture personnelle. L'élève pourra ainsi mentionner dans cette rubrique la projection d'un film ou la représentation d'une pièce de théâtre auxquelles il aura assisté, en rapport avec l'un ou l'autre des objets d'étude. Il pourra de même signaler une lecture personnelle à rattacher à l'étude de telle problématique. Pourront également y figurer un exposé ou une recherche menés par l'élève dans le cadre de la classe ou non. Cette partie du descriptif figurera sur l'exemplaire personnel de l'élève, visé par l'enseignant, que celui-ci est tenu à remettre à l'examinateur le jour de l'EAF. C'est cette deuxième partie du descriptif qui servira de support principal à l'entretien personnalisé.

CHAPITRE 4

Une approche spécifique : le français en STI et STG

I – Remarques générales

Les élèves des séries technologiques des classes de Première relèvent des programmes communs à l'ensemble des sections de Première. Les seules différences sont, pour ce qui est des objets d'étude, le caractère optionnel de l'étude du « mouvement littéraire et culturel » et, à l'écrit de l'EAF, le sujet du commentaire qui est guidé par un « parcours de lecture » suggérant un plan à suivre pour mener l'analyse du texte. La classe de Première technologique s'inscrit donc pleinement dans les objectifs du français au lycée. Exception faite des élèves, titulaires d'un BEP, qui choisissent après le LEP d'intégrer le lycée technologique dans une voie dite d'adaptation, les élèves ont suivi en Seconde le programme commun à l'ensemble des lycéens. En revanche, les horaires ne sont pas identiques puisque pour certaines sections, les élèves ne bénéficient que de trois heures hebdomadaire de français.

Pour ces élèves, supposés être dans un rapport différent à la discipline, le programme est bien souvent « aménagé », avec un double souci qui se révèle parfois être une double impasse. D'une part, on tend à réduire l'enseignement à l'idée d'une communication plus efficace en axant le cours de français sur des écrits et des oraux fonctionnels. D'autre part, on propose aux élèves dont on suppose qu'ils ont moins d'affinités avec les textes littéraires que ceux des autres sections la lecture de textes plus « abordables », ce qui signifie trop souvent « moins littéraires ». Dans le même mouvement, on tend également à simplifier un programme considéré comme lourd.

Une telle attitude correspond à deux *a priori*. Pour ce qui est de la tentation d'un « français à usage pratique », c'est le niveau souvent faible des élèves dans l'expression écrite qui dicte cette conduite. Pourtant, et sans mésestimer l'importance du travail sur la langue dans ces séries, la réponse n'est pas appropriée si elle se résume à donner des exercices de communication systématiquement déconnectés des textes littéraires. Les apprentissages en matière de « lisibilité » des écrits – pour le dire rapidement – passent notamment par l'étude des textes littéraires et par les exercices d'écriture variés qu'ils permettent et suscitent.

L'autre écueil, beaucoup plus fréquent, est celui qui consiste à réduire la place dans la lecture des textes littéraires, ou à orienter cette lecture différemment de ce qui est pratiqué dans les autres sections. On considère ainsi généralement que les Premières STI/STT doivent lire essentiellement voire exclusivement des textes du XIXᵉ et du XXᵉ siècles, les autres offrant trop de difficultés et on glisse vers des questions ayant trait à la citoyenneté ou à l'histoire et dans lequel le texte est résumé à ce qu'il dit. Comment, dans ces conditions, aborder avec pertinence la démarche de la lecture analytique, pourtant si utile et parfaitement maîtrisable par les élèves de ces sections ?

Les deux aspects sont liés et une réponse commune peut être donnée : ne pas sacrifier la lecture littéraire et la placer au contraire au cœur des apprentissages. Il faut en effet rappeler avec force les enjeux, l'importance et le sens de la lecture littéraire dans ces classes. Certes, la distance culturelle entre les élèves et les textes est grande. Mais l'est-elle réellement plus dans ces sections que dans d'autres supposées précisément plus « littéraires » ? Il est permis d'en douter. Ne mésestimons pas, non plus, la curiosité, l'attente vis-à-vis de textes qui sortent radicalement des pratiques de lectures courantes – ou de l'absence pure et simple de lecture.

Or, précisément ces élèves se révèlent souvent être des lecteurs. Pas des lecteurs particulièrement compétents ou enthousiastes, il est vrai, mais des lecteurs qui, placés dans une situation active de lecture, réagissent massivement, parfois par le rejet ou l'expression d'une incompréhension.

Pour ces classes, les enjeux de la lecture littéraire sont fondamentaux. Outre l'objectif de la maîtrise de la langue, des apprentissages importants s'effectuent au contact des textes. Tout d'abord, lire les textes littéraires permet d'améliorer la posture même de lecteur : les élèves acquièrent des compétences qui leur permettent ensuite de mieux lire tous les types de textes. Par ailleurs, choisir des textes complexes, qui résistent à une saisie immédiate permet non seulement de stimuler la curiosité mais aussi de mettre en place des démarches de réflexion qui sont utiles à la formation intellectuelle de l'élève. L'objectif est donc bien celui du français pour tous les élèves de lycée, et l'orientation future des élèves de ces sections ne les dispensent en rien de l'enseignement de la littérature, bien au contraire.

Pour autant, il ne faut pas méconnaître les obstacles, bien réels, que les élèves rencontrent pour lire des textes littéraires. Des mises en œuvre spécifiques peuvent s'imposer, sans rien céder sur le niveau d'exigence intellectuelle et de réflexion que l'on suscite sur les textes.

Ainsi, la longueur d'un texte peut présenter des difficultés parfois insurmontables et conduire à un découragement, voire un rejet.

Privilégier les œuvres intégrales brèves constitue une des réponses adéquates. Pour le travail sur la poésie, par exemple, qui fait souvent l'objet de séquences passionnantes avec les élèves de ces séries, le choix d'œuvres intégrales courtes ou d'un unique poème long est pertinent. Une œuvre intégrale offre en effet une approche beaucoup plus stimulante (cohérence, construction, projet), et la brièveté réduit les difficultés de lecture. De la même façon, on peut opter pour l'étude d'une œuvre théâtrale brève.

De façon générale, on gagne à étudier des œuvres intégrales plutôt qu'à privilégier les groupements de textes par crainte de demander aux élèves un effort de lecture trop important. D'une lecture analytique à l'autre, les élèves réinvestissent leurs connaissances, ils approfondissent leur lecture et la familiarité qu'ils acquièrent avec l'œuvre est logiquement stimulante. Devant des élèves qui voient souvent dans le cours de français des savoirs multiples sans lien entre eux et qui éprouvent un sentiment de discontinuité, il est important de privilégier cette approche. C'est notamment par le maillage des lectures cursives [1] que l'on pourra développer ce type d'apprentissage.

Il est bien évident alors que le professeur doit être particulièrement attentif à bâtir soigneusement son projet annuel, en ménageant des progressions, en articulant le programme et les exigences des examens de façon cohérente.

Ce sont également les dispositifs didactiques et pédagogiques qui doivent faire l'objet d'une réflexion approfondie. Il semble ainsi particulièrement important de constamment problématiser l'approche des textes, à l'échelle de l'ensemble d'une séquence comme au sein d'une séance. Ces problématiques gagnent aussi à être systématiquement élaborés en commun. Les élèves, se situant dans une véritable exploration du texte littéraire et ne partant pas d'un savoir préétabli et posé comme tel, peuvent alors aborder des problématiques littéraires *a priori* complexes – que l'on aurait pu juger comme « trop complexes » pour ces classes.

C'est ainsi qu'il est parfaitement possible d'envisager un travail sur les enjeux complexes du lyrisme poétique au XVIe siècle, y compris en abordant la question délicate du topos, si le déroulement de la séquence permet aux élèves de découvrir, par la confrontation des textes et par leur mise en contexte, certaines des caractéristiques majeures de l'écriture poétique de ce siècle. Il s'agira alors de cerner précisément les objectifs que l'on se fixe, pour éviter de « noyer » les élèves dans une problématique trop large pour qu'ils puissent véritablement l'appréhender.

---

1. Annie ROUXEL, *Lectures cursives, quel accompagnement*, Delagrave – CRDP Midi-Pyrénées, Collection « Savoir et Faire en Français », 2005, p. 185 et sq.

II – Exemple d'une progression annuelle en classe de STI

Mise en œuvre

La Fontaine et Louis XIV, la fable et le pouvoir : le « cycle du lion »

Groupement de textes

- « Les animaux malades de la Peste »
- « La cour du lion »
- « Les obsèques de la lionne »
- « Le lion, le singe et les deux ânes »

Problématique

Avec le « cycle du lion », La Fontaine esquisse une critique non pas tant de la cour et des courtisans que du roi lui même : « sous la surface miroitante et nonchalante des fables, tout un combat spirituel est livré contre la baleine de l'état absolu » écrit Marc Fumaroli dans son ouvrage *Le Poète et le roi*[2].

Lecture cursive

Divers aspects de la fable : Juan Benêt, Stevenson : un récit intriguant, une morale ambiguë et l'absence de toute volonté didactique : une autre facette de la fable, genre protéiforme.

Réflexion et contestations dans la littérature au XVIIIe siècle : formes, visées, stratégies

Groupement de textes

- Voltaire, *Commentaire sur le livre des délits et des peines,* chapitre IX, « de la peine de mort ».
- Montesquieu, *De l'esprit des lois*, « de l'esclavage des nègres »
- Diderot, article « autorité politique » de l'*Encyclopédie.*

Problématique

L'essai au XVIIIe siècle prend des formes variées au service de combats cohérents : les notions de raison, de progrès, de tolérance sont au cœur des valeurs défendues par les philosophes.

---

2. Marc Fumaroli, *Le Poète et le roi, Jean de la Fontaine en son siècle,* Paris, édition D. Fallois, 1997.

Lecture cursive

Zadig, de VOLTAIRE : le conte philosophique : une forme d'apologue.

Marivaux et Les acteurs de bonne foi :
« faire semblant de faire semblant »
Œuvre intégrale

Problématique

Dans le cri du cœur de l'un des personnages de la pièce, « faire semblant de faire semblant », c'est tout à la fois le théâtre qui se désigne lui même comme jeu que l'on peut entendre mais aussi un enjeu fondamental du théâtre de Marivaux : connaître la vérité des cœurs à travers le mensonge.

Lecture cursive

L'Épreuve, de Marivaux : avec cette lecture, les élèves complètent l'approche du théâtre de Marivaux ; les nombreux parallèles entre ces deux pièces courtes enrichissent l'approche de la problématique.

Poésie et lyrisme amoureux au XVIe siècle[3]

Groupement de textes

- Louise LABÉ, « je vis, je meurs... »
- Pierre de RONSARD, « Marie, levez-vous, ma jeune paresseuse... »
- Pierre de RONSARD, « l'autre jour que j'étais... »
- Louise LABÉ, « tant que mes yeux... ».

Problématique

Le registre du lyrisme au XVIe siècle mêle sincérité et virtuosité poétique, élan personnel et imitation pétrarquiste... La confrontation des textes met en évidence la diversité des formes que revêt le lyrisme amoureux, omniprésent dans la poésie de l'époque. Ce sont donc les tensions que s'attachent à définir le travail sur le groupement de textes, qui correspondent bien à la forme fixe ici privilégiée, celle du sonnet dont on étudie le fonctionnement.

Lecture cursive

On met en évidence les continuités et les évolutions de la notion de lyrisme dans l'expression poétique ; « À la douceur du temps nouveau », de

3. Pour les références précises des textes, voir le développement de cette séquence, partie III, chapitre 4, p. 206.

Guillaume IX, lyrisme personnel de Musset dans la « nuit de décembre », l'expression de soi dans la poésie du début du XXe siècle à travers « J'ai tant rêvé de toi », de Desnos et un extrait d'Elsa, d'Aragon, « Mon sombre amour d'orange amère… ».

« Rhénanes », de Guillaume APOLLINAIRE
Œuvre intégrale

Problématique

Dans cet ensemble profondément cohérent et organisé qu'est « Rhénanes », le lyrisme apollinarien s'exprime de façon originale, convoquant la tradition pour mieux la congédier, régénérant le langage poétique.

Lecture cursive

Les élèves lisent l'ensemble du recueil *Alcools* ; ils ont une double consigne : retrouver des poèmes qui sont liés à l'ensemble de « Rhénanes » et constituer une anthologie personnelle de poèmes.

La Guinguette à deux sous, de Georges SIMENON
Œuvre intégrale

Problématique

La Guinguette à deux sous infléchit les codes du roman policier en mettant l'accent sur le personnage du commissaire saisi de façon complexe [4].

Lecture cursive

Un amour noir, de Joyce Carol OATES : faire « la peinture d'un monde disparu », le roman comme représentation du monde.

La Cantatrice chauve, de Eugène IONESCO [5]

Problématique

Au-delà de la mise à nu, dans une pièce à l'intrigue mince, des mécanismes mêmes du texte théâtral et de la perte de la logique et du fonctionnement

---

4. Un article éclairant permet de cerner la problématique : Daniel MEYER-BOLZINGER, « Le commissaire est-il débonnaire ? » *Temps noir,* n° 8.

5. Cette séquence peut paraître ambitieuse ; tout dépend du volume horaire, de la classe et des possibilités éventuellement offertes d'une représentation théâtrale.

courant du langage, une cohérence spécifiquement théâtrale est à l'œuvre dans *La Cantatrice chauve.*

Lecture cursive

Textes sur la mise en scène de *La Cantatrice chauve* (critiques, metteurs en scène) : depuis la célèbre création initiale, le 16 mai 1950 au Théâtre des Noctambules, dans une mise en scène de Nicolas Bataille, jusqu'aux actuelles représentations d'une pièce qui n'a jamais cessé d'être jouée.

DEUXIÈME PARTIE

Questionner à l'oral de l'EAF

Le cadre dans lequel s'inscrit l'oral de l'Épreuve Anticipée de Français (EAF) est donné dans le BO du 16 janvier 2003 : *« L'examen oral se déroule en deux parties de chacune dix minutes qui s'enchaînent. »* Les deux parties sont clairement définies : *« Dans la première partie de l'épreuve, le candidat rend compte de la lecture qu'il fait d'un texte choisi par l'examinateur dans le descriptif des lectures et activités. Cette lecture est orientée par une question initiale. [...] La seconde partie de l'épreuve est un entretien, pendant lequel l'examinateur s'attache à conduire un dialogue permanent avec le candidat. »*

Entre l'exposé et l'entretien, un point commun existe, qui fonde à la fois la préparation à l'examen oral de l'EAF et ce qui se passe le jour même de l'épreuve : pour les deux parties, un questionnement est à l'œuvre, qui prend nécessairement sa source dans le descriptif. Mais le problème est posé différemment selon qu'il s'agit de la première partie, pour laquelle l'élève propose un exposé, ou de la deuxième, puisque l'élève dialogue alors avec l'examinateur. C'est précisément ce questionnement qui nous permettra d'envisager l'épreuve d'oral à l'EAF. Comment questionner un candidat à partir d'un descriptif, pour l'exposé puis pour l'entretien ? Comment enfin évaluer l'oral des candidats ?

CHAPITRE 1

Première partie de l'épreuve orale : l'exposé

I – L'exposé dans les documents officiels : généralités

Le BO du 16 janvier 2003 définit précisément les exigences de l'exercice. Le candidat doit *« faire une lecture à haute voix de la totalité ou d'une partie du texte à étudier, avant son exposé ou au cours de son exposé au choix de l'examinateur »*. D'autres éléments détaillent ces attentes : *« l'exposé est ordonné. Il prend constamment appui sur le texte proposé mais ne peut consister en un simple relevé. Il présente, de façon libre mais adaptée, les éléments d'une réponse organisée à la question posée »*. L'examinateur, enfin, est supposé *« n'intervenir que de façon très exceptionnelle, pendant la durée de l'exposé seulement si le propos du candidat tourne court ; à la fin de cet exposé, s'il juge indispensable de vérifier la compréhension littérale du texte par le candidat »*. Pour ce qui concerne la question initiatrice de l'exposé, elle est définie en ces termes : *« une question écrite amène le candidat à étudier, en lien avec l'objet d'étude ou les objets d'étude retenu(s), un aspect essentiel du texte. Elle est formulée avec clarté et évite toute utilisation abusive de termes techniques susceptibles de mettre le candidat en difficulté. Elle appelle une interprétation fondée sur l'observation précise du texte. »* On relève le terme *« écrite »* qui indique que l'examinateur ne doit en aucun cas se contenter de lire la question au candidat avant que celui-ci ne commence sa préparation. Le candidat, tout au long des trente minutes, peut ainsi se référer à la question précise qui lui a été posée.

Les documents d'accompagnement des programmes pour leur part mettent l'accent sur la dimension véritablement orale de l'exposé. Il ne s'agit en aucun cas d'une récitation, ou d'un écrit oralisé : le candidat doit *« tenir compte de l'attention de son auditeur »*. En envisageant les compétences que l'exercice suppose, les documents d'accompagnement orientent aussi vers un certain nombre d'attentes qui doivent être celles de l'examinateur. Le candidat doit faire preuve de *« l'usage d'un registre de langue approprié »*. Ensuite, le jugement personnel doit être *« assumé, y compris dans ses limites et ses incertitudes »*. Il est rappelé enfin l'exigence de *« réflexion »* que l'on peut attendre du candidat.

La nécessaire préparation, nous y reviendrons, dont l'exercice doit faire l'objet est ensuite affirmée. En effet, le temps contraint imparti au candidat suppose et rend nécessaires des « *exercices d'entraînement* ».

II – Questionner à partir du descriptif

Plaçons-nous tout d'abord dans la situation de l'examinateur qui, à partir des descriptifs, élabore les questions à poser au candidat. Pour cette partie de l'épreuve, l'examinateur choisit naturellement l'extrait parmi les textes qui apparaissent sur le descriptif à la rubrique des lectures analytiques. Il peut donc interroger sur un texte appartenant à un groupement, sur un texte extrait d'une œuvre intégrale et dont l'explication a été menée en classe ou sur n'importe quel texte d'une œuvre intégrale étudiée. L'examinateur choisit librement la question, guidé par le descriptif : le titre de la séquence, sa problématique ainsi que le rapprochement des extraits, qui suppose une cohérence d'ensemble, sont autant d'éléments qui orientent son choix.

Quels sont les principes d'un tel dispositif ? Ce qui caractérise avant tout la situation dans cette première partie de l'épreuve, c'est que l'examinateur pose au candidat une question sur un texte qu'il connaît déjà. La question invite donc à une relecture du texte, et non à sa découverte. Cela suppose que le candidat réfléchisse véritablement à la question posée, puisqu'elle propose une orientation précise. Il est clair que l'intérêt de la question est d'éviter le psittacisme. Il s'agit bien pour l'élève de sortir de la leçon apprise en classe pour se livrer à un véritable travail de réflexion.

Dès lors, qu'est-ce que la présence d'une question permet d'évaluer ? Tout d'abord, elle mesure la capacité du candidat, précisément, à comprendre la question posée. Mais l'examinateur peut aussi juger de la compréhension du texte même, dans sa dimension la plus littérale, au fil de l'exposé du candidat. Ce dernier doit également trouver dans le texte des éléments de réponse, en prenant appui à la fois sur une analyse du texte et sur les connaissances qu'il peut mobiliser. Elle permet enfin de mesurer la capacité du candidat à mettre en relation différents éléments d'analyse (observation précise du texte, interprétation) pour fournir une réponse organisée en fonction de la question posée.

Dans ces conditions, on peut mesurer l'importance de l'intitulé de la question.

Pour ce qui est de sa formulation, quelques règles élémentaires s'imposent. Elle doit être simple, claire et accessible. L'utilisation d'un métalangage technique est à exclure : il ne s'agit pas de piéger le candidat mais bien de le faire réfléchir, durant les trente minutes de préparation dont il bénéficie, à un texte qu'il a étudié mais en fonction d'une question qu'il découvre. Il ne semble pas logique, compte tenu de ce que l'exercice est supposé évaluer, d'exiger de l'élève le travail de décryptage préalable qu'une question excessivement complexe supposerait. Par ailleurs, il est évidemment exclu de formuler une interrogation totale (c'est-à-dire appelant une réponse globale « oui » ou « non »). De façon plus concrète, il paraît opportun de privilégier des tournures interrogatives directes, du type « en quoi ce texte vous paraît-il, comment, pourquoi, dans quelle mesure… » Prenons l'exemple d'une séquence mentionnée sur le descriptif d'un candidat sous l'intitulé « Le pouvoir des fables, la fable et le pouvoir », dont la problématique envisagerait la définition de l'apologue et les caractéristiques complexes de sa dimension argumentative. La question suivante peut être posée à un candidat sur une des fables étudiées en lecture analytique, par exemple « Le pigeon puni de son inquiétude » de Fénelon[1] : « Comment Fénelon utilise-t-il ici le récit pour faire passer un enseignement ? »

L'interrogation est bien souvent orientée (c'est particulièrement vrai lorsque l'on utilise une interrogation débutant par « comment ») : il est nécessaire qu'elle le soit. Bien posée, la question guide le candidat qui consacre ses efforts à la relecture du texte en fonction de cette orientation spécifique. Le meilleur exemple est peut-être encore la question double, qui peut suggérer un plan au candidat. Elle permet à l'examinateur d'évaluer le candidat sur son travail d'analyse du texte. Considérons un descriptif dans lequel apparaît une séquence composée d'un groupement de textes et intitulée « Réflexion et contestation dans la littérature au XVIIIe siècle : rôle, visées, stratégies ». L'examinateur choisit un des extraits, par exemple l'incontournable *Candide* et son troisième chapitre (« Comment Candide se sauva d'entre les Bulgares et ce qu'il devint »). Il peut poser au candidat la question suivante sur le début du chapitre : « Comment définiriez-vous la visée argumentative de cet extrait et quelle stratégie Voltaire utilise-t-il ? » Elle invite le candidat à traiter successivement les deux aspects du texte qu'elle met en évidence et suggère donc une organisation.

Enfin l'intitulé de la question doit aussi, sans ambiguïté, permettre au candidat d'aborder à la fois le sens et les choix d'écriture, conformément à la nature de l'exercice demandé à l'élève, que l'on pourrait envisager selon le terme générique de « l'explication de texte[2] ».

---

1. Ce texte est extrait de ses *Fables et opuscules pédagogiques*, édition Pléiade, fable XX, p. 215.
2. La définition de l'exercice de l'explication de textes et, de façon corollaire, de la lecture analytique, ne va pas de soi. Il s'agit bien à la fois d'observer et d'interpréter le texte, et la paraphrase semble devoir être sanctionnée. Pourtant, n'existe-t-il pas une paraphrase « intelligente » qui permet de mettre à jour des aspects importants du texte ? Certaines catégories de textes au demeurant suscitent plus que d'autres la paraphrase. Élizabeth Nonnon, dans un article intitulé « Prise de parole autour des texte et travail sur l'oral au lycée », (paru dans la revue *Recherches* n° 22, *Parler*, 1995) soulève la question de la paraphrase et évoque la difficulté de la définition du « contrat disciplinaire ». De façon plus générale, s'il ne s'agit pas de trancher ces questions didactiques complexes, il semble nécessaire que l'examinateur ait à l'esprit ces difficultés pour éviter de se raidir sur des positions théoriques qui sont loin d'aller de soi.

Sur quoi la question peut-elle alors porter, quelles sont pour l'examinateur les questions à éviter et quelles sont à l'inverse les questions possibles ? Leur élaboration s'avère être une tâche délicate – la consigne d'étude de l'extrait doit être spécifique, mais non pointilliste, suffisamment large mais sans être trop générale. L'éventail de questions que l'on peut poser et qui permettent d'évaluer de façon satisfaisante les candidats est très large. On peut cependant élaborer une typologie sommaire.

Évoquons d'emblée un cas de figure particulier, prévu dans les Instructions officielles définissant l'épreuve. Il apparaît dans le BO du 16 janvier 2003 à la rubrique *« choix de l'extrait »*. L'examinateur peut interroger un candidat *« Sur un extrait – n'ayant pas fait l'objet d'une explication en classe – tiré d'une des œuvres intégrales étudiées en lecture analytique »*. Nous nous situons là dans la logique de l'exercice : le texte n'est pas inconnu, il s'agit bien pour l'élève de procéder à sa relecture ; il doit mettre en œuvre des compétences d'analyse du texte. Ce n'est pas un piège pour l'élève si l'examinateur choisit de faire porter son jugement et son évaluation sur des critères précis et qui prennent clairement en compte la situation particulière dans laquelle le texte est placé. Et l'on s'éloigne sans doute plus nettement du risque du psittacisme : là encore, une véritable réflexion est attendue de l'élève, qui doit s'accompagner de connaissances solides sur le texte.

L'examinateur ne peut pas poser une question trop large, du type « quel est l'intérêt de ce texte », sans risquer d'inviter l'élève à répéter purement et simplement l'explication menée en classe. Une telle interrogation ne permet pas d'évaluer la réflexion du candidat ; il est difficile d'attendre, sauf d'excellents élèves, une lecture personnelle. À l'inverse, la question ne saurait être trop pointilliste, formaliste ou purement technique : comment attendre d'un élève de première un exposé de dix minutes sur le traitement du e muet dans tel poème de Ronsard ou sur l'antiphrase dans un extrait de *Candide* (exemples avérés) ?

Les questions les plus fécondes – qui s'avèrent sans doute les plus fréquentes – sont celles qui amènent à étudier le texte par rapport à un genre, une esthétique ou un registre. Il est ainsi possible de demander à un candidat interrogé sur un texte autobiographique comment s'opère la mise en scène du souvenir d'enfance, à un autre interrogé sur l'extrait d'une pièce de théâtre le rôle que joue la scène dans la progression dramatique de la pièce. L'examinateur qui interroge un candidat sur une séquence consacrée principalement à l'étude du mouvement littéraire et culturel du Baroque peut formuler sa question ainsi : « Par quels aspects ce texte se rattache-t-il à l'esthétique baroque ? » Les questions portant sur le registre du texte sont également intéressantes : « Pourquoi et comment ce texte suscite-t-il le rire ? », « Comment ce texte provoque-t-il (et suscite-t-il) l'émotion du lecteur ? », etc.

Il va de soi que ce même type de questions peut conduire à interroger le candidat sur l'écart par rapport au code, à la norme générique du texte considéré. On peut ainsi demander à un candidat de Première L en quoi tel texte échappe au genre autobiographique tel qu'il est défini de façon normative tout en s'apparentant à l'écriture de soi.

D'autres questions sont possibles qui explorent des aspects différents d'un extrait. On peut ainsi interroger un candidat sur un titre : « En quoi le titre permet-il de donner un éclairage particulier sur le texte ? ». Ainsi, un candidat peut être invité à étudier « Le Mal » de Rimbaud en réfléchissant aux liens entre le titre du poème et l'ensemble du sonnet, si la problématique d'ensemble de la séquence oriente vers cette lecture du poème. Une telle question met bien en évidence un aspect essentiel du texte. Il n'est pas exclu de faire porter la question sur un passage bref du texte ou sur sa composition s'ils permettent au candidat de retrouver des enjeux essentiels de l'extrait. L'examinateur peut aussi inviter le candidat à comparer le début et la fin d'une scène théâtrale, le début et la fin d'un poème...

Le personnage offre pour certains extraits une entrée intéressante à explorer. Questionnant à partir d'un descriptif dans lequel une séquence, intitulée Dom Juan, « grand seigneur, méchant homme » est centrée sur l'étude du personnage de Dom Juan, l'examinateur peut demander au candidat quel aspect du personnage est en jeu dans la scène 2 de l'acte I – la célèbre tirade de l'infidélité.

La consigne d'étude du texte, enfin, peut bien entendu concerner sa visée, qu'elle soit explicite ou implicite. Ainsi, on peut demander à un candidat interrogé sur une fable comment se mêlent plaisir du récit et souci d'instruire le lecteur, ou en quoi tel texte est un apologue. Si l'on considère par exemple une séquence sur la littérature de contestation au XVIIIe siècle, un candidat interrogé sur le chapitre 10 du *Commentaire sur le livre des délits et des peines* de Voltaire, portant sur la peine de mort, peut réfléchir à la question suivante : « En quoi peut-on dire que ce texte illustre la double dimension de réflexion et de contestation de la littérature au XVIIIe siècle ? »

Typologie sommaire, disions-nous : elle l'est nécessairement. Il ne s'agit pas de dresser une liste de questions-types, qu'elles soient globales ou qu'elles portent sur tel ou tel texte que l'on retrouve au fil des différents descriptifs. D'une part, l'esprit même de l'exercice s'en trouverait affaibli : c'est bien à une lecture personnelle et à une réflexion véritable que la question invite le candidat. D'autre part, c'est la problématique même choisie par le professeur qui oriente la question posée par l'examinateur. Or, une même œuvre peut être étudiée à partir de mises en tension variées.

Mise en œuvre

À partir d'extraits de descriptifs, poser des questions sur un texte.

1–Nous proposons ici l'extrait d'un descriptif qui rend compte d'une séquence destinée à des Premières S et ES.

Titre de la séquence : *Les Cahiers de Douai* d'Arthur Rimbaud : révolte, errance et affirmation poétique.

Problématique : En 1870, Rimbaud élabore un recueil dans lequel il reprend un grand nombre de poèmes qu'il a déjà composés. Il écrit sur deux cahiers que l'on appellera les *Cahiers de Douai*[3]. La volonté de recueil est manifeste, bien que le projet n'ait pas abouti et l'ensemble possède cependant une indéniable unité, thématique et formelle. Les motifs de l'errance et de la révolte sont en effet omniprésents. Ils pourraient se lire dans une perspective biographique (les fugues de Rimbaud, la haine de Charleville...). Mais l'étude du recueil permet précisément de dépasser une telle approche : c'est aussi à une écriture qui affirme avant tout la jubilation de sa création que convie le jeune poète.

Œuvre intégrale (poèmes étudiés en lecture analytique) :
« Les Effarés »
« Le Mal »
« Le Dormeur du val »
« Au cabaret vert »
« Ma bohème »

Questions que l'on peut poser sur le poème « le Mal » à partir du descriptif :
Comment le poète rend-il ici sensible sa révolte ?

En quoi la composition du poème permet-elle de rendre compte de la dimension de révolte ?

Quel rapport le titre entretient-il avec l'ensemble du poème ?

---

3. Plusieurs éditions des « poésies » choisissent désormais de proposer un classement des poésies de jeunesse de Rimbaud qui fait apparaître en tant que tels les « Cahiers de Douai ». C'est le cas par exemple de l'édition de *Rimbaud : Poésies – Une saison en enfer – Illuminations* sous la direction de Louis Forestier, dans les classiques Folio, Paris, Gallimard, 1999 pour cette édition.
Travailler ce texte avec les élèves présente l'avantage de leur faire découvrir un recueil. En revanche les études d'ensemble sur la composition du recueil sont manifestement délicates, étant donné les conditions d'élaboration qui en font un projet manifestement non abouti. La séquence n'en propose donc pas. Restent le projet initial de Rimbaud, la cohérence autant thématique que formelle du regroupement effectué et l'intérêt pour le travail de la séquence de cette unité.

2 – Nous proposons ici l'extrait d'un descriptif qui rend compte d'une séquence destinée à des élèves de Première L et qui s'inscrit dans le cadre de l'objet d'étude « le roman et ses personnages ».

Titre : *Une ténébreuse affaire* de Balzac : « L'Histoire en déshabillé[4] »

Problématique : *Une ténébreuse affaire* est-il un roman policier, un roman de cours d'assises, un roman historique ? Son étude permet de mettre en évidence la complexité du rapport au réel dans l'œuvre romanesque, dans sa matière fictionnelle. Par ailleurs les rapports entre le personnage de roman et le personnage historique ainsi que la question du type s'articulent avec la notion de roman historique[5].

Lectures analytiques

– *Incipit* du roman, jusqu'à « … le pays en fourmille ». (première partie, chapitre 1).
– « Il y a des physionomies prophétiques… le couperet de la Loi ». (première partie, chapitre 1).
– « En voyant cette cassette… Après une pause ». (première partie, chapitre 10).
– « – l'Empereur, dit un général … son café sur un plateau ». (troisième partie, chapitre 21).
– Une soirée chez la princesse de Cadignan « Un soir, madame la princesse… qui s'en allait lentement ». (troisième partie, chapitre 22).

Lecture cursive

La Bataille, de Patrick Rambaud : « ressusciter la bataille d'Essling avec le plus d'exactitude possible[6] ».

Quelles questions poser sur chacun des textes ?

Texte 1 : Quelles sont les caractéristiques de cet *incipit* balzacien inhabituel ?

Texte 2 : Quels rôles la première et de la dernière phrase, qui encadrent ce portrait de Michu, jouent-elles vis-à-vis de l'extrait ?

---

4. On trouve des éléments de réflexion sur ces questions dans l'ouvrage de Claudie Bernard, *Le passé recomposé, le roman historique français du XIXe siècle,* Paris, Hachette, 1996. Il existe par ailleurs un téléfilm qui adapte le roman de Balzac. Réalisé par Boudet, il date de 1975 et fait partie des fictions de l'INA (http://www.ina.fr).

5. C'est dans la préface de la première édition que Balzac définit la notion de « type ». Ce texte est donné notamment dans l'édition de René Guise, Folio Classique, Paris, Gallimard, 1973.

6. Patrick Rambaud fait suivre son roman de « notes historiques » dans lesquelles il explique comment il a procédé pour écrire son livre.

Texte 3 : Comment l'extrait met-il en scène les actions et paroles des différents protagonistes ?
Texte 4 : Comment le personnage historique est-il intégré à la fiction romanesque ?
Texte 5 : Comment l'extrait mêle-t-il l'histoire et la fiction romanesque ?

3 – Nous proposons ici l'extrait d'un descriptif qui rend compte d'une séquence destinée à des élèves de Première STI et qui s'inscrit dans le cadre de l'objet d'étude « convaincre, persuader, délibérer ».

Titre : la « Lettre au roi » de Fénelon : critiquer Louis XIV ?

Problématique : On peut dans la « Lettre au roi » de Fénelon mesurer la force et la virulence d'une critique du règne de Louis XIV qui s'exprime ici avec éloquence et dans un registre polémique. Une telle attaque ne pouvait être que masquée et indirecte : le « Roi-Soleil » ne lut jamais cette lettre : c'est en réalité Madame de Maintenon le destinataire de la lettre.

Œuvre intégrale (extraits étudiés en lecture analytique) :
– Début de la lettre : les mauvais conseillers du prince : de « La personne, Sire... » à « ... insupportable à tous nos voisins ».
– Politique de Fénelon : de « Cependant vos peuples... » à « ... Idole de gloire ».
– L'appel au changement : de « On avait espéré... » à « ... prier pour vous ».

Quelles questions poser sur les trois extraits à partir du descriptif ?
Texte 1 (les mauvais conseillers) : Comment le jeu sur l'énonciation inscrit-il le texte dans le genre de l'épistolaire et quelle est la visée de l'extrait ?
Texte 2 (politique de Fénelon) : Quel est le registre dominant de l'extrait et comment s'exprime-t-il ?
Texte 3 (l'appel au changement) : Comment définiriez-vous la visée de l'extrait ?

III – Les attentes de l'examinateur

Poser une question permet d'évaluer la réflexion du candidat et d'éviter l'écueil du psittacisme. Encore faut-il que l'examinateur joue le jeu de ce dispositif et accepte que la réponse du candidat, pour ordonnée qu'elle doive être, soit laissée à sa liberté. Il faut aussi qu'il accepte l'idée qu'il ne s'agit en aucun cas d'exiger un commentaire composé oralisé ou une lecture analytique se déroulant selon les trois axes canoniques.

Il est en effet nécessaire que les attentes de l'examinateur coïncident avec les exigences de l'exercice sous peine d'entretenir un flou préjudiciable aux candidats. L'effort du candidat doit tout d'abord porter sur la question ; il est donc impossible d'exiger de lui une étude exhaustive du texte. De la même façon, il est logique que le candidat puisse laisser de côté un aspect important du texte s'il a jugé – de façon pertinente – qu'il n'entrait pas dans le cadre de la question. Les candidats travaillent certes sur un texte qu'ils connaissent déjà – qu'il l'ait étudié en classe ou seulement lu si l'examinateur a choisi de faire porter sa question sur l'extrait d'une œuvre intégrale non étudiée en lecture analytique – mais ils le relisent à la lumière d'une question et ils ont pour ce faire un temps limité.

Dans ces conditions, qu'est-ce que l'examinateur peut attendre – et à l'inverse, quels sont les *a priori* qu'il doit s'efforcer d'éviter ?

Avant tout, c'est bien à relire le texte en fonction de la question que le candidat est invité et l'examinateur doit apprécier sa réflexion : il ne s'agit donc pas pour le candidat de restituer une explication menée en classe en perdant de vue le questionnement précis et l'aspect spécifique du texte sur lequel il propose de réfléchir. Cet effort du candidat doit être systématiquement valorisé, même si l'explication ne passe pas en revue tous les aspects du texte.

C'est par une analyse raisonnée du texte que les candidats répondent à la question : il ne s'agit donc pas non plus d'attendre une « lecture analytique » de l'extrait. L'expression est d'ailleurs paradoxale puisque la lecture analytique est une démarche et non un produit.

Par ailleurs, le Bulletin officiel définissant l'épreuve indique que celle-ci requiert de *« construire une démonstration »*. Le terme de *« démonstration »* permet de cerner les attentes qui sont celles de l'examinateur. Le candidat doit s'efforcer de valider son interprétation en fournissant des preuves.

L'exposé ne peut ainsi se résumer à une succession de remarques décousues sur le texte, même à les imaginer pertinentes.

L'analyse est donc menée avec le souci de construire la réponse – comme pour tout exposé. Mais là encore, les attentes doivent correspondre aux exigences de l'exercice : le candidat ne doit pas nécessairement proposer un plan – avec tout ce que ce terme suppose et implique pour tout professeur de lettres. Que la réponse soit structurée est une attente légitime, mais un plan de type commentaire est une exigence irréaliste. C'est en fonction de la question qu'il a posé que l'examinateur apprécie ce qu'il peut attendre du candidat. Si la question suggère un plan en envisageant deux pistes, on attendra une réponse plus fortement structurée. À l'inverse un candidat peut fournir un excellent exposé comportant une introduction, un développement dans lequel il s'efforce d'envisager tous les aspects qui lui permettent de répondre et une conclusion. C'est une organisation démonstrative que l'on est en droit d'attendre et non un plan.

C'est aussi vis-à-vis de la prestation orale en elle-même que l'examinateur doit accorder ses attentes avec ce que l'on est en droit d'exiger du candidat. Ce dernier propose un exposé qu'il prépare durant un temps limité. Il doit avant tout réfléchir à une question qu'il découvre. Il n'est donc pas raisonnable d'attendre une prestation orale de type « écrit oralisé » ou s'apparentant à un « discours ». Il s'agit bien d'un véritable oral. Or comme le montrent les recherches des linguistes étudiant la langue parlée[7], l'oral se caractérise par ce que Françoise Gadet appelle les «accidents de déroulement». Il laisse voir les traces de son élaboration dans l'énonciation, ce qui se traduit par des hésitations, des corrections, des silences... Il ne s'agit pas là d'erreurs, de fautes – rapporté à un écrit considéré comme la norme – mais bien un «fonctionnement» naturel de la prise de parole, y compris, et même surtout, chez ceux qui s'expriment le mieux[8].

---

7. Françoise Gadet développe cet aspect de la langue parlée dans son article «L'Oral : quelles modalités de productions pour quelles significations», extrait des actes du séminaire national «Perspectives actuelles de l'enseignement du français » des 23, 24, 25 octobre 2000. Elle se réfère notamment aux analyses de Claire Blanche-Benveniste dans *Approches de la langue parlée en Français* (Paris, Ophrys, 2000). Dans le premier chapitre de cet ouvrage, chapitre intitulé «Le parlé et l'écrit» qui rend compte des «modes de productions» de l'oral, la linguiste analyse «quelques turbulences» propre à la langue orale. Les conséquences pour la didactique de l'oral sont nombreuses : le présent ouvrage y revient dans la troisième partie.

8. Dans un article qui est antérieur à la réforme de la «question» qui initie l'exposé («Prise de parole autour des texte et travail sur l'oral au lycée», *in Recherches* n° 22, Parler, 1995), Élizabeth Nonnon évoque un travail d'observation menée à partir de fiches d'enseignants du lycée Jean-Bart de Dunkerque qui montre que les exposés considérés comme les meilleurs sont ceux dans lesquels l'élève s'implique (par des modalisateurs par exemple). Les ruptures, reprises ou corrections sont alors marques d'une maîtrise de l'oral et d'une prise en charge du processus interprétatif. Idéalement, la réforme de la «question» doit permettre de favoriser de tels exposés. Encore faut-il que l'élève soit préparé durant l'année à un tel exercice.

CHAPITRE 2

Seconde partie de l'épreuve orale : l'entretien

I – Définition, cadre institutionnel, attentes de l'examinateur

La seconde partie de l'épreuve orale consiste en un entretien d'une durée de dix minutes entre l'examinateur et le candidat. Il s'agit bien d'un dialogue, durant lequel l'examinateur pose des questions au candidat mais en veillant à privilégier l'écoute et à mener un dialogue véritable plutôt que soumettre l'élève à un feu roulant de questions. L'examinateur mène en effet un dialogue « sur mesure » au sens où il s'appuie sur les propos du candidat sans suivre un déroulement pré-établi.

Le BO du 16 janvier 2003 précise clairement le cadre dans lequel s'inscrit cet exercice, en définissant tout d'abord son principe, pour ensuite envisager les objectifs qui sont ceux de l'examinateur ainsi que la conduite qui est supposée être la sienne.

Le principe, tout d'abord, est celui du *« dialogue permanent avec le candidat »*. Il est donc exclu de considérer l'entretien comme une simple série de questions à poser au candidat. L'examinateur a logiquement le souci de l'intelligibilité de son questionnement, il n'hésite pas à reformuler son interrogation ou à privilégier une autre approche si le candidat semble en difficulté.

Les objectifs fixés définissent les attentes qui peuvent être celles de l'examinateur et permettent également, on y reviendra, de passer en revue les différentes questions possibles.

En envisageant ce que n'a pas vocation à être l'entretien, le BO précise en creux les premières exigences que peut avoir l'examinateur. Ce dernier *« ne se livre pas à un corrigé de la première partie de l'épreuve »* et il *« veille à ne pas exiger du candidat la récitation pure et simple d'une question de cours »*.

En revanche, l'entretien cherche à « ouvrir des perspectives ». Il s'agit donc *« d'approfondir et élargir la réflexion, en partant du texte qui vient d'être étudié »*. L'examinateur peut choisir deux directions : d'une part, *« l'œuvre intégrale ou le groupement d'où ce texte a été extrait »*, d'autre part *« une des lectures cursives proposées en relation avec le texte qui vient d'être étudié »*. Il va de soi que ces deux pistes peuvent être explorées successivement. Là encore, l'examinateur doit à l'évidence tenir compte du rapprochement des textes, qui suggèrent la cohérence et la perspective d'étude, et de la problématique d'ensemble de la séquence dont il peut vérifier la bonne compréhension par le candidat.

L'entretien est aussi pour l'examinateur l'occasion de vérifier le travail fourni durant l'année par le candidat puisqu'il s'agit pour lui *« d'évaluer les connaissances du candidat sur l'œuvre ou l'objet d'étude ».*

Deux pistes enfin restent à explorer, qui sollicitent plus nettement la réflexion et le travail personnel du candidat. L'examinateur veille ainsi à *« apprécier l'intérêt du candidat pour les textes qu'il a étudiés ou abordés en lecture cursive »* et à *« tirer parti des lectures et activités personnelles du candidat ».* C'est ici encore à partir du descriptif qu'une telle interrogation peut être menée de façon pertinente par l'examinateur.

Les documents d'accompagnement des programmes mettent l'accent sur le *« degré d'autonomie du candidat dans sa parole ».* De même, en soulignant la nécessité d'une préparation à l'exercice, c'est bien à l'exigence de *« réflexion et de jugement personnel »* qu'ils se réfèrent. Comme pour la première partie de l'épreuve, l'ambition est celle d'un véritable oral qui puisse permettre à l'examinateur d'apprécier l'effort de réflexion du candidat et non ses seules connaissances.

II – Questionner à partir du descriptif

Les objectifs et attentes tels qu'ils ont été définis précédemment permettent d'envisager plusieurs séries de questions. Comme pour la première partie de l'épreuve, le descriptif est l'outil indispensable de l'interrogation. L'entretien porte sur la séquence à l'intérieur de laquelle le texte ayant fait l'objet de l'exposé du candidat a été choisi. Il n'est cependant pas exclu que, durant l'entretien, l'examinateur pose des questions sur une autre séquence du descriptif. Ce dernier suggère en effet la progression adoptée par le professeur pour mener les lectures et activités de l'année. Ainsi, plusieurs séquences successives peuvent par exemple aborder l'étude de l'argumentation, en croisant cet objet d'étude avec le théâtre ou bien en envisageant successivement plusieurs modalités ou stratégies argumentatives. L'examinateur peut alors approfondir l'entretien en abordant une autre séquence que celle dans laquelle le texte a été choisi pour la première partie de l'épreuve.

Par ailleurs, l'examinateur doit veiller à tenir compte de la démarche du professeur, dont le descriptif témoigne de façon claire : les séquences permettent une pluralité d'approche du programme. Les objets d'étude peuvent être croisés, envisagés selon une problématique particulière... Les questions portent bien sur cette démarche et non sur ce qui serait supposé constituer les attendus du programme –

qui précisément laisse la liberté au professeur d'organiser sa progression et ses approches des objets d'étude.

En excluant la reprise voire le pur et simple corrigé de l'exposé du candidat, l'examinateur dispose librement de trois pistes pour mener l'interrogation.

Tout d'abord, il ouvre la réflexion en direction du groupement de textes dans lequel l'extrait s'inscrit ou de l'œuvre intégrale à laquelle le texte appartient. Ainsi il est parfois possible de demander au candidat comment la problématique d'ensemble de la séquence – telle qu'elle a été abordée par le biais de la question à laquelle il a répondu dans son exposé – peut être envisagée dans les autres textes. L'ouverture de la réflexion se fait aussi en direction des lectures cursives. Le descriptif indique le cadre dans lequel les lectures ont été menées en classe.
L'examinateur peut alors apprécier la compréhension par le candidat des différents enjeux de la lecture vis-à-vis du texte étudié et vis-à-vis de la problématique d'ensemble de la séquence et de ses perspectives d'étude. Il est cohérent que le travail sur les lectures cursives soit très amplement sollicité durant l'entretien.

La seconde piste est celle qui consiste à évaluer les connaissances du candidat et elle ne se sépare pas de la précédente : les questions sur le groupement de textes et sur les lectures cursives sollicitent à la fois la réflexion et les connaissances du candidat. Il s'agit là d'estimer le travail fourni par le candidat durant l'année ainsi que son implication dans les différentes activités.

Ce dernier point est également évalué dans les questions qui portent sur les lectures et activités personnelles du candidat, lorsque le descriptif en mentionne. Ces rubriques offrent une troisième piste de questionnement.

Il ne s'agit pas de traiter successivement chacune de ces trois pistes même si une telle approche peut suggérer un mouvement d'ensemble de l'entretien. Le questionnement mêle les trois axes. Vérifier les connaissances d'un candidat sur telle lecture cursive permet aussi de mesurer la réflexion dont il fait preuve et c'est bien à la cohérence d'ensemble d'une séquence que l'entretien est rapporté.

Mise en œuvre

À partir de l'extrait d'un descriptif, interroger un candidat durant l'entretien

1 – **Titre de la séquence :** La « Chanson du Mal-Aimé » dans *Alcools* de Guillaume Apollinaire : lyrisme et modernité.

Nous proposons ici deux documents : d'une part l'extrait d'un descriptif qui rend compte d'une séquence destinée à des élèves de Première S et ES et d'autre part une étude du tableau de Braque qui apparaît dans le descriptif à la rubrique « étude de l'image ».

Il ne s'agit pas ici de rendre compte d'un entretien mais de suggérer des pistes pour mener un questionnement.

Document 1 : extrait d'un descriptif.

Problématique : La « Chanson du Mal-Aimé » s'inscrit dans une tradition lyrique et elle peut apparaître comme un poème de la confidence amoureuse. Cependant, le poème fait éclater ce cadre lyrique installé provisoirement ou en matière de jeu : c'est en réalité à l'affirmation d'une conquête poétique que l'on assiste.

Œuvre intégrale (poèmes étudiés en lecture analytique) :

- Les cinq premières strophes du poème et la dédicace à Paul Léautaud.
- « Aubade chantée à Laetare un an passé ».
- « Réponse des cosaques Zaporogues au sultan de Constantinople ».
- Les cinq dernières strophes.

Étude d'ensemble

La composition du poème : une « marqueterie de pièces ou d'ensembles » (Michel Décaudin, le Dossier d'*Alcools*)[1].

Lecture cursive

Les élèves ont lu l'ensemble d'*Alcools* et ils se sont constitués une brève anthologie personnelle en élisant cinq poèmes du recueil. Ils précisent le thème et caractérisent brièvement la forme de chaque texte, librement choisi. Chaque poème fait ensuite l'objet d'une réflexion à partir de la problématique d'ensemble de la séquence : le lien avec « la Chanson du Mal-Aimé » est ainsi mis en évidence. Ils justifient finalement le choix du poème de façon argumentée.

---

1. Michel DÉCAUDIN, *Alcools de Guillaume Apollinaire,* Paris, Gallimard « Foliothèque » n° 23, 1993. Michel DÉCAUDIN, *Le Dossier d'Alcools*, Genève : Droz, 1996, nouvelle édition.

Document 2 : étude de l'image, *L'Homme à la guitare,* Braque, 1914.

L'homme à la guitare
Anciens titres : *Le Joueur de guitare, Homme au violon, Le Guitariste printemps, 1914*
Georges Braque (1882-1963)

Paris, musée national d'Art moderne – Centre Georges Pompidou

La première découverte du tableau met en évidence ses lignes géométriques. Il est composé de rectangles qui semblent se juxtaposer. Deux pistes sont alors explorées : celle du cubisme, tout d'abord, qui fait l'objet d'une présentation détaillée et celle de la technique des « papiers collés ». Même si ce tableau n'appartient pas directement à la technique picturale du « collage[2] », il y est relié dans l'œuvre de Braque puisque peu avant l'élaboration de *L'Homme à la guitare,* Braque a utilisé le collage dans certaines de ses toiles. Or les « papiers collés » trouvent leur pendant littéraire dans certains poèmes d'Apollinaire, comme « lundi rue Christine » dans lequel il a utilisé des matériaux auditifs en les transcrivant. En élargissant cette perspective, il est facile de mettre en évidence le lien entre ces expériences picturales et l'image de « marqueterie » que Michel Décaudin choisit d'appliquer à la composition de « La Chanson du Mal-Aimé ».
L'étude des lignes qui composent le tableau met en évidence sa structuration : une représentation schématique par plans et lignes, à partir d'une grille d'horizontales et de verticales. La toile s'organise de part et d'autre d'un axe central. La séance permet ensuite d'approfondir l'étude du tableau, en continuant de privilégier l'approche par les lignes. L'objet du titre, la guitare, est placé au centre du tableau, des lignes courbes viennent contraster avec les réseaux de lignes droites qui dominent dans l'ensemble de la toile. On retrouve ces lignes courbes en trois autres endroits seulement du tableau : une large volute blanche en bas à droite, une autre plus petite sur la gauche du tableau, et dans le contour du verre. Seuls les objets sont représentés par le biais de courbes. La dimension de portrait est donc ensuite explorée, en envisageant le cadre donné par le peintre à son *Homme à la guitare.* Le visage est « découpé » en deux rectangles. La « figure » humaine s'efface et c'est l'objet qui attire le regard. La représentation du corps que propose le cubisme est celle d'un corps décomposé.
L'étude des couleurs du tableau permet de retrouver en creux la technique du papier collé : les rectangles évoquent le bois (dans le bas à gauche du tableau). D'autre part, le galon peint sur la gauche vient rencontrer l'axe central, en un point qui correspond au centre du tableau. Par ailleurs l'ensemble est dominé par des couleurs sourdes qui forment à première vue un tout homogène mais qui, examinées plus attentivement, s'organisent en séries de contrastes qui mettent en relief différents éléments du tableau que l'on répertorie.

---

2. On définit le collage en peinture comme l'insertion de matériaux préexistants sur une toile. Braque a utilisé ce procédé notamment dans *La Guitare « Statue d'épouvante »* réalisée en 1913.

L'entretien peut tout d'abord porter sur les lectures cursives qui apparaissent sur le descriptif en tenant compte des indications et consignes d'études que ce dernier mentionne. Quels poèmes avez-vous choisi ? Pour quelles raisons ? Compte-tenu du descriptif, il est logique d'interroger le candidat sur un poème en particulier en reprenant le cadre de la lecture menée durant l'année. Quel est son thème, sa forme ? S'agit-il selon vous d'un poème lyrique ? Quel rapport pouvez-vous établir entre ce poème et la « Chanson du Mal-Aimé » ? L'examinateur peut ensuite choisir d'interroger l'élève sur l'étude de l'image. C'est tout d'abord sur la composition du tableau que l'élève peut être interrogé ; il est invité à reprendre les différents éléments sur lesquels l'analyse a porté (lignes, couleurs, cadre). On peut demander à l'élève d'explorer ensuite l'idée même de portrait. Pour finir, l'examinateur peut demander à l'élève d'établir les liens entre le tableau de Braque et la peinture d'Apollinaire.

2 – **Titre de la séquence :** *La Guinguette à deux sous*[3], de Simenon : « vous ne pouviez pourtant pas savoir… »
Interroger sur les axes d'étude de l'œuvre intégrale : exemple d'une séquence destinée à des élèves de Première STI et STT.
L'entretien ne porte pas exclusivement sur les lectures cursives. L'examinateur peut choisir de mettre l'accent sur la problématique d'ensemble de la séquence et sur les axes d'étude qu'elle suggère ou indique clairement. Nous proposons ainsi une séquence qui s'inscrit dans le cadre de l'étude du roman en Première en envisageant les questions que peut poser l'examinateur.

Problématique : *La Guinguette à deux sous,* qui appartient à la série des « Maigret » est un roman policier atypique. Simenon développe une intrigue qui suit le rythme lent du commissaire Maigret, qui privilégie l'atmosphère et qui place les personnages au cœur du roman au détriment de l'action. C'est au couple formé par l'assassin et le policier que s'intéresse Simenon, et le roman induit une réflexion sur les représentations de l'enquêteur et sur les personnages.

Œuvre intégrale (textes étudiés en lecture analytique) :
- *Incipit*, jusqu'à « demain au lever du jour » (p. 7 à 9).
- Un meurtre : « James parlait… » jusqu'à « seulement de mourir » (p. 49 à 52).
- La méthode de Maigret : « Il avait quelques centaines… » jusqu'à « dans l'engrenage » (p. 127 à 129).

3. Georges SIMENON, *La Guinguette à deux sous,* Hachette « Le livre de Poche », 2005.

- Le désespoir : « Maigret se moucha... » jusqu'à « complet sombre de Paris » (p. 185 à 187).

C'est à partir de la problématique de la séquence que peut s'organiser une partie importante de l'entretien. La problématique renvoie en effet nettement à l'objet d'étude ; l'entretien permet non seulement à l'examinateur de questionner sur les lectures cursives et les autres études mais aussi de vérifier les connaissances du candidat sur l'objet d'étude ainsi que la réflexion qu'il met en œuvre.
Voici un exemple de questionnement possible à partir de cet extrait de descriptif :

- Quelle représentation de l'enquêteur le roman offre t-il ? Quels éléments du texte renvoie à cette dimension ? Est-ce que le personnage du commissaire Maigret correspond à une image canonique du policier ?
- Quel est l'effet produit par le déplacement du centre d'intérêt vers l'atmosphère et les personnages au détriment de l'intrigue ? Cela correspond-il à vos attentes en matière de roman policier ?
- Commentez les liens qui s'établissent dans le roman entre l'enquêteur et l'assassin. Comment le roman met-il en place des séries de relation complexes entre les personnages ?
- Considérez-vous que l'univers romanesque offre une représentation du monde ou bien qu'il ne se construit qu'en référence avec sa propre existence fictive ?

CHAPITRE 3

Évaluer l'oral des candidats à l'EAF

I – Nature et principes de l'évaluation

Pour apprécier la prestation du candidat, il importe d'avoir présent à l'esprit la nature de l'évaluation, que l'examinateur a pour tâche de rendre la plus juste possible.

Il s'agit comme pour toute évaluation d'effectuer un contrôle des connaissances et des compétences. Il existe, on le sait, plusieurs types d'évaluations. L'évaluation diagnostique prend place au début d'un apprentissage, l'évaluation formative accompagne cet apprentissage et y participe, et enfin l'évaluation sommative permet un contrôle final des connaissances. Nous nous situons donc dans le cadre de cette évaluation finale. Il est cependant important de rappeler qu'il ne s'agit pas d'opérer un classement des différents élèves d'une classe mais de mettre en place une évaluation de nature certificative, qui offre une sanction officielle.

L'examinateur doit se garder d'apprécier la prestation des candidats comme s'il s'agissait de ses propres élèves qu'il prépare aux épreuves du bac.

Par ailleurs, il faut noter les candidats. Or l'exercice présente des difficultés – et l'on s'accorde souvent à penser que les problèmes se posent avec plus d'acuité pour ce qui concerne l'oral.

Tout d'abord, la démarche de l'évaluation se fait toujours en fonction de critères déterminés. Encore faut-il que ces critères soient clairement explicités et que l'examinateur en dispose. Un grand nombre de dispositifs lui permettent bien de situer sa notation dans le cadre rigoureux qui s'impose pour garantir l'équité de l'appréciation : on y reviendra.

Il est cependant indéniable que des biais interviennent dans l'acte d'évaluer. Ainsi, il peut exister une distance entre ce que l'épreuve est supposée évaluer et les attentes de l'examinateur. Il faut donc affirmer un certain nombre de principes qui président à l'évaluation. L'épreuve anticipée du bac est la première que présentent les candidats au baccalauréat. La partie orale correspond bien souvent à leur première prestation orale et elle suscite beaucoup d'appréhensions et d'attentes chez les jeunes élèves. Le rôle de l'examinateur est loin d'être négligeable et la note obtenue par les candidats sanctionnent les efforts et le travail fournis durant les années de lycée.

Un problème se pose enfin si l'on considère l'échelle de mesure adoptée. Les notes sont fréquemment distribuées autour d'une moyenne, et non en fonction de la prestation réelle du candidat. La notation, dans ces conditions, ne se situe pas sur l'ensemble de l'échelle de notes.

Face à ces difficultés, l'examinateur doit avoir à l'esprit un certain nombre de principes qui le guident dans une tâche souvent délicate.

Le BO du 16 janvier 2003 pose un certain nombre de principes à la rubrique intitulée «évaluation de l'épreuve orale». Il s'agit :

– *« d'utiliser toute l'échelle de notation »,*

– *« de valoriser les éléments de réussite plutôt que de pénaliser les carences »,*

– *« de valoriser la culture personnelle manifestée à bon escient par le candidat ».*

Utiliser l'échelle de notation permet de valoriser la discipline et les efforts des élèves. Si une prestation orale est excellente, rien ne doit s'opposer à ce qu'elle obtienne une note de 19 ou de 20. La note de 10 est bien un note moyenne, qui reflète une réussite moyenne dans les différents domaines évalués.

« Valoriser les éléments de réussite » doit conduire à privilégier ce que le candidat a bien perçu – même parfois de façon un peu incomplète – plutôt que d'enlever des points pour tout ce qui n'a pas été dit. Par ailleurs, comme on le verra, l'évaluation porte sur différents domaines. L'examinateur doit veiller à ne pas donner à un de ces aspects une importance disproportionnée qui le conduirait à sanctionner durement une prestation dans laquelle un des domaines est nettement défectueux. De la même façon, il serait injustifié d'affecter d'une note très basse une prestation orale qui manifeste une mauvaise maîtrise d'un des aspects – même important – du programme si par ailleurs le candidat montre des connaissances pertinentes et de vraies compétences d'oral.

Le troisième point que souligne le BO invite à réfléchir également sur les attentes qui sont celles de l'examinateur. En effet, le terme de «valoriser» – la culture personnelle du candidat – indique qu'il ne s'agit pas de pénaliser des candidats dont la culture se limiterait de façon évidente aux points du programme. L'épreuve évalue bien une formation scolaire et il importe de mesurer le travail fourni par les candidats et les acquis de l'année. Là encore, c'est de l'équité dans la notation des candidats dont il s'agit.

Pour l'exposé, l'évaluation s'adapte nécessairement à la situation dans laquelle le candidat se trouve placé. S'il répond à une question posée sur un texte qui n'a pas fait l'objet en classe d'une lecture analytique mais qui est extrait d'une œuvre intégrale étudié en lecture analytique le niveau d'exigences ne saurait être le même que s'il étudie un texte vu en classe. Quels que soient les cas de figure, l'examinateur ne peut pas dans son évaluation, pénaliser un candidat qui ne propose pas une lecture exhaustive du texte : ce n'est pas le but de l'exercice.

Par ailleurs, noter l'entretien pose le problème de l'évaluation des lectures cursives. On ne peut à l'évidence exiger une connaissance aussi complète que celle que le candidat est supposé avoir des œuvres ayant fait l'objet de lectures analytiques. Tel ou tel aspect d'une œuvre lue de façon cursive – qui peut au demeurant paraître fondamentale à l'examinateur – peut parfaitement n'avoir pas été abordé par l'élève durant l'année. La situation reste pourtant claire. D'une part, les descriptifs indiquent souvent les aspects de l'œuvre ou des textes envisagés, voire les consignes de lecture dont ils ont fait l'objet. D'autre part, l'examinateur parvient aisément, dans la conduite de l'entretien, à saisir le ou les objectifs qui étaient ceux du professeur vis-à-vis de la lecture cursive. Il peut alors évaluer les connaissances et la réflexion du candidat sur l'œuvre.

II – Critères et outils

Noter une prestation orale suscite souvent des inquiétudes. Plusieurs questions se posent : comment apprécier réellement la spécificité de l'épreuve et noter l'expression orale du candidat ? Comment inversement ne pas concentrer la notation sur le seul aspect communicationnel ? Quelle est la part respective de ces différents aspects ? En réalité, de la même façon que pour évaluer l'écrit, il convient de séparer les différents domaines que l'examinateur a pour tâche d'évaluer. Des outils existent, qui permettent alors de procéder à l'évaluation dans un cadre qui offre au candidat des garanties d'équité.

Le BO du 16 janvier 2003 indique les trois domaines essentiels sur lesquels porte l'évaluation : l'expression, la réflexion, les connaissances. Il propose également un tableau qui résume ce que l'on peut attendre des candidats et qui guide l'évaluation de l'examinateur *(cf. tableau page suivante).*

Cette grille a été complétée et enrichie par des travaux effectués au sein de certaines académies. Ils permettent d'affiner les attentes vis-à-vis de chaque critère envisagé dans la grille[1]. L'ensemble de ces documents constitue une base solide d'évaluation qui doit permettre de juger équitablement les prestations des candidats.

Pour autant, il ne s'agit pas de distribuer les points critère par critère : c'est bien l'ensemble d'une prestation qui est jugée. La rubrique « expression et communication » est particulièrement difficile à noter à l'aide d'un système contraignant de points qui « décortiquerait » les différents aspects d'une communication réussie.

1. Ces travaux sont disponibles sur internet, sur les différents sites académiques concernés. On peut se référer notamment à la « Charte des examinateurs » élaborée dans l'académie de Rennes.

Pourtant, la réussite de l'exposé dépend largement de cette dimension : l'examinateur l'évalue naturellement.

Les examinateurs disposent par ailleurs de l'espace précieux des réunions d'harmonisation. Elles leur permettent de s'entendre sur les critères, de définir les attentes vis-à-vis d'une évaluation qui doit par ailleurs être justifiée sur les bordereaux ou les fiches du candidat : il s'agit autant de permettre une notation équitable que de guider le travail de l'examinateur.

	Exposé	**Entretien**
Expression et communication	Lecture correcte et expressive. Qualité de l'expression et niveau de langue orale. Qualités de communication et de conviction.	Aptitude au dialogue. Qualité de l'expression et niveau de langue orale. Qualités de communication et de conviction.
Réflexion et analyse	Compréhension littérale du texte. Prise en compte de la question. Réponse construite, argumentée et pertinente, au service d'une interprétation. Références précises au texte.	Capacité à réagir avec pertinence aux questions posées pendant l'entretien. Qualité de l'argumentation. Capacité à mettre en relation et à élargir une réflexion.
Connaissances	Savoirs linguistiques et littéraires. Connaissances culturelles en lien avec le texte.	Savoirs littéraires sur les textes, l'œuvre, l'objet ou les objets d'étude. Connaissances sur le contexte culturel.

Source : Bulletin officiel du 16 janvier 2003

TROISIÈME PARTIE

Vers une didactique de l'oral

Comme on a pu le voir en introduction du présent ouvrage, il est important de clarifier le champ de l'oral. Mais la difficulté ne s'arrête pas là. Si l'on s'accorde à dire qu'il faut plus et mieux « travailler l'oral » en classe, les didacticiens n'adoptent pas tous la même approche.

La première de ces approches est celle de « l'école de Genève » qui plaide pour la construction de séquences didactiques consacrées à un « genre oral » appréhendé en tant que tel et qui devient un objet d'apprentissage.

CHAPITRE 1
Comprendre l'oral

I – Les préconisations des Instructions officielles

Dès le collège, l'oral occupe une place importante dans les programmes. Pour chaque cycle, l'oral fait l'objet d'une rubrique spécifique et les documents d'accompagnement des programmes de Cinquième et Quatrième précisent qu'il faut accorder à l'oral *« une place équivalente à celle de l'écriture et de la lecture »*.

L'objectif général est, en partant de l'oral spontané, de faire accéder les élèves à un oral envisagé de façon réfléchie. Dans les deux premiers cycles du collège, il s'agit de développer la pratique de l'écoute et de la parole, en troisième, un approfondissement s'opère.

Dès le cycle central, l'élève est invité à la prise de parole devant un auditoire, et les exercices de récitations, comptes rendus, discours narratifs et descriptifs déjà présents en sixième sont poursuivis. C'est à partir de ces pratiques que l'élève de Troisième est initié aux genres oraux de l'exposé – à partir des comptes rendus –, et du débat – à partir des dialogues. C'est ici la liaison entre la Troisième et la Seconde qui peut s'opérer, puisque ces genres oraux sont au cœur des pratiques du lycéen. De plus, les compétences à développer fondent les exercices oraux du lycée. Il s'agit en effet :

- d'adapter l'attitude, la gestuelle et la voix à la situation d'énonciation (prise en compte de l'espace, des interlocuteurs, des règles qui régissent les tours de parole) ;
- de distinguer les registres de langue et choisir celui qui convient à la situation de communication (lexique, syntaxe, formes d'interpellation, marques de la politesse) ;
- d'écouter et reformuler le discours d'autrui (les reformulations sont un moyen privilégié d'évaluer la réussite de l'échange) ;
- de faire des résumés, des synthèses ou des développements en s'entraînant, selon le cas, à la brièveté ou à l'amplification.

Comme l'indiquent les documents d'accompagnement des programmes, la classe de Troisième permet aussi à l'élève d'accéder à une autre dimension de la pratique orale, en effectuant un travail qui lui offre la possibilité de « sortir des limites d'un discours exclusivement organisé autour de points de vue personnels, ou d'une sensibilité au monde qu'il suffirait d'affirmer sans chercher à la faire partager, pour prendre en compte l'univers de référence et de valeurs de ses interlocuteurs ».

Comme on peut le constater, les acquis sont nombreux et solides en matière d'oral lorsque l'élève entre en Seconde. Il a été initié à une pratique plus réflexive qui devient un objectif important dès la Seconde, mais aussi à des genres oraux qu'il pratiquera tout au long de la scolarité au lycée, tels que les exposés et les débats.

Pour ce qui est de la Seconde, il est à noter que l'oral apparaît dès la définition des finalités du français au lycée. Les programmes envisagent en effet la présentation, « par oral et par écrit, d'exposés construits abordant les questions traitées selon plusieurs perspectives coordonnées ». Il est évident que les compétences requises pour l'écrit concernent également l'oral. Problématiser, organiser son propos, opérer des synthèses sont autant d'attentes qui traversent les exercices écrits et oraux que le lycéen doit maîtriser. Pour autant, il ne s'agit pas de considérer que l'on prépare à l'oral tout en préparant l'écrit, en omettant de faire un travail spécifique sur ses dimensions particulières.

Pour ce qui est de la mise en œuvre, un certain nombre de pratiques sont envisagées. Le travail sur l'oral s'inscrit dans le cadre des séquences, séquences qui articulent lecture, écriture, oral et travail sur la langue. Il ne s'agit donc pas de construire une séquence didactique centrée sur l'apprentissage d'un genre oral.

Les objectifs et les exercices sont ainsi définis :

En classe de Seconde, le but est de permettre aux élèves de pratiquer des activités orales diversifiées et de commencer à analyser les spécificités de l'oral (variations des formes de parole et des niveaux de langage en fonction des situations, des buts et des interlocuteurs).

À cette fin, on associe (en classe entière et en modules) :

- l'écoute, où l'on insiste sur la diversité des genres de l'oral et sur les relations entre les interlocuteurs (y compris en situation scolaire) ;
- l'expression orale : elle inclut des lectures à haute voix, des récitations, des jeux dramatiques, aussi bien que des prises de parole et des exposés (de durée limitée).

Ces travaux sont organisés le plus fréquemment possible à l'intérieur de groupes, notamment dans le cadre des modules. L'oral constitue souvent aussi une propédeutique aux travaux d'expression écrite.

Il semble tout d'abord évident que les pratiques de l'oral gagnent à être variées. Les compétences qu'il requiert sont nombreuses, et différents exercices doivent permettre de les construire. Il est à noter – on y reviendra – que le travail de groupe est particulièrement propice pour faire pratiquer l'oral. Quoi qu'il en soit, on peut considérer que chaque séquence peut donner lieu à des exercices oraux variés qui s'intègrent aux différentes étapes de son déroulement. Travailler l'oral ne peut se résumer à susciter la participation des élèves en cours par le biais du questionnement du professeur. Faire pratiquer de brefs comptes rendus de lecture, de petits exposés ponctuels, aménager des temps de dialogue en groupe avec restitution orale des échanges… sont autant d'exercices qui permettent d'une part une participation plus large des élèves et d'autre part d'acquérir des compétences discursives variées.

Par ailleurs, les programmes invitent à analyser le langage oral en tant que tel : la dimension réflexive est soulignée. Il est important de ne pas la négliger car les élèves ont souvent de l'oral des représentations tronquées voire erronées. C'est leur donner les moyens de progresser que de leur permettre de sortir de l'idée d'une réussite à l'oral qui repose sur le préjugé d'un élève naturellement « doué pour l'oral » ou inversement « mauvais à l'oral ». Là encore, la préparation à l'EAF est également concernée.

Comment l'oral est-il représenté dans la littérature ? Qu'est-ce qui est en jeu dans un véritable échange oral ? Quelles situations de communication particulière l'oral met-il en place ? L'oral et l'écrit fonctionnent-ils selon le même code ou la même grammaire ? Ce sont autant de questions que le professeur de lettres gagne à aborder directement avec les élèves car elles leur permettent de rendre plus clair un domaine qui reste souvent flou.

Les objectifs de la classe de Première en matière d'oral se situent dans la continuité de ce qui est préconisé pour la classe de Seconde.

À la rubrique des « démarches », il est ainsi affirmé que :

En classe de Première, l'objectif est de compléter l'analyse des spécificités de l'oral et d'en assurer une pratique effective.

À cette fin, on associe :

- l'écoute que l'on continue à cultiver en insistant sur les exercices de reformulation des propos entendus ;
- l'oralisation des textes littéraires qui porte sur des textes plus longs qu'en Seconde ;
- les pratiques de production orale, en privilégiant les comptes rendus, les exposés oraux de lectures et de points de vue personnels, les échanges et les débats.

Pour ce qui est des documents d'accompagnement des programmes du lycée, il est à noter que l'oral apparaît de manière forte, ainsi que le terme d'oralité, en lien notamment avec le théâtre et la poésie. Mais les genres de l'oral sont également envisagés en tant que tels, ainsi que, dans la liste des notions grammaticales, les éléments constitutifs de l'oral : « *Accent, Intonation, *Prosodie*[1]*, Redondance, Rythme, Syntaxe de l'oral* ».

La volonté de donner toute sa place à l'enseignement de l'oral est manifeste. On peut également noter que l'accent est mis à la fois sur la pratique « effective » de l'oral et sur une approche réflexive englobant les genres oraux et les caractéristiques de la langue orale.

II – Définition et typologies de l'oral

Le point sur : Les genres formels de l'oral

La didactique de l'oral doit beaucoup à « L'École de Genève » et notamment à un livre intitulé *Pour un enseignement de l'oral,* de Joaquim Dolz et Bernard Schneuwly[2]. Cet ouvrage est sous-titré « Initiation aux genres formels à l'école ». Les auteurs placent la notion de genre formel au cœur du travail sur l'oral. Tout oral en effet ne peut pas être objet d'enseignement ; et si l'on veut véritablement construire un enseignement spécifique de l'oral, il doit porter sur une (ou plusieurs) entités identifiables. Le postulat, à la suite de travaux bien connus de linguistes, est que l'oral est à envisager comme texte. Or tout texte est appréhendé avant tout par le biais du genre. Ce dernier est donc un outil qui « fonde la possibilité d'apprentissage ».
En effet, il comprend un certain nombre d'éléments stables qui sont des points de références pour les élèves. Il permet d'exprimer des contenus, il suppose une situation particulière et spécifique de communication ainsi que des énoncés également spécifiques. Certes, d'autres activités liées à l'oral appartiennent à la sphère scolaire sans correspondre à cette catégorie de genre formel : la récitation, la parole théâtrale pratiquée en classe, et la lecture expressive. Mais la notion de genre apparaît bien comme un point d'ancrage fort pour envisager la didactique de l'oral. En effet, il ne s'agit plus de considérer tout oral comme étant un objet d'enseignement – entreprise décourageante et clairement non-pertinente – mais de constituer l'oral en tant qu'objet d'enseignement.

---

1. Les astérisques marquent dans les documents d'accompagnement les notions qui n'ont pas à être assimilées en tant que telles par les élèves.
2. Joaquim Dolz, Bernard Schneuwly, *Pour un enseignement de l'oral, Initiation aux genres formels à l'école,* collection « Didactiques du français », ESF, 1998.

> En abordant ainsi certaines productions orales pour les intégrer à l'enseignement, Dolz et Scheuwly observent deux conséquences importantes. D'une part, les genres formels ainsi définis sont « autonomes » : l'oral est « abordé comme objet en soi d'apprentissage ». D'autre part, il s'agit alors de genres « scolarisés », qui deviennent alors « en même temps un outil de communication et un objet d'apprentissage ». Cela suppose des transformations, plus ou moins importantes, du genre oral considéré, qui au départ se situe le plus souvent dans la sphère publique : interview télévisée ou radiophonique, débats divers, etc.

Une seconde approche se place sur un autre plan. Elizabeth Nonnon propose pour sa part d'aborder l'oral par l'intermédiaire de « tâches langagières » que les élèves ont à accomplir et qui correspondent à des conduites qui se rencontrent également à l'écrit. Il s'agit pour l'élève d'expliquer, de justifier, de citer, etc. selon l'exercice dans le cadre duquel l'oral s'inscrit. Il s'agit donc d'une « approche intégrée ».

Elizabeth Nonnon envisage trois pôles de l'oral. Le premier est celui des « interactions verbales ordinaires » en classe. Le second pôle considère l'oral dans ses liens avec l'apprentissage. Il est alors le « médiateur privilégié de la construction de connaissances et de démarches intellectuelles[3] ». L'oral peut enfin être envisagé comme un objet d'apprentissage en tant que tel – mais une telle approche soulève bien des difficultés. Outre les problèmes d'une trop grande systématisation, des questions élémentaires de mise en œuvre se posent. Travailler l'oral par le biais de la transcription est foncièrement insatisfaisant. De plus le genre formel peut apparaître comme très extérieur aux apprentissages scolaires.

Dans nos pratiques, les deux approches offrent des pistes intéressantes pour travailler plus et mieux l'oral en classe.

Envisager l'oral par le biais du genre formel se révèle fécond à plus d'un titre. Au demeurant, même si la notion ne coïncide pas avec celle de genre formel telle que Dolz et Schneuwly la définissent, c'est ainsi que l'oral apparaît dans les documents d'accompagnements des programmes de Seconde et Première.

Deux ensembles sont en effet considérés : l'oral quotidien (conversation, discussion...) et l'oral scolaire, dans lequel on trouve l'exposé, le débat, l'oralisation de textes. En tant que tels, ils obéissent à des codes que l'élève, futur candidat, doit maîtriser à la fin de son année de Première.

---

3. Élizabeth Nonnon, « Prise de parole autour des textes et travail sur l'oral au lycée », *in Recherches* n° 22, Parler, 1995.

De plus, si l'on se place dans la perspective de l'épreuve orale de l'EAF, la notion de genre est intéressante : les deux parties de l'examen sont concernées. Pour ce qui est de la première, cela va de soi puisqu'il s'agit d'un exposé, genre codifié, largement répandu sous diverses formes. La seconde partie de l'épreuve, même si elle peut apparaître plus proche d'un oral informel ou de la discussion, s'apparente à un genre différent, à rapprocher par exemple de l'interview. Or des pistes de travail s'ouvrent, comme on le verra, si l'on considère cette dimension des deux exercices évalués lors de l'EAF. Pour l'exposé, c'est toute la rhétorique de l'exercice que l'on peut travailler avec les élèves. Un apprentissage progressif, et surtout construit en tant que tel – au lieu de considérer l'exercice comme allant de soi et déjà connu des élèves – peut permettre d'offrir à ceux-ci une véritable préparation à l'oral de l'EAF. Pour l'entretien, il s'agit d'envisager la dimension de questionnement sous différents angles – et ce dès la classe de Seconde.

L'épreuve rassemble donc deux types d'exercices oraux : l'un extrêmement codifié, voire ritualisé, l'exposé ; l'autre plus libre, l'entretien. Ils mettent en jeu des compétences différentes au niveau de l'oral.

Cependant, l'approche d'un oral intégré aux différentes pratiques langagières exigées des élèves au lycée correspond plus à nos pratiques. Il est aussi logique d'aborder de cette façon l'oral si l'on considère que ce sont les situations de communication qui déterminent l'utilisation de la langue.

Un partage se dessine aussi, entre oral pour apprendre et oral objet d'apprentissage, qui correspond à l'évidence à nos pratiques de cours. À l'écrit est dévolu la dimension cognitive, l'oral jouant lui un rôle de vecteur. Il est très rare que l'oral en classe fasse l'objet d'un travail qui a pour finalité une pratique discursive orale. S'il est évident que, au lycée, préparer les élèves à l'épreuve anticipée passe par une utilisation de l'oral comme vecteur d'apprentissage, peut-être faut-il envisager que les deux épreuves orales du bac puissent faire l'objet d'un véritable travail sur l'oral. Un des principes de la question posée par l'examinateur au candidat est de permettre de faire de l'exercice un oral véritable et non un simple « discours second[4] » reprenant une explication déjà menée en classe par le professeur ou bien une simple oralisation d'un écrit. Le brouillon élaboré par les élèves le jour du bac, par exemple, doit donc devenir de l'écrit au service de l'oral et ce dernier passe donc au premier plan. Ces attentes suppose évidemment que l'élève soit préparé à l'exercice, durant l'année de Première, mais aussi dès la Seconde.

Une réflexion doit être menée pour mettre en évidence les compétences qui sont en jeu dans la communication orale. C'est à partir de ces compétences sériées qu'une didactique de l'oral peut être mise en place de façon judicieuse.

---

4. Élizabeth Nonnon, « Prise de parole autour des textes et travail sur l'oral au lycée », *op. cit.*

Pour savoir comment travailler l'oral, il faut tout d'abord s'efforcer de comprendre ce que recouvre le terme dans le cadre du cours de français au lycée.

Le terme «oral» est un adjectif qui désigne ce qui se transmet de vive voix, par la parole. Il s'oppose ainsi à « écrit ». C'est avant tout dans un contexte scolaire que l'on trouve l'emploi substantivé. Pour les professeurs comme pour les élèves, le terme est employé alors dans différents contextes. Il s'agit par exemple de travailler – mieux ou plus – l'oral, de passer un oral ou bien encore d'être bon à l'oral... Comment mieux appréhender cette notion au demeurant simple pour pouvoir effectuer un réel travail auprès de nos élèves ?

On peut se placer dans une première perspective, qui est celle des Instructions officielles. On voit apparaître une première opposition entre des écrits oralisés, qui sont préparés par des écrits antérieurs, et des oraux spontanés, ou improvisés[5]. Une deuxième distinction est opérée entre un oral que l'on peut appeler monogéré, dans lequel le locuteur s'exprime seul à destination d'un public qui n'intervient pas, et un oral polygéré – celui, pour simplifier, de la discussion. Il est facile de voir que les deux épreuves de l'EAF peuvent se distribuer selon ces deux séries : l'exposé est un écrit oralisé monogéré, l'entretien est un oral polygéré, qui progresse dans l'interaction des locuteurs. Dans les deux cas, nous sommes bien dans le cadre de l'oral : l'exposé n'est en rien un «faux» oral sous prétexte qu'il prend appui sur des notes.

Ces distinctions, commodes dans le cadre de la préparation à l'EAF[6], ne sont pas satisfaisantes pour prendre pleinement en compte des différents aspects de l'oral. De plus, elles ne vont pas sans poser problème. L'exposé n'est pas réellement un écrit oralisé : le temps réduit dont le candidat bénéficie pour préparer son oral, la découverte d'une question oblige l'élève à une prise de note minimale, même s'il connaît bien le texte. D'autre part, l'oral en jeu dans le débat ou la discussion n'est pas sans lien avec un écrit antérieur, comme on le verra dans le débat régulé.

Nous proposerons ici une autre typologie en distinguant quatre niveaux qui, s'ils n'épuisent pas les différents aspects des enjeux de l'oral en classe[7], permettent d'envisager plusieurs pistes concrètes de travail sur l'oral.

---

5. Cette distinction ne recoupe pas la séparation entre la langue de la conversation courante et celle des productions élaborées : la première appartient à la sphère privée et n'est pas abordée ici en tant que telle.

6. C'est cette distinction que nous adopterons pour envisager la préparation à l'EAF tant il est vrai que les critères de réussite des deux parties de l'épreuve résultent de la définition de ces deux types d'oraux.

7. Nous laisserons notamment de côté plusieurs questions : celle de la place des oraux du quotidien dans le cours, celle de la dimension psychologique de la prise de parole des élèves ainsi que celle des sociolectes. Ces aspects de la réflexion sur l'oral dépassent le cadre que nous nous sommes ici fixés en ayant comme horizon les épreuves orales du baccalauréat.

Il s'agit tout d'abord des exercices de prise de parole plus ou moins codifiés que l'on demande à l'élève de fournir, soit tout au long de l'année, soit dans le cadre de l'examen. Le second niveau est celui de la langue parlée, c'est-à-dire ce mode particulier d'actualisation de la langue qui est en jeu dans la communication orale. Dans un troisième temps, on peut envisager l'oral sous l'aspect des échanges qui ont lieu dans l'espace du cours ; on parlera alors des interactions verbales dans la classe. L'oral, pour finir, met en jeu des postures, des gestes, un ensemble de caractéristiques qui dépassent le langage verbal et s'ancrent dans la dimension corporelle.

C'est l'ensemble de ces niveaux – qui au demeurant sont en interaction – que le travail sur l'oral doit solliciter dans la perspective de l'examen. Dans le premier aspect, l'approche par le biais du genre formel est intéressante, et l'on se situe dans le cadre de la préparation à l'épreuve orale.

Le second niveau, celui de la langue parlée, ou du « français parlé » selon le terme de certains linguistes permet d'avoir l'approche réflexive que les Instructions officielles proposent d'aborder au lycée. On peut ainsi envisager dans ce cadre la tradition orale de la littérature – de l'aède au griot – mais aussi les « faux oraux » des dialogues de romans qui sont bien éloigné d'un oral « véritable » tel que l'on pourrait le transcrire. Toujours dans ce cadre, il est intéressant d'aborder également avec les élèves certains des traits spécifiques de la langue parlée. Il existe en effet beaucoup d'*a priori* et des incertitudes quant aux attentes : les élèves demandent ainsi parfois si à l'oral du bac il faut « parler comme on écrit »...

Les interactions verbales dans le cours permettent de mettre en évidence les différentes opérations que l'on effectue en parlant dans le cadre du cours de français : reformuler, définir, citer... Autant de compétences que le candidat mettra activement en œuvre dans les deux parties de l'épreuve du bac.

Le dernier aspect, enfin, peut également être travaillé en relation avec les genres oraux – en envisageant, par exemple, quelle posture adopter dans un exposé –, mais aussi faire l'objet, on le verra, d'exercices que le professeur gagnera à ne pas relier nécessairement à un objectif de préparation des épreuves orales.

III – Caractéristiques de l'oral

Si nous souhaitons ici rappeler quelques éléments du fonctionnement de l'oral tel qu'il a été analysé dans les travaux de linguistes, c'est de façon succincte et surtout avec le souci d'en montrer les implications didactiques. L'enjeu est encore celui d'une clarification de ce qu'est l'oral. Bien que les injonctions institutionnelles qui nous invitent à le travailler ne manquent pas – comme on a pu le voir avec la synthèse de ce que préconisent les Instructions officielles en la matière – on y renonce souvent faute de savoir ce qu'il s'agit d'enseigner ou de pratiquer avec les élèves.

Logiquement, on définit principalement l'oral en fonction de l'écrit, en insistant sur les différences de fonctionnement de ces deux modes d'actualisation de la langue.

L'oral se caractérise tout d'abord par une situation de communication particulière. C'est une communication directe, par opposition à la communication différée qui est à l'œuvre à l'écrit. Le tableau ci-dessous propose une représentation simplifiée du fonctionnement des deux types de communication. Même si les situations de communication différent dans le détail selon les oraux envisagés (qu'ils soient de type «exposé» ou «discussion»), la gestion de la communication et ses conséquences sur le discours sont globalement identiques.

Communication orale	Communication écrite
Directe : locuteur et allocutaire sont co-présents	Différée : émetteur et récepteur ne sont pas en présence
Canaux : sonore et visuel	Canaux : écriture, lecture
Situation de la communication : – importance du non-verbal ; – possibilité de reformuler, répéter, corriger... en fonction des réactions de l'allocutaire ou de l'interlocuteur ; – le message progresse dans la gestion commune de la communication.	**Situation de la communication :** – le récepteur doit construire le sens à l'aide des indices donnés par l'émetteur ; – la réception du message n'est pas linéaire : on peut s'arrêter, revenir en arrière.

Cette communication particulière a pour conséquences des effets sur le discours qui caractérise la langue parlée. Or le fonctionnement particulier de ce « français parlé » est souvent mal connu tant il est vrai que l'écrit historiquement domine le champ scolaire.

C'est tout d'abord en la confrontant avec l'écrit que l'on peut mettre en évidence des traits spécifiques de la langue orale. La représentation de l'oral est souvent liée à la perception d'un écrit qui incarnerait la correction et le bon usage de la langue face à un oral défectueux. C'est bien la question de la norme qui se pose, celle-ci étant incarnée par la langue écrite. L'image du «français parlé» – l'expression est au demeurant ambiguë au point de signifier à la fois « le français que l'on parle » et un langage populaire, familier, incorrect – est celle du registre familier et d'un maniement fautif de la langue. Des manuels de méthode récents évoquent par exemple dans le chapitre portant sur l'oral la question des niveaux de langue... Or il existe à l'écrit comme à l'oral différents niveaux de langue. Claire Blanche-Benveniste pour sa part rapporte une anecdote éloquente sur les représentations que les élèves – il s'agit ici d'un élève de primaire – ont de leur propres pratiques orales.

L'élève se voit lui même comme « parlant mal » et explique qu'il « parle avec des fautes d'orthographe[8] »...

Nous ne sommes pas si loin des représentations des lycéens. Un grand nombre d'élèves aborde l'épreuve orale du bac avec une grande inquiétude. Les raisons sont certes multiples, mais une telle inquiétude, plus vive encore, bien souvent, que celle dont l'épreuve écrite fait l'objet, tient pour une bonne part à un sentiment de non-maîtrise d'un oral dont ils savent qu'il ne correspond pas à leurs pratiques langagières quotidiennes et dont ils se font une représentation floue. S'agit-il d'un écrit oralisé ? Si tel est le cas, les difficultés leur paraissent – et sont – immenses : à la maîtrise d'une langue écrite considérée comme étant la norme s'ajoute les exigences de l'expression orale : regarder l'interlocuteur, ne pas lire ses notes... Faut-il parler « spontanément » ? Les attentes en matière de niveau de langue ou de vocabulaire peuvent alors inhiber la parole spontanée.

Pourtant, les linguistes s'accordent sur ce point, une telle conception de l'oral comme langue seconde et inexacte en regard d'un écrit normatif ne correspond pas à la réalité. Notre perception même est faussée par l'influence de l'écrit et c'est à partir des critères de la langue écrite que nous déclarons fautive ou incorrecte telle ou telle production orale. Il existe un « *continuum* de pratiques différentes de la langue, tant par écrit que par oral[9] ». Le choix de la syntaxe et du lexique intervient en réalité en fonction de la situation, du sujet, du contexte.

Entre l'écrit et l'oral, qu'est-ce qui diffère ? Comme on a pu le voir, ce sont tout d'abord les situations de communication qui ne sont pas similaires. La communication orale est immédiate et directe. Les interlocuteurs sont « co-présents », dans une situation spatio-temporelle déterminée. À l'inverse, la communication écrite est différée et la coupure entre le moment ou l'énoncé est produit et le moment de sa réception peut engendrer des problèmes d'interprétation. Les conséquences de cette divergence fondamentale sont nombreuses.

Le point sur : Une grammaire de la langue parlée[10] ?

Les travaux des linguistes sur la grammaire de l'oral réfutent tout d'abord l'idée selon laquelle il existerait un « code "écrit" et un "code oral" » d'une langue, comme si on pouvait faire correspondre ce qui se dit et ce qui s'écrit.

---

8. Claire Blanche-Benveniste, « Faire des phrases », *Le Français aujourd'hui* n° 101, mars 1993.
9. Claire Blanche-Benveniste, *Approches de la langue parlée en français,* Paris, Ophrys, 2000, p. 35.
10. Pour une présentation complète et abordable des différents aspects de la grammaire de l'oral, on peut consulter l'ouvrage de Claire Blanche-Benveniste, *Approches de la langue parlée en français (op. cit.).*

Pour ce qui est de la syntaxe, la perception que l'on a d'une syntaxe orale qui serait incohérente du fait des nombreuses hésitations et redites ne correspond pas à la réalité. En revanche, il est vrai que les outils d'analyse de la langue écrite manquent parfois de pertinence pour analyser la langue parlée. C'est le cas par exemple de la notion même de phrase, qui n'existe pas dans l'oral de la conversation. Les différences en matière de morphologie sont plus nettes encore: de nombreuses marques – de pluriel, de féminin, certaines désinences – ne sont pas présentes à l'oral.

En réalité les modifications de syntaxe, de morphologie, de vocabulaire découlent des conditions de production des discours. Fondamentalement, en effet, on ne peut observer aucune spécificité radicale dans la langue orale.

En revanche, il est manifeste que les productions sont très différentes. L'oral fonctionne par exemple avec une économie des moyens linguistiques qui s'explique en grande partie par la situation de «co-présence» des interlocuteurs: le contexte, un geste ou un signe viennent suppléer à ce qui serait à l'écrit une lacune du discours qui rendrait problématique sa compréhension: la communication, on y reviendra, utilise alors des moyens que l'on pourrait qualifier de non-linguistiques ou de non-verbaux.

Comment analyser ces différences de production lourdes de conséquences? L'écrit résulte de choix opérés selon un «déroulement linéaire orienté». Le linguiste Saussure a ainsi représenté le langage sur le modèle des deux axes, l'axe syntagmatique et l'axe paradigmatique.

L'axe des syntagmes est celui du déroulement linéaire de la lecture, il est représenté horizontalement. L'axe des paradigmes n'apparaît pas à la lecture puisqu'il correspond à tous les termes parmi lesquels le locuteur a opéré un choix. Or un tel modèle ne fonctionne pas à l'oral. Ou, plus exactement, la langue orale laisse apparaître ce qui reste à l'état de potentialité dans le texte écrit. Ainsi, à l'oral sont souvent conservés tous les éléments de l'axe paradigmatique. Claire Blanche-Benveniste[11] propose la transcription suivante d'un oral: « ce qui était fantastique dans ce... dans ce... camping, enfin dans ce..., cet hôtel c'est qu'on était carrément en face du Killimandjaro »

On voit ici clairement que tous les «essais linguistiques» sont conservés dans la production orale. L'oral procède souvent par retouches, par modification successives au moment même de l'énonciation, mais aussi par multiplication d'incidentes. Comme le conclut Claire Blanche-Benveniste, «le discours n'est plus une construction linéaire».

Comme le souligne Claire Blanche-Benveniste dans la conclusion de cet ouvrage, la «description grammaticale de la langue parlée n'est pour l'instant pas aussi développée que celle de la langue anglaise ou allemande ». Difficile, par ailleurs, d'entrer dans le détail d'opérations complexes de correspondances observées sur des corpus impossibles à retranscrire ici. Nous nous bornons donc à faire des remarques générales sur les traits les plus marquants de la langue parlée.

11. *Ibid*, p. 17.

Françoise Gadet montre pour sa part que l'oral est marqué par de constants « accidents du déroulement » qui laisse voir les traces de son élaboration dans l'énonciation. Elle précise aussi qu'un tel fonctionnement de la langue orale n'est pas le signe d'un « mauvais » oral mais que les personnes qui « parlent bien » procèdent de cette même façon[12].
Malgré les différences importantes en matière de morphologie, il semble bien que les travaux les plus récents des linguistes tendent à réfuter l'idée selon laquelle il y aurait deux grammaires, une du français écrit et l'autre du français parlé. Mais rien n'est figé : les recherches sur l'oral se développent et s'enrichissent de nouveaux moyens techniques - notamment pour transcrire la langue parlée et mieux travailler sur les corpus.

Quelles sont les conséquences en matière de didactique de l'oral de ces traits spécifiques de la langue orale tels que les linguistes ont pu les observer ?

Tout d'abord, il semble important de retenir l'idée qu'entre l'écrit et l'oral, il existe un *continuum* de pratiques variées qui changent selon la situation et les objectifs de la prise de parole. En effet, on peut ainsi envisager avec les élèves l'oral en terme de compétences à acquérir ou à développer en fonction d'une situation donnée. On retrouve alors la distinction entre différentes types d'oraux.

Par exemple une prise de parole de type exposé mobilise des compétences physiques (capacités à maîtriser sa voix, sa posture...), communicationnelles (prendre en compte le destinataire...), linguistiques (adapter le niveau de langue, choisir les bons termes en élucidant ceux qui peuvent poser problème à l'auditoire...), argumentatives. On peut voir dans cette liste que certaines compétences recoupent la communication écrite et la communication orale même si elles s'expriment différemment, alors que d'autres sont spécifiques. Dans la classe il est possible de mettre en évidence ces séries de compétences à partir d'un premier oral (exposé, débat ou entretien) à partir duquel on élabore une grille qui expose chaque compétence et les capacités qui correspondent. Les élèves disposent ainsi d'une « fiche-outil » élaborée en commun et à partir de laquelle il peut s'auto-évaluer au fil des exercices oraux proposés par le professeur.

Parler suppose ensuite de s'adapter à son auditoire ou aux interlocuteurs qui interviennent dans une situation donnée. Les élèves ont à produire un oral qui se distingue de productions spontanées, courantes ou fonctionnelles. Cela se traduit

---

12. Françoise Gadet, « L'oral : quelles modalités de productions pour quelles significations », extrait des actes du séminaire *Perspectives actuelles de l'enseignement du français*, Paris, 23, 24, 25 octobre 2000.

principalement par des exigences en terme de niveau de langue mais aussi dans l'attention portée à la dimension argumentative des propos.

Pour ce qui concerne enfin les « turbulences » propres à la langue parlée on peut noter qu'elles ne se retrouvent pas seulement dans la langue quotidienne mais qu'elles s'observent également dans des oraux scolaires, y compris dans les exposés. Elizabeth Nonnon relate un travail d'observation des productions orales d'élèves observées lors d'un bac blanc[13]. Elle constate que les exposés considérés comme les meilleurs par les enseignants sont ceux dans lesquels l'élève s'implique – par exemple en utilisant des modalisateurs. Les ruptures, reprises ou corrections sont alors les marques d'une maîtrise de l'oral et d'une prise en charge du processus interprétatif. Ils sont aussi la preuve d'un discours oral contrôlé qui permet les incises et et les digressions pertinentes.

Il convient de noter que cette observation a été faite antérieurement à la réforme instituant le système de la question posée au candidat. Or idéalement, cette réforme doit permettre de favoriser de véritables oraux et non les écrits oralisés qui ne font que restituer le discours premier du professeur sur le texte. Encore faut-il que l'élève soit préparé durant l'année à un tel exercice, qui met en œuvre des compétences variées : on y reviendra.

Il semble donc opportun de faire avec les élèves un travail qui leur permettent de se représenter l'oral, pour sortir de ce qu'ils ressentent comme une double impasse : soit produire un oral spontané et immédiat qui ne correspond pas aux attentes scolaires, soit imaginer l'oral comme un discours restituant à l'oral les caractéristiques d'une langue écrite très fortement normée.

13. Élizabeth Nonnon, « Prise de parole autour des textes et travail sur l'oral au lycée », *op. cit.* L'observation a été menée à partir de fiches d'enseignants du lycée Jean-Bart de Dunkerque.

Mise en œuvre

Étudier les spécificités de l'oral, faire évoluer les représentations de l'élève[14]

Objectif : Le but de ce travail est d'envisager avec les élèves l'oral dans une dimension réflexive et non plus seulement de le pratiquer. Il permet de faire prendre conscience des idées reçues sur l'oral et de mettre en place quelques éléments d'analyse des spécificités de la langue orale. Il s'agit là de montrer comment fonctionne un oral véritable, et non un écrit oralisé – la distinction aura été posée préalablement. L'oral n'est pas seulement envisagé en tant que tel puisque la séance débouche sur la lecture de textes dans lesquels l'oral joue un rôle à différents titres.

Déroulement : L'exercice fait l'objet d'une séance de module en classe de Seconde.
Le professeur distribue aux élèves la transcription d'un oral authentique issu d'une vidéo[15] sans leur préciser ce dont il s'agit. Nous avons utilisé ici l'extrait d'un documentaire sur les additifs alimentaires :

> l'idée aujourd'hui est d'aller contre ces rumeurs qui sont fausses et quand un additif est autorisé quand un édulcorant est autorisé il n'est autorisé que s'il n'est pas cancérigène que si on a pu prouver qu'il n'était pas cancérigène toute nouvelle étude est à examiner avec beaucoup d'attention mais euh cette étude là n'était... pas du tout recevable.

---

14. Pour la première partie de ce travail, on utilise l'audiovisuel pour appréhender l'oral. Dans le n° 22 de *Recherches,* paru en 1995, Marie-Louise Martinez évoque l'intérêt d'une approche de l'oral par le biais de l'audiovisuel (article « si les paroles ne s'envolent plus ou comment l'audiovisuel peut contribuer à la didactique de l'oral dans le cadre d'une approche communicationnelle en français »).

15. Transcrire l'oral est toujours une opération compliquée. On se heurte à de nombreuses difficultés. S'il est ainsi impossible de noter les modulations ou intonations de la voix, il se révèle ardu de signaler efficacement les silences ou les pauses du locuteur. Un système complexe de signes peut être adopté mais la lecture est alors alourdie. La nécessité de recourir à ce que Claire Blanche-Benveniste appelle un « trucage orthographique » peut être sujette à caution : les « j'peux », « j'm'aime »... traduisent rarement adéquatement ce que l'on entend et peuvent être interprétés. C'est parfois l'intelligibilité même du propos que l'on ne parvient pas à saisir. Pour l'exercice, il convient de proposer une transcription simple et lisible, même si elle n'est pas d'une parfaite fidélité. Certes, la démonstration est biaisée par cette impossibilité à traduire adéquatement mais l'intérêt est précisément ensuite de pouvoir travailler sur l'oral authentique par le biais de la vidéo. Quelques signes de convention peuvent être adoptés, là encore facilement compréhensibles. C'est le cas ici des // indiquant les pauses. Par ailleurs, on peut prolonger la séance en faisant transcrire aux élèves un extrait de vidéo pour qu'ils mesurent la difficulté de l'exercice et retrouve les différents éléments caractéristiques de l'oral qui ont été mis en évidence.

Les élèves sont invités à formuler leurs hypothèses sur le document : de quoi s'agit-il ? Qui parle et à qui ? Les premières remarques pointent du doigt la maladresse, les répétitions – ou mêmes les contradictions – du discours. Le fait qu'il s'agit d'un discours oral transcrit est formulée comme hypothèse du fait de la présence du « euh ». L'impression générale est alors que l'on a affaire à un discours laborieux, à un locuteur maladroit ou « parlant mal ».

On confronte alors la transcription avec l'oral véritable en visionnant l'extrait dont est issu le « texte ». Le locuteur, un enseignant-chercheur en toxicologie maîtrise son propos, il connaît bien son sujet, il s'agit de l'interview d'un spécialiste. Par ailleurs, l'oral est jugé particulièrement clair et compréhensible.

C'est la différence de code que l'on met ainsi en évidence, au delà des imprécisions liée aux difficultés de transcription. La notion de phrase telle qu'elle est analysée à l'écrit n'existe pas. Le discours procède par incises « quand un édulcorant est autorisé », et par répétitions : « autorisé » revient à trois reprises dans un même segment. Les hésitations sont perceptibles (« euh »). Tous ces traits sont partie prenante de la langue orale ; il ne s'agit pas de fautes. La syntaxe orale procède par empilement, à la différence de l'écrit. De plus, le discours oral s'appuie sur les accents placés sur les mots-clés, qui contribue fortement à l'intelligibilité du message.

Dans un second temps, on complète cette approche de la langue parlée en proposant aux élèves la lecture de l'oral tel qu'il peut apparaître dans le roman. Il s'agit à l'évidence d'un « faux oral », bien éloigné en réalité de la langue telle qu'elle se parle. L'*incipit* de *Zazie dans le métro*[16], de Queneau, rassemble idéalement les caractéristiques de l'imitation de l'oral dans la prose romanesque. Le texte est confronté par les élèves à la transcription.

Plusieurs traits apparaissent. Pour ce qui est de l'orthographe, on relève les termes écrits en langage phonétique, « doukipudonktan », ou imitant une prononciation orale, « meussieu ». La syntaxe est également malmenée comme on peut le voir à travers l'absence des « ne » dans les tournures négatives. L'analyse des dialogues met en évidence le fait que pour mimer l'oral, l'écrit s'éloigne des traits d'un oral véritable tout en adoptant des tournures que l'on attribue à l'oral : l'utilisation de l'apocope, comme dans « ptite mère » ou

16. Raymond QUENEAU, *Zazie dans le métro*, Folio, Gallimard, 1991.

« t'entends ça... », le niveau de langue familier et argotique (« tarin », « pige »... [17]).

> Doukipudonktan, se demanda Gabriel excédé. Pas possible, ils se nettoient jamais. Dans le journal, on dit qu'il y a pas onze pour cent des appartements à Paris qui ont des salles de bain. Ça m'étonne pas, mais on peut se laver sans. Tous ceux là qui m'entourent, ils doivent pas faire de grands efforts. D'un autre côté, c'est tout de même pas un choix parmi les plus crasseux de Paris. Y a pas de raison. C'est le hasard qui les a réunis. On peut pas supposer que les gens qu'attendent à la gare d'Austerlitz sentent plus mauvais que ceux qu'attendent à la gare de Lyon. Non vraiment, y a pas de raison. Tout de même quelle odeur.
> Gabriel extirpa de sa manche une pochette de soie de couleur mauve et s'en tamponna le tarin.
>
> « Qu'est-ce qui pue comme ça ? » dit une bonne femme à haute voix.
>
> Elle pensait pas à elle en disant ça, elle était pas égoïste, elle voulait parler du parfum qui émanait de ce meussieu.
>
> « Ça, ptite mère, répondit Gabriel qui avait de la vitesse dans la répartie, c'est Barbouze, un parfum de chez Fior.
>
> – Ça devrait pas être permis d'empester le monde comme ça, continua la rombière sûre de son bon droit.
>
> – Si je comprend bien, ptite mère, tu crois que ton parfum naturel fait la pige à celui des rosiers. Eh bien, tu te trompes, ptite mère, tu te trompes.

Dans un troisième et dernier temps de la séance, on aborde un autre aspect de l'oral dans le texte littéraire. La notion d'oralité est mise en évidence à travers un poème de Michaux, extrait du recueil *Qui je fus* [18]. Les élèves sont invités en premier lieu à lire silencieusement le texte. Le sentiment d'incompréhension cède partiellement à la lecture a voix haute : les sonorités, le rythme mime le combat. L'oralité du texte poétique lui est ici consubstantielle.

17. Il est possible de choisir des textes dans lesquels on retrouve des traits plus spécifiques de la langue parlée, tels que les incises, les entassements paradigmatiques etc. On peut retrouver dans les romans de Céline ou de Beckett ces caractéristiques. Cependant l'analyse est plus complexe et dépasserait certainement le cadre que l'on se fixe dans cette séance de module. Il ne s'agit pas en effet d'imiter l'oral ou même d'utiliser la langue parlée. Elle est un matériau qui nourrit l'écrit en se transformant profondément dans le passage à la langue écrite.

18. Henri MICHAUX, *Œuvres complètes,* Bibliothèque de la Pléiade, p. 118-119. Par ailleurs dans son ouvrage *Approches de la langue parlée en français,* Claire Blanche-Benveniste analyse le travail poétique d'Henri Michaux, qui selon elle dévoile de façon privilégiée les opérations mises en œuvre dans la langue parlée (chapitre I, le parlé et l'écrit).

Le Grand combat

A R.M. Hernant

Il l'emparouille et l'endosque contre terre ;
Il le rague et le roupète jusqu'à son drâle ;
Il le pratèle et le libucque et lui barufle les ouillais ;
Il le tocarde et le marmine,
Le manage rape à ri et ripe à ra.
Enfin il l'écorcobalise.

L'autre hésite, s'espudrine, se défaisse, se torse et se ruine.
C'en sera bientôt fini de lui ;
Il se reprise et s'emmargine... mais en vain
Le cerceau tombe qui a tant roulé.
Abrah ! Abrah ! Abrah !
Le pied a failli !
Le bras a cassé !
Le sang a coulé !
Fouille, fouille, fouille,
Dans la marmite de son ventre est un grand secret
Mégères alentour qui pleurez dans vos moucjoirs ;
On s'étonne, on s'étonne, on s'étonne
Et on vous regarde
On cherche, nous autres, le Grand secret.

Il existe dans l'expression orale des composantes physiques. C'est un domaine dans lequel il est souvent difficile pour un professeur de lettres d'intervenir tant il est vrai qu'il semble éloigné de son champ de compétences. Cependant la réussite de l'oral passe aussi par ces aspects non-linguistiques. C'est l'aisance de l'élève dans l'oral, sa posture qui entrent ici en jeu. Là encore des pistes d'apprentissage existent.

La communication orale utilise des moyens non-verbaux qui déterminent de nombreuses caractéristiques de la langue parlée. Ce qui est de l'ordre du verbal est réduit puisque le non-verbal porte une part importante de l'information. Ces éléments conditionnent donc tout d'abord l'intelligibilité même du message produit.

Mais les éléments non-verbaux contribuent aussi à une plus grande efficacité de l'expression orale. Une gestuelle posée et maîtrisée, une voix claire et audible, des pauses ménagées à des moments-clés permettent de faciliter l'écoute et de la stimuler.

Si l'on s'efforce de décomposer les différents aspects qui sont en jeu dans la dimension physique de l'expression orale, on peut aboutir au tableau suivant, qui présente les éléments que les élèves devront prendre en compte dans une prestation orale.

On peut choisir, après la prestation orale d'un élève – que ce soit dans un exposé type-bac ou bien dans une prise de parole organisée quelle qu'elle soit – de travailler tel ou tel point du tableau. Par exemple, on peut donner des conseils pratiques pour donner du relief aux intonations, qui jouent un rôle décisif pour capter l'attention de l'auditoire : accentuer le mot essentiel de la phrase, articuler soigneusement les mots importants, ponctuer nettement les finales… Ces conseils peuvent ensuite faire l'objet d'une fiche récapitulative.

	Intelligibilité du message	**Efficacité du message**
Voix	Voix audible, élocution suffisamment claire.	– **Débit :** il doit être dynamique et non précipité ; il témoigne de l'aisance de la prise de parole en la rendant fluide. – **Articulation :** elle doit être distincte et claire : les mots sont prononcés syllabe par syllabe sans exagération. – **Volume :** voix audible, ni trop forte ni trop faible, adaptée aux situations de production du message (bruit éventuel, acoustique du lieu…). – **Intonation :** les variations de hauteur et d'intensité que prend la voix permettent de mettre l'accent sur un mot ou une expression importants, un ton animé rend plus vivant l'exposé.
Regard	Le regard désigne un élément du contexte, suggère une modalisation.	Regarder les co-locuteurs, l'auditoire ; vérifier leur attention ou leur compréhension.
Gestuelle	Les mains peuvent désigner un élément dans la situation d'énonciation, des mimiques peuvent remplacer ou étayer des propos.	Gestes posés et maîtrisés, accompagnant et appuyant les propos ; absence de gestes connotant la désinvolture (mains dans les poches ou sur les hanches…)…
Silence, pauses		Une pause met en valeur un moment important dans une prise de parole organisée ; un silence montre après une question que l'on prend le temps de la réflexion.

Mise en œuvre

Jeux dramatiques pour développer l'expression orale en classe de Seconde : les *Diablogues* de Dubillard[19] ou la langue incorporée.

Objectif : Mettre en œuvre au sein de la classe des jeux dramatiques permet de travailler de façon efficace l'oral. En effet, l'expression non verbale joue un rôle important, accompagnant de façon riche et complexe l'expression verbale. Le travail sur les gestes mais aussi sur la voix trouve ici un cadre évident. Par ailleurs, c'est le plus souvent un travail fécond car les élèves sont naturellement très impliqués dans un exercice ludique : le professeur passe au second plan une fois le travail préparatoire effectué.
Pour autant, il ne s'agit pas de mettre en œuvre des pratiques théâtrales. Le professeur de français n'est pas un metteur en scène, pas plus que les élèves ne sont des comédiens. Le but n'est donc pas d'aboutir à une représentation théâtrale, mais à des formes de jeux dramatiques s'exerçant au sein de la classe puisque les élèves présentent à tour de rôle et devant leurs camarades le résultat de leur travail. Il s'agit donc d'aborder un des aspects de la mise en scène, celui de la mise en espace.

Déroulement : Dans une première séance de deux heures, trois pièces brèves de Roland Dubillard extraites des *Diablogues* sont distribuées aux élèves[20]. Il s'agit de « Consultation », « Le Plongeon », « C'est pour demain »[21]. Dans un premier temps, l'ensemble de la classe lit ces textes brefs et un travail préparatoire rapide est mené. Il s'agit de mettre en évidence quelques caractéristiques simples de ces textes : la présence de deux personnages (les « diablogues »), le registre comique, la rareté des didascalies.
Dans un second temps, les élèves, par binômes, choisissent l'une de ces pièces. Le choix fait l'objet d'une discussion entre les deux élèves, et le professeur demande à chaque groupe d'expliquer ce qui a motivé leur décision.

---

19. Cette fiche pratique s'inspire d'une séquence menée dans une classe de Seconde par Éric Billollet que nous remercions pour cette contribution.

20. Les références de pages correspondent à l'édition Folio des *Diablogues et autres inventions à deux voix*, Paris, Gallimard, 1998. On se contente ici de faire le compte rendu des objectifs concernant l'oral dans la séquence. On peut choisir d'effectuer ce travail dans une séquence qui propose l'étude des *Diablogues* en œuvre intégrale, mais il est également possible d'intégrer ce travail à l'étude d'une autre œuvre intégrale. Par ailleurs, les courtes pièces de Jean-Michel Ribes se prêtent également tout à fait à ce type de jeux dramatiques : Jean-Michel Ribes, *Monologues, Bilogues, Trilogues*, Paris, Actes Sud, 1997.

21. P. 67 et *sq*, 118 et *sq*, 167 et *sq*.

C'est à partir de ces premières impressions que commencent à se dessiner les premières idées de mises en voix des textes.
Dans un dernier temps, le professeur met en évidence les enjeux des mises en voix et des mises en espace. Il s'agit bien de faire émerger ou de susciter les significations du texte dramatique. Pour cela, on choisit certains gestes pour accompagner les répliques, des intonations, un rythme qui font sens. La langue devient incorporée. Les élèves ont pour consigne de faire le travail de mise en espace de l'ensemble de la pièce en explicitant leurs partis pris dans un «carnet de bord» de la mise en espace et en voix. En découpant dans le texte des séquences, ils devront expliquer pourquoi ils ont privilégié le registre comique ou au contraire donné une certaine gravité à leur interprétation.
Il s'agit maintenant pour les élèves d'apprendre le texte et de s'exercer à la jouer. Une séance intermédiaire est nécessaire avant une «représentation» devant l'ensemble de la classe.

Chapitre 2

L'oral en classe de français : vecteur et objet d'apprentissage

Dans le cadre de l'enseignement du français au lycée, l'oral occupe une place particulière. Certes, comme toutes les disciplines, le cours de français utilise l'oral comme vecteur d'apprentissage. Le français au lycée est évalué lors de l'épreuve anticipée de l'EAF. Mais la spécificité de cet examen est qu'il comporte une épreuve orale affectée du même cœfficient que l'épreuve écrite, et qui évalue outre un contenu, des compétences propres à la conduite de l'oral, exposé dans sa première partie et entretien dans la seconde. La préparation à l'examen implique donc de constituer l'oral en objet d'apprentissage explicite. Nous retrouvons ici la distinction entre l'oral comment moyen d'enseigner, d'apprendre, et l'oral comme objet de l'enseignement. Le premier est centré sur l'élève, s'interroge sur les pratiques de prise de parole de l'élève, sa valeur dans l'espace de la classe et l'appropriation des contenus ; le second pôle est centré sur l'interaction et les conditions de prises de parole.

L'enjeu proposé est donc double : il s'agit d'une part de bien cerner et de préciser les compétences et connaissances en jeu qui seront évaluées le jour de l'oral de l'EAF et de mener en conséquence un apprentissage en classe dans la perspective de l'examen. Mais l'enjeu se situe également au niveau de l'enseignement du français : quelle est la place de l'oral dans cet enseignement ? En quoi l'oral intervient-il, pour construire quel savoir ?

Il n'est pas besoin de démontrer la présence de l'oral en tant que vecteur d'apprentissage dans la conduite du cours de français. Nous nous intéresserons à quelques situations de classe où l'oral intervient, pour montrer qu'il s'articule constamment avec l'écrit. Nous préciserons les modalités et l'intérêt de cette interdépendance pour l'enseignement du français et de la littérature tant à l'écrit qu'à l'oral. Pour évoquer l'oral en tant qu'objet d'apprentissage, nous avons choisi de mener une réflexion sur les prises de parole organisées : nous proposerons un large éventail d'exercices qui peuvent être orientés vers une préparation à l'oral de l'EAF, dans une progression didactique de la Seconde à la Première.

I – Lien oral-écrit

On établit traditionnellement comme principe permettant de distinguer écrit et oral le postulat selon lequel il existerait une différence fondamentale de nature entre langue écrite et langue parlée. Or les travaux de ces dernières années ont bien montré qu'il n'existait pas de langue orale mais un « français parlé » autrement dit un mode d'actualisation de la langue parlée ; il n'existerait donc pas deux systèmes distincts mais différentes façons de produire un discours dans des conditions d'énonciation différentes. Les linguistes refusent ainsi d'opposer oral et écrit en vertu d'une dichotomie qui distinguerait un discours familier et spontané à un discours plus préparé et sophistiqué. Il s'agit en effet de prendre conscience qu'il existe des oraux, comme il existe des écrits, en fonction de situations de communication distinctes.

L'oral peut ainsi être spontané dans le cadre d'une conversation, ou plus élaboré lorsqu'il prend appui sur un support écrit ; de même pour les différents modèles d'écrit dont la forme et le contenu peuvent varier en fonction du destinataire, du support et de l'objet du discours. On voit ici le lien entre le discours produit dans ces différentes circonstances, avec la notion de registre de langue. Ainsi, des oraux peuvent se tenir dans un registre soutenu alors que des écrits peuvent *a contrario* être rédigés dans un registre familier. Enfin, la frontière entre écrit et oral est d'autant plus brouillée que de nombreux oraux prennent appui sur un support écrit : un discours prononcé par une personnalité politique, certains exposés d'élèves. Il s'agit ici de formes mixtes : écrits oralisés ou oraux « rédigés » ?

Dans l'enseignement des lettres, la relation d'interdépendance qu'entretiennent écrit et oral semble évidente : si la construction disciplinaire est liée au mode écrit, l'appropriation passe essentiellement par la transmission orale. Notre discipline doit donc particulièrement s'interroger sur la place qu'elle accorde à la parole de l'élève dans le cadre de la situation d'apprentissage que constitue le cours de français d'une part, et sur l'articulation entre oral et écrit dans le déroulement du cours d'autre part.

L'échange verbal, avec ses implications que sont l'écoute de l'autre et la prise de parole contrôlée implique des enjeux sociaux sur lesquels nous ne nous attarderons pas ici. Cet échange pose en tout cas nettement le poids de la parole de l'élève, tant au niveau qualitatif qu'au niveau quantitatif dans l'espace du cours : quelle place est laissée à la parole de l'élève proportionnellement à celle de l'enseignant, par exemple dans le cadre de la lecture analytique d'un texte ? Quelle valeur est donnée à cette parole, comment est-elle prise en compte par l'enseignant, dans quelle mesure permet-elle de faire progresser l'élève et ses camarades dans la compréhension du texte ? À l'inverse, quelle représentation chaque élève a-t-il de sa propre parole et de celle de ses camarades ? La revalorisation de cette parole constitue sans aucun doute le meilleur moyen pour lever toute inhibition et inciter les élèves à s'exprimer, à donner leur point de vue ou leur interprétation des textes. La participation de la classe à la conduite du cours passe en effet nécessairement par la prise de conscience de la part des élèves que leur parole a un sens, un intérêt, et que cette parole peut être profitable pour tous.

Or l'écrit paraît un moyen privilégié de susciter et stimuler la parole de l'élève. C'est dans l'imbrication des phases d'oral et d'écrit, dans le va-et-vient constant entre la réflexion propre à l'élève, la mise en commun collective et la formulation personnelle que se bâtit le cours de français. L'écrit se construit en effet à partir de raisonnements métalinguistiques verbalisés à l'oral. Ce mouvement oscillatoire entre écrit et oral paraît particulièrement productif dans la mesure où il génère des apprentissages sur le mode de l'approximation, permettant de cerner peu à peu le sens, de le verbaliser, avant d'en laisser une trace écrite. La pensée se construit ainsi dans un mouvement où l'oral permet à la fois la formulation d'un sens, partant du texte écrit pour aller vers une élucidation du sens à l'oral, et la reformulation de ce sens énoncé à l'oral dans un écrit plus personnel à l'élève.

1 – Dimension pragmatique ou la prise en compte du contexte / du destinataire : donner du sens à l'écrit

La communication orale a ceci de remarquable qu'elle fait passer au premier plan une dimension qui reste *a priori* plus difficilement perceptible à l'écrit : la prise en compte d'un espace de communication particulier, qui engage le locuteur à être particulièrement attentif à la fois à sa propre posture et à l'attitude et aux réactions de son auditoire. L'élève doit se rendre compte que toute parole, et *a fortiori* la sienne, doit nécessairement s'adapter en fonction de l'assistance à laquelle il adresse son discours. Tout discours se construit nécessairement en fonction d'un auditoire bien défini en fonction duquel la parole doit s'adapter. Tout se passe ici sur le plan des représentations : représentation que l'élève se fait de son auditoire, et inversement représentation que l'auditoire se fait de l'élève. Il doit donc se mettre dans des dispositions particulières selon le public (enseignant ou camarades) auquel il s'adresse, lui proposer une image valorisante de lui tout en veillant à ce que les conditions de réception lui restent favorables.

À l'inverse, l'écrit ne propose qu'un acte de communication différée qui consiste en une décontextualisation. Ce traitement différé se marque à la fois dans l'espace et dans le temps : l'écrit ne s'adresse à son destinataire qu'ailleurs et plus tard ; mais également dans la distance entre locuteur et destinataire. On jugera ainsi ce que peuvent avoir d'artificiel les situations de communication proposées dans certains des sujets d'invention empruntés à des manuels de lycée :

À la suite d'un groupement de texte sur l'éducation au XVIe siècle, on propose à l'élève : « Une méthode d'éducation contemporaine peut-elle s'appuyer sur les principes exposés ici par Montaigne ? Dans un texte d'une trentaine de lignes, vous répondez à Montaigne en exposant votre point de vue».

En sujet d'invention à la suite d'un corpus portant sur l'éloge et le blâme, on invite les élèves à réfléchir au sujet suivant: «En vous inspirant du texte de Ph. Desportes, mais en écrivant en prose, faites l'éloge d'un personnage de la mythologie, de la littérature, ou d'une personne de l'actualité. Mettez en relief un ou des exploits, les qualités dont ces exploits témoignent, et faites comprendre sur quelles valeurs se construit cet éloge. Donnez un titre à votre article.»

Dans le premier des sujets proposés, c'est l'étude du texte de Montaigne qui fournira aux élèves un support pour la réponse argumentée de l'élève. Si le sujet prend en compte l'espace de collaboration de la lettre qui permettrait la communication, on pourra cependant remarquer que l'élève aura beaucoup de difficultés dans un contexte si artificiel (répondre à Montaigne dans une lettre qu'il ne recevra jamais...) à produire une réponse pertinente. Dans le second sujet, c'est un autre élément essentiel à tout discours argumentatif qu'est l'éloge ou le blâme qui fait défaut: l'absence du destinataire rend caduque toute tentative de discours.

À l'oral au contraire, les situations de communication permettent un meilleur investissement du sujet et la prise en compte du destinataire du discours. D'où la nécessité de faire intervenir en classe des «temps d'oral» qui permettront de lier lecture/écriture et oral.

A – Oral et argumentation

À l'oral, la confrontation polémique peut être considérée comme un dialogue à dominante argumentative au cours duquel chacun des participants tente de défendre un point de vue en développant des arguments afin de convaincre les autres participants au débat. Ce débat peut opposer deux élèves ou deux groupes d'élèves qui auront la consigne de défendre un point de vue donné. La répartition de la parole pourra faire l'objet de consignes spécifiques. Pour mener à bien l'argumentation, l'élève se trouvera placé dans une pratique de discours relativement complexe puisqu'il devra mêler plusieurs discours, tant narratif que descriptif ou informatif, comme autant d'arguments ou d'exemples à l'appui de son raisonnement. Le lien entre écrit et oral est complexe: c'est une œuvre littéraire qui est ici le support du débat oral; ce débat oral prend appui sur des notes écrites. Les élèves s'en servent durant la confrontation ; enfin, c'est ici l'oral qui permettra d'évaluer l'élève sur sa bonne connaissance à la fois de l'œuvre et du cours.

Les élèves de lycée ont généralement pratiqué l'exercice de la confrontation polémique au collège au cours de débats visant à présenter un point de vue et à le défendre, principalement dans le cadre de séquences consacrées à l'argumentation. Au lycée, l'exercice pourra être rendu plus complexe. La confrontation polémique, si elle engage principalement le discours argumentatif, ne saurait être limitée à des séquences portant sur l'argumentation. Elle engagera nécessairement une problématique littéraire et sera bien entendu conçue comme un exercice en lien étroit avec la séquence. Elle permettra à la fois d'évaluer les connaissances des élèves sur tel aspect du cours dont on a décidé qu'il devait être maîtrisé et de juger de la capacité de l'élève à exposer et défendre son point de vue. Une attention particulière sera portée aux arguments développés, à leur validité, leur nombre, ainsi qu'aux exemples fournis, étant entendu qu'ils doivent s'appuyer sur le texte ou l'œuvre dont il est question. Le débat sera précédé en amont d'une phase de préparation personnelle, mais l'élève devra organiser son raisonnement en prenant en compte la parole d'autrui, en répondant aux arguments du point de vue adverse. Le sujet de la confrontation polémique devra ainsi nettement être formulé, afin de faire apparaître de manière visible ou sous-entendue selon le niveau d'exigence, les enjeux de l'argumentation. Nous proposons deux confrontations polémiques organisées l'une en Seconde, l'autre en Première. Certains élèves ont été désignés pour préparer deux à deux la confrontation qui a lieu devant la classe et qui ne doit pas durer plus de cinq minutes. Nous présentons ici le cadre de ces oraux et les arguments avancés par chacun des élèves.

Mise en œuvre

Confrontations polémiques autour de problématiques littéraires

La Maison du Chat-qui-pelote, Honoré de Balzac

La première faisait suite à une séquence consacrée à l'étude de *La Maison du Chat-qui-pelote* de Balzac en œuvre intégrale. Cette séquence permettait d'étudier en objet d'étude principal le mouvement littéraire du réalisme et le récit en objet d'étude secondaire. En lecture cursive, les élèves avaient pu lire la préface de *Pierre et Jean* de Maupassant. Le sujet de la confrontation polémique était «Balzac est-il réaliste ou illusionniste?». La problématique engage ici nettement les connaissances de l'élève sur l'œuvre, mais également sur des notions d'histoire littéraire abordées en classe.

Balzac est un réaliste : il représente, voire il reproduit un réel préexistant

- Il affirme que l'écrivain doit copier son temps dans l'avant-propos 1842 à *La Comédie Humaine*: «La Société française allait être l'historien, je ne devais être que le secrétaire».
- Il situe son action dans des lieux réels « Au milieu de la rue Saint-Denis, presque au coin de la rue du Petit-Lion… ».

– Il décrit à travers des personnages des corps de métiers et leurs préoccupations économiques. Le marchand Guillaume est vu dans son activité commerciale, économique. On y apprend le négoce du drapier, la « tempête équinoxiale » désignée sous le nom d'inventaire, la parcimonie avec laquelle le patron nourrit ses apprentis. L'argent est omniprésent dans le roman : Balzac précise les appointements de commis, la négociation entre Guillaume et son futur gendre, l'aisance des Lebas et les difficultés financières d'Augustine et Théodore.

– Dans cette « scène de la vie privée », il évoque des phénomènes sociaux vrais, des sentiments réels que chacun peut voir ou éprouver. Ainsi Augustine découvre que l'amour et la vie ne sont pas synonymes de bonheur. Après la rencontre amoureuse, le désir de s'évader de la monotonie de la boutique familiale, la fuite hors de la maison familiale la conduira à la déception, au malheur, à la mort ; le roman se clôt sur l'évocation du marbre du cimetière de Montmartre. Au contraire, les Lebas demeurés au Chat-qui-pelote, mènent une vie de sagesse et de résignation tranquille, connaissent « un bonheur égal, sans exaltation ».

– Il aborde dans son texte des réalités vécues par le lecteur du XIXe siècle : le problème du statut de la femme, de son éducation, les conditions de vie de l'artiste…

Balzac est un illusionniste

– Ses personnages, s'ils évoluent dans un milieu et dans des lieux réels, échappent à la réalité car ce sont des personnages fictifs : malgré le « réalisme » de leur portrait, Augustine, Théodore de Sommervieux, Mme Roguin… n'ont jamais existé « réellement ».

– Balzac ne se réclame pas « réaliste » : le terme ne sera utilisé qu'après sa mort par des théoriciens. Par ailleurs, dans le même avant-propos, il précise sa volonté d'écrire l'histoire des mœurs « en choisissant les événements principaux de la Société, en composant des types par la réunion de plusieurs caractères homogènes ». On voit bien ici que le secrétaire adapte la réalité, la modifie par l'écriture littéraire.

– L'écriture, par les choix qu'elle propose, indique la présence d'un point de vue omniscient qui dirige les personnages, influence le lecteur, par exemple lors de la rencontre entre les deux héros.

– Le rythme du récit témoigne d'une volonté de maintenir le suspens, par exemple lors du quiproquo au cours duquel monsieur Guillaume annonce à Joseph Lebas l'intention de le marier avec l'une de ses filles. Joseph, secrètement amoureux d'Augustine, se réjouit alors que son futur beau-père lui réserve en fait Virginie.

– Le roman est subordonné à une intention plus importante. La construction en deux parties est évoquée dans le titre premier de l'œuvre « Gloire et malheur » et montre bien que Balzac s'intéresse ici à l'itinéraire d'Augustine. Dans une première partie qui la mène de la rencontre au mariage, Augustine connaît « un bonheur parfait », « la gloire » ; dans la seconde au contraire, c'est la descente aux enfers, le « malheur » qui la conduit à la mort. Balzac cherche à sensibiliser son lecteur à l'éducation des filles, à la difficulté de maintenir un mariage qui est mal équilibré. Car si les deux époux ne connaissent pas longtemps le bonheur, c'est que l'éducation d'une mère prude et sans autre horizon que sa boutique a engourdi l'intelligence de sa fille. Et malgré les efforts d'Augustine pour s'instruire, il est trop tard, leur couple est perdu.

Interrogée sur la portée des arguments de chacun des élèves, la classe n'a pu prendre nettement partie pour l'une ou l'autre des positions. Dans une rapide synthèse, on pourra conclure en donnant une nouvelle définition du réalisme balzacien en montrant comment le romanesque intègre des éléments du réel comme cette capacité à créer l'illusion du vrai sans renoncer aux lois de la fiction.

Mise en œuvre

Hernani, Victor Hugo

La seconde confrontation polémique est proposée en Première lors de l'étude d'*Hernani* en œuvre intégrale. La problématique de séquence a pu mettre en avant le système complexe des personnages aux identités fluctuantes, aux motivations souvent difficiles à cerner. Le sujet de la confrontation proposé est « Qui est le personnage principal d'*Hernani* ? » Contrairement au sujet posé en Seconde, la problématique, les enjeux du débat ne sont pas précisément désignés. Ce qui est sous-entendu ici, c'est que, contrairement à ce que laissait entendre le titre, Hernani n'est pas le personnage principal. Qui donc alors ? Pourquoi ? Lors de la confrontation polémique, deux thèses se sont opposées : un élève a tenté de convaincre son camarade et la classe qu'Hernani était bien le personnage central de la pièce ; une élève affirmait au contraire que Doña Sol éclipsait le personnage éponyme.

Hernani, le personnage principal de l'œuvre

– Hernani est le personnage principal. Il donne son nom à la pièce et apparaît d'ailleurs en tête de la liste des personnages. L'acte II lui est particulièrement consacré à travers le titre « Le Bandit ». Il occupe une place centrale dans l'action, personnage adjuvant ou opposant de toutes les actions.
– Sa présence sur scène atteste de son importance : C'est le personnage le plus présent avec 18 scènes sur 26. Son apparition attendue et retardée dès le premier acte donne de la valeur à sa présence. Il occupe une scène à lui tout seul par le monologue en I, 4 et ses rencontres avec Doña Sol sont presque autant de monologues (I, 2 – II, 4)
– Hernani est doté de tous les attributs du héros : il est de haute naissance malgré son exil ; c'est un homme valeureux qui ose se révolter contre un pouvoir royal injuste ; dans son exil, il a pris la tête de tous les exclus ; il vit sa passion sur le mode de la souffrance.

Doña Sol, personnage principal de la pièce

– Elle occupe une place importante dans l'intrigue : le sous-titre « Tres para una » (trois pour une, comprendre trois hommes – Hernani, Don Carlos et Don Ruy Gomez – amoureux de la même Doña Sol) met l'accent sur la rivalité amoureuse entre les trois hommes et la place au centre de tous les enjeux dramatiques de la pièce.
– C'est un personnage doté d'une forte volonté. Indépendante, elle se révolte contre l'ordre établi. Son objet est le poignard dont elle menace le roi, puis don Ruy Gomez, puis elle-même en menaçant de se suicider. C'est elle qui pousse Hernani au suicide dans la dernière scène : sans elle, le « héros » cèderait à sa lâcheté. Même si elle parle peu, elle est le personnage de l'action, de l'énergie, contrairement à Hernani qui parle beaucoup mais agit peu.
– Doña Sol est lumière, elle est vêtue de blanc. Son aura domine la pièce. Elle est guidée par un unique sentiment : son amour pour Hernani. C'est elle qui le sauve et magnifie son mal-être.

À l'issue de la confrontation polémique entre les deux élèves, l'ensemble de la classe s'est révélé assez convaincu par l'argumentation de l'élève qui défendait la partie de Doña Sol. Il est apparu que l'héroïsme très paradoxal d'Hernani tenait à son caractère de héros romantique : pris dans ses doutes et ses contradictions, entre énergie et passivité, il est apparu comme un personnage qui se complaît dans l'expression de ses échecs, toujours déchiré et offrant le spectacle de ses désordres sur scène. Il représente ainsi l'ensemble d'une génération romantique partagée entre volonté d'action et mal du siècle.

B – Oral et travaux d'écriture : pour qui écrit-on ?

L'argumentation implique la prise en compte des données pragmatiques de la communication. Elle est cependant très présente dans les sujets proposés à l'écrit aux élèves, notamment dans les intitulés des sujets d'invention. Se pose alors la question : pour qui écrit-on ? Qui s'agit-il de convaincre ? Dans ces écrits, les situations de communication sont souvent très explicites. Pourtant, on assiste en fait à une superposition des interlocuteurs : au destinataire réel de la copie (l'enseignant) se superpose en effet un destinataire fictif, indiqué par le sujet (Montaigne dans l'exemple pré-cité). En fait, il ne s'agit que de convaincre le professeur de sa compréhension du sujet, de la bonne prise en compte des consignes et du bien-fondé de sa pensée davantage que de la force de persuasion de l'argumentation développée. À l'inverse, l'oral apparaît souvent le seul lieu où l'on peut argumenter de façon efficace : alors qu'à l'écrit, il y a superposition des interlocuteurs, la situation de communication orale implique une coopération, une interaction entre locuteur et interlocuteur. On pourra ainsi aborder tout exercice écrit d'argumentation par une « mise en voix » : dire le texte, c'est tenter de convaincre ou de persuader, au-delà de l'interlocuteur fictif, au-delà encore du professeur, ses camarades de la pertinence du raisonnement. On passe ainsi d'une situation de communication entièrement fictive donc peu stimulante pour des élèves en situation d'écriture à un espace où leur parole prend vraiment consistance. On ne situe pas les enjeux d'une argumentation au même niveau lorsqu'il s'agit d'un texte écrit à destination de l'enseignant ou d'une texte mis en voix devant la classe. En effet à l'oral, l'implication de l'élève et sa force de conviction constituent un aspect essentiel de l'efficacité de l'argumentation menée.

On proposera ici la première séquence à l'intention d'une classe de Seconde. Il nous semble essentiel de proposer en tout début d'année à des élèves de Seconde une réflexion sur la « littérarité » des textes : qu'est-ce qu'un texte littéraire ? Qui décide que ce texte devra être édité ? En fonction de quels critères ? Pour cela nous avons choisi un écrivain « littéraire » que tous les élèves connaissent de nom : Proust. Il ne s'agit pas en début de Seconde de travailler en lecture analytique *La Recherche.* Deux séances seulement seront consacrées à l'étude de textes issus de *La Recherche.* Une séance s'intéressera à la comparaison de l'épisode de la biscotte dans la préface de *Contre Sainte-Beuve* à celui de la petite madeleine dans *Du côté de chez Swann* pour sensibiliser les élèves au fait que l'écriture nécessite un « travail ». L'autre séance tentera de définir ce qu'est un texte littéraire à travers le portrait d'Albertine, extrait de *À l'ombre des jeunes filles en fleurs* (1918). L'essentiel des textes proposés aux élèves s'attache surtout à montrer l'importance de leur réception. Réception immédiate des lecteurs contemporains, des éditeurs (rapport Fasquelle, lettre de Gide, lettre de Gallimard) ; réception différée par un travail sur les lectures critiques (critiques thématiques, approches psychanalytiques, travaux sur les techniques narratives, critiques philosophiques)... Les élèves ont lu en lecture cursive « Combray I ». Le texte présentait en effet l'avantage d'être bref (une quarantaine de pages) et de comporter certains épisodes connus (le coucher, la madeleine) ou du moins dont l'enseignant estime qu'il fait partie du patrimoine culturel commun. Cette lecture a été évaluée par un travail d'écriture ainsi formulé : « En tant qu'éditeur, vous venez de lire "Combray" dont Proust vous a envoyé le manuscrit pour publication. Répondez-lui dans une lettre où vous motiverez votre réponse en faisant des références précises au texte ». Lors du compte rendu de ce travail d'écriture, certains élèves ont accepté de lire leur copie, (copies particulièrement polémiques choisies par l'enseignant), en face d'autres qui avaient apprécié la lecture de l'œuvre et qui « jouaient le rôle » de Proust. Le travail de mise en voix a été systématiquement suivi d'un court débat où les « Proust » en herbe répondaient à leur éditeur dans un dialogue parfois très houleux. Ce travail sur la situation de communication et ce passage à l'oral ont évidemment permis à tous de réaliser l'importance de la situation de communication, l'intérêt de travailler à la fois sur l'image que le locuteur donne de lui-même et les « passions » qu'il cherche à susciter chez le destinataire de son discours. Nous proposons, suite à la description détaillée de la séquence, une copie d'élève.

Mise en œuvre

Proust, de l'écriture à la publication

Objet d'étude et perspectives abordées

– Écrire, publier, lire

Perspective dominante : approche de l'histoire littéraire et culturelle.

Perspective complémentaire : réflexion sur la production et la singularité des textes.

– Le travail de l'écriture

Perspective dominante : réflexion sur la production et la singularité des textes.

Perspectives complémentaires : étude de l'argumentation et des effets sur le destinataire – genre et registres.

Textes étudiés (extraits)

– M. Madeleine, lecteur aux éditions Fasquelle, Rapport de lecture de *Du côté de chez Swann.*

– Lettre d'André Gide à Marcel Proust, janvier 1914.

– Lettre de Gaston Gallimard à Marcel Proust, 15 mai 1916.

– « La réception de l'œuvre », Gérard COGEZ, *Marcel Proust, À la recherche du temps perdu,* Études littéraires n° 24, PUF, 1990.

– Extraits de l'œuvre de Proust :
  - *Contre Sainte-Beuve,* préface.
  - « La petite madeleine », *Du côté de chez Swann.*
  - *À l'ombre des jeunes filles en fleurs,* le portrait d'Albertine.

Objectifs

– Arriver à cerner la place du lecteur et de l'éditeur dans le travail de l'écrivain : l'acte d'écriture dépendant étroitement du contexte culturel, social, politique. Les auteurs créent en situation, publier implique des choix, oriente des modes d'écriture et de lecture

– Montrer aux élèves que la lecture d'une œuvre varie en fonction de l'horizon d'attente des lecteurs et de la réception qui en est faite – les différentes critiques de Proust.

– Aborder l'objet d'étude « écrire-lire-publier » par le biais d'un auteur dit « classique », Proust, et d'une œuvre littéraire.

– Mettre en place la réflexion sur la notion de littérature : qu'est-ce qui fait d'un texte qu'il est littéraire ?

Lecture cursive : « Combray I », *Du côté de chez Swann, À la recherche temps perdu,* Proust.

Copie d'un élève de Seconde

Nous reproduisons ici telle quelle la copie de l'élève.

À Toulouse, le mercredi 29 septembre 2005

Cher Proust,

Je vous écris avant même d'avoir fini de lire le manuscrit que vous m'avez fait parvenir. Je n'attends pas plus pour vous annoncer que cette œuvre trouvera soutien et protection dans notre maison d'édition.
Je me délecte de chaque page de votre roman.

Les mots que vous employez sont ceux que chacun de nous ressent. Ainsi « la pensée qu'il était temps de trouver le sommeil » m'a bien souvent arraché à mes songes et la chambre que vous décrivez (celle qui « devenait le point fixe de mes préoccupations ») ne m'est pas étrangère. Je ressentais une sensation vague et incertaine depuis toujours, que vous parvenez à cerner: «bien des choses ont été détruites, que je croyais devoir durer toujours, et de nouvelles se sont édifiées». J'ai, pour finir, vécu des ruptures, où l'on sent que ce qui se brise en nous ne pourra renaître ; comme au moment où votre mère se couche auprès de vous.

Relever tous les mots qui m'ont plu prendrait des heures, et pourtant je ne peux m'empêcher de vous dire combien j'ai aimé «le kaléidoscope de l'obscurité», «l'impalpable alcôve», ou encore «un vitrail vacillant et momentané». La description du paysage au clair de lune, des odeurs d'iris et de cassis de la pièce sous les toits sont eux-mêmes resplendissants de vérité et de poésie.
Enfin, les comparaisons sont fines et tendres: celle entre l'attitude de votre mère et celle d'un poète ou d'un acteur «pendant qu'il est en scène » ou encore de vous à «un fruit devenu doux».

D'autre part, je veux publier votre livre car il renferme une formidable galerie de famille, en particulier des femmes attachantes et de caractère. À l'image de votre grand-mère parcourant «les allées détrempées», de ses réflexions concernant les gens du «monde», ou encore de cet épisode si drôle à propos «des fauteuils qui se sont effondrés sous le poids des destinataires».
Ces passages m'ont ému, fait rire et sourire.

«Du côté de chez Swann» pose le regard nouveau et frais d'un enfant. C'est notre propre enfance qui se réanime lors de la lecture.
J'ai trouvé poignant votre désespoir de petit garçon à propos du grand-père et de son cognac, et de Swann qui, vous privant du baiser de votre mère, vous contraignait à «creuser [votre] propre tombeau». Avec l'infinie précaution dont vous usiez pour «transporter ce baiser si précieux et fragile [...] sans que se brisât sa douceur» et avec la description de votre mère et de «sa mousseline bleue», vous témoignez de l'amour fragile et pur des enfants.

Cependant, l'édition de votre livre constitue une prise de risque. En effet, certains passages sont longs (vous décrivez durant plus de trois pages le fait que votre «esprit s'agit[ait] pour chercher, sans y réussir, à savoir où [vous étiez]»). Des phrases se succèdent sans le moindre saut de ligne ou une répartition en différents paragraphes.
De surcroît, je ne parviens pas à cerner précisément le personnage de Swann. Il vient dîner chaque semaine, mais suscite bien des manières et peu de spontanéité.

Mais c'est la fin de la première partie qui a eu raison de moi.
Ce passage, où l'esprit («Chercher? Pas seulement: créer»), les sensations («je tressaillis, attentif à ce qui se passait d'extraordinaire en moi») et les souvenirs sont intimement et habilement mêlés, peut, s'il trouve l'asile et l'appui qu'il mérite, entrer dans les classiques de la littérature française.
Je ne puis m'empêcher de lire et de relire encore cette phrase sublime, qui commence ainsi : « Mais, quand d'un passé ancien rien ne subsiste, après la mort des êtres, après la destruction des choses»...

C'est toutes ces raisons qui me poussent à vous envoyer cette lettre, qui, je l'espère, sera le point de départ d'une collaboration enrichissante et fructueuse.

Sincères salutations,

2– Vecteur d'évaluation : oral et lecture cursive

Nous proposons ici de valider la lecture cursive en classe à l'oral. Il est bien évident qu'il convient tout au long de l'année de varier les modes d'appréciation de la lecture cursive : validation ou évaluation, personnelle ou collective, à l'écrit ou à l'oral. Il est dans tous les cas nécessaire d'une part de fournir aux élèves un guide, un questionnaire qui leur permettra d'orienter leur lecture, d'autre part d'apprécier sous une forme ou une autre cette lecture cursive en classe. La validation de la lecture cursive à l'oral peut se faire en une heure et consiste à reprendre les axes de lecture proposés aux élèves.

La validation de cette lecture cursive à l'oral permet d'une part aux élèves d'échanger des points de vue de lecteur, de confronter les lectures qui peuvent être différentes d'un même texte. On reviendra ainsi vers le texte de façon plus libre en demandant aux élèves d'étayer leur point de vue par la lecture de brefs passages de l'œuvre. Par cette mutualisation orale des différentes interprétations du texte, chacun pourra ainsi prendre conscience qu'il y a autant de lectures que de lecteurs et que tout point de vue justifié par une connaissance précise de l'œuvre peut être accepté. À partir des repérages effectués, guidés par les consignes de lecture données en amont, l'objectif reste toujours de faire passer les élèves, par cette mutualisation des lectures, d'une lecture première, lecture libre, à une lecture plus littéraire.

Mise en œuvre

Valider en classe une lecture cursive, *Un barbare en Asie*[1], Henri MICHAUX

Séquence : *Les Nouvelles orientales*[2], Marguerite YOURCENAR

Objet d'étude et perspectives abordées

– Le récit : étude d'un roman en œuvre intégrale

Perspective dominante : étude des genres et des registres.

Perspectives complémentaires : approches de l'histoire littéraire – étude de l'argumentation.

– Le travail de l'écriture

La problématique adoptée porte à la fois sur le genre (conte ou nouvelle ?) et sur le registre (merveilleux, fantastique ou réaliste ?). Elle a été définie avec les élèves après lecture du post-scriptum par lequel a débuté l'étude du recueil. Marguerite Yourcenar, y expliquant les principes ayant présidé à la composition du recueil, pose explicitement le problème du genre : « le titre *Contes et Nouvelles* eût peut-être convenu davantage à la matière variée dont [les dix nouvelles] se composent ».

Nouvelles étudiées

- « Le lait de la mort » : la tradition orale – registres réaliste et merveilleux – conte ou nouvelle ?
- « Notre-Dame-des-Hirondelles » : une écriture fondée sur l'économie (le temps dans le récit : ordre et rythme) – merveilleux chrétien et merveilleux païen – merveilleux et fantastique.
- « Le sourire de Marko » – « La fin de Marko Kralievitch » : la caractérisation du personnage.
- « La veuve Aphrodissia » – « L'homme qui a aimé les Néréides » – « Le sourire de Marko » : *incipit* et clôture dans le récit bref.

Études d'ensemble

– Travailler sur la notion de recueil : quelles considérations président à l'ordre des nouvelles et l'organisation du recueil ? Lecture du post-scriptum.

– Quelle image de l'Orient dans les nouvelles ?

1. Henri MICHAUX, *Un barbare en Asie,* Paris, Gallimard, 1933, collection « L'imaginaire », 2001.
2. Marguerite Yourcenar, *Les Nouvelles orientales,* Gallimard, collection « L'imaginaire », 1978.

Objectifs

– Conduire les élèves à maîtriser la notion de genre.
– Faire percevoir les implications de cette notion à l'échelle du récit (caractéristiques du discours narratif) et du genre de la nouvelle.
– Objectif culturel : proposer à des élèves étudiant le chinois en LV3 une certaine image de l'Orient.

Il s'agit ici d'une lecture cursive qui est proposée en prolongement à l'étude d'une œuvre intégrale, dans une séquence consacrée au récit. Notre objectif est double : d'une part travailler sur les caractéristiques génériques du texte et étudier une autre forme de récit ; d'autre part répondre à un objectif culturel : il s'agissait en effet entre autre dans les *Nouvelles orientales* de travailler sur l'image de l'Orient, puisque cette séquence a été menée avec une classe de Seconde étudiant le chinois en LV3. Nous poursuivons ici ces objectifs en demandant aux élèves de lire « Un barbare en Chine », extrait de *Un barbare en Asie.* Les consignes données aux élèves pour cette lecture cursive sont :

– À quel genre littéraire rattacheriez-vous cette œuvre ? Justifiez votre réponse par des références au texte.
– Quelles remarques pouvez-vous faire sur la structure de l'œuvre ?
– Quels sont les domaines auxquels s'intéresse Henri Michaux, racontant son voyage en Chine ? Choisissez-en un que vous illustrerez plus particulièrement à l'aide de citations.
– Justifiez le titre de « barbare » dans le titre « Un barbare en Chine ».

À l'oral, en une séance, les élèves ont pu répondre à l'oral aux questions préparées à la maison. La séance est donc exclusivement orale, en ménageant des temps de pause pour que chacun puisse compléter ses notes de lectures par les remarques de ses camarades. On demandera à chacun pour le cours suivant de rédiger un paragraphe répondant à chacune des questions posées, en tenant compte de ce qui a été échangé durant la séance.

Le récit a été caractérisé par la majorité des élèves comme un récit ou un carnet de voyage.
Il propose en effet une exploration de terres exotiques, évoquant le « temple des Cinq cent Bouddhas, à Canton », les « sampans, sur le fleuve à Canton », ou plus loin encore le Musée de Pékin et ses milliers de plantes en pierre. On relèvera avec les élèves l'usage des italiques comme autant de façon de désigner l'exotique, l'étranger. De nombreuses citations permettent également de situer le lecteur dans la culture chinoise : toujours en italique et entre guillemets, il cite ainsi « un philosophe chinois, cité par Confucius » dans la section 2.

Confucius revient d'ailleurs à de nombreuses reprises, ainsi que Lao-Tseu et le taoïsme. Sont également cités des philosophes, poètes et peintres : Li Po, Sun Yat Sen, Liaï-Tseu-Yuan Houa Tchouan. Des anecdotes historiques permettent également au lecteur de mieux cerner cette culture chinoise : Tchang Kaï-Chek éditant en pleine guerre un petit recueil de politesse et de maintien, les actions fantaisistes du tyran Tsin Che Hoang Ti. En bref, le texte s'organise en petites sections sous la forme de notes qui s'intéressent à des domaines aussi variés que l'art, la vie quotidienne ou les mœurs des chinois. L'écriture de ce récit emprunte donc à plusieurs genres et discours. On y trouve de longs passages descriptifs que les élèves eux-mêmes qualifient de poétiques ; des passages narratifs rapportant des anecdotes vécues par l'auteur ou des histoires lues ; des sentences « Le Chinois n'aura jamais fini de rechercher le raisonnable ».
Il s'agit pour le narrateur, à la fois de commenter des choses vues, lues ou entendues qu'il fixe au fil de son voyage pour ne pas les oublier ; mais également de les communiquer au lecteur européen sous la forme libre du carnet de voyage.
Ce journal de voyage engage en effet en premier lieu le narrateur, omniprésent dans son récit : ce sont ses impressions qui sont ici recensées « J'ai vu, par exemple… », son point de vue qui nous est livré « Je serais une civilisation, je ne me vanterais pas d'avoir inventé le diabolo », sa sensibilité qui se livre : « de même que certaines personnes n'ont qu'à ouvrir un livre de tel auteur et se mettent à pleurer sans savoir pourquoi, de même quand j'entends une mélodie chinoise, je me sens soulagé des erreurs et des mauvaises tendances qu'il y a en moi et d'une espèce d'excédent dont chaque jour m'afflige ». Mais ce point de vue qui se livre cherche avant tout à communiquer avec le lecteur, destinataire du carnet voyage : la deuxième personne est en effet omniprésente, créant un lien de complicité entre narrateur et lecteur. Ce dernier, par procuration, vit donc l'expérience du voyage en Asie : « La femme chinoise s'occupe de vous. Elle vous considère comme en traitement […] Toujours enlacée à vous, comme le lierre qui ne sait pas s'isoler » ou un peu plus loin : « C'est petit à petit que le saule vous forme, chaque matin vous donnant sa leçon ». Il s'agit donc pour le narrateur de se faire passeur de culture et de mystère, tout en nous faisant sentir combien nous sommes étranger à ce pays, à cette culture.

En effet, les élèves ont pu rechercher le sens du mot barbare et comprendre que c'est à un véritable décentrement que Michaux nous invite ici. Chacun de nous devient, en Chine, le barbare projeté dans un monde insolite. Il s'agit pour le narrateur à la fois de nous projeter dans un univers exotique et de nous livrer les clés pour décrypter ce monde là et ses signes : « Quand Li Po nous dit de ces choses apparemment faciles comme ceci [...] il faut dire d'abord ». Pour rendre la Chine intelligible, il va user du comparant européen : à propos des femmes « Les femmes chinoises d'un corps admirable, d'un jet comme un végétal, jamais l'allure garce comme l'Européenne l'est si facilement » ; à propos du goût pour la souffrance « En Europe, tout finit en tragique. [...] Le Chinois regarde la Mort sans aucun tragique » ; la comparaison va même jusqu'à l'assimilation « Les Européens sont de fameux Chinois. ». Il emprunte ses comparaisons à la littérature : à propos d'un auteur chinois du XVIIIe siècle « son héros, sorte de Gulliver », ou parlant de la sensibilité enfant du Chinois « Qui n'a pas été Poil de Carotte ? »

La structure de l'œuvre a donné lieu à des commentaires très contrastés. Certains ont trouvé que c'était « désordonné », qu'on ne pouvait retrouver le fil, qu'« on s'y perdait ». D'autres ont apprécié au contraire l'aspect « haché » du texte car ils ont pu le lire petit à petit, « pas tout d'un coup ». Cette question de la composition de l'œuvre permettait aux élèves de comprendre pourquoi la lecture du texte leur posait parfois problème.
Il est apparu en regroupant les remarques de chacun que certaines sections juxtaposaient des remarques apparemment sans lien entre elles : dans la section 12 de « Types chinois » par exemple, un élève a pu relever que le narrateur parlait des inventions respectives des Européens et des Chinois pour terminer sur un paragraphe remarquant que la maladie qui guette les chinois est le fait de ne plus rire. Un de ses camarades a fait remarquer que le lien entre les deux remarques pouvait être le jeu : les jeux auxquels se livrent Européens et Chinois, jeux qui ne peuvent empêcher que les Chinois perdent parfois le rire : juxtaposition de remarques, donc, qui demandent au lecteur suffisamment d'attention pour reconstituer le fil des notes prises par le narrateur. Autre caractéristique de la composition de l'œuvre : les liens que l'on peut relever d'une section à l'autre, même si ce lien est souvent peu explicite. Ainsi, le « rire » est repris dans la section 30. De même, le lien des sections 19 à 20 se fait par l'évocation de Confucius et du commerce. On voit donc comment derrière la structure apparemment éclatée du texte, on peut percevoir une cohérence interne faite de retour de motifs, de thèmes récurrents qui donne sens à l'ensemble.

Les domaines auxquels s'attache le regard curieux de l'européen sont extrêmement variés. En croisant leurs lectures, les élèves ont pu se rendre compte de la variété des mœurs et coutumes qu'abordait Michaux dans cette section d'*Un barbare en Asie,* pour (re)construire une certaine image de la Chine. En effet, le narrateur combine des remarques appartenant à des catégories très diverses. Il évoque ainsi l'aspect physique des Chinois, mais également leur mœurs : leur sensualité, leur conduite en amour ou devant la mort, leur habileté dans toutes les techniques et leur ingéniosité, leur art de l'esquive et leur air toujours raisonnable, leur art à tout imiter, leur amour du commerce, la religion taoïste ou leur attitude pendant la guerre. Une grande partie des remarques s'intéresse à l'art chinois autour du concept de « signe » auquel est consacré la dernière section. Beaucoup de remarques sur la calligraphie et le rapport entre signifié et signifiant, la musique, la poésie et le théâtre chinois. Toutes ces remarques évoquent un art chinois qui tend à une réduction, une simplification, une stylisation du réel.

NB : Cette même lecture cursive peut être proposée en propédeutique ou en prolongement d'un groupement de textes en Première consacrée à l'argumentation autour de la relativité, la réversibilité des notions de barbarie et de civilisation (Montaigne, « Des cannibales » ; Diderot, *Supplément au voyage de Bougainville* ; Carrière, *La Controverse de Valladolid* ; Tournier, *Vendredi ou les Limbes du Pacifique*) ou « Des cannibales » de Montaigne en œuvre intégrale.

3 – Brouillons d'écrit et oral : une pensée en train de se constituer

L'expérience menée dans une classe de Seconde a consisté, lors d'un travail sur trois séances de module, à comparer la transcription d'un oral que les élèves ont eux-mêmes réalisée et les brouillons de travaux d'écriture réalisés en classe. Ces deux supports avaient un point commun : l'expérience qui a conduit deux élèves de la classe dans une expédition polaire « Voyageurs des glaces » au Nunavut durant les vacances de Pâques 2006. Nous avons demandé à Karline, partenaire de l'expédition, de raconter au micro une journée type de l'expédition. La transcription a été faite par une partie de la classe. Un groupe d'élèves devait en parallèle, écrire, raconter la première rencontre avec Stéphane Levin, l'explorateur qui a conduit l'opération et qui est intervenu à plusieurs reprises en cours. La seule consigne donnée était de bannir effaceur et gomme et d'utiliser des stylos de couleur différente pour les différentes corrections apportées à leur copie. L'objectif de la séquence était de sensibiliser les élèves à certains modes de fonctionnement de l'oral par rapport à l'écrit en relevant les points communs entre brouillon d'écrit et oral retranscrit. Nous reproduisons ici les deux supports avant de proposer les conclusions des élèves. Pour des raisons de commodité, nous noterons « O » la transcription d'oral et C1 et C2 les copies d'élèves. Dans les copies, les mots barrés l'ont été par les élèves ; les italiques correspondent aux corrections effectuées, dans un second temps, lors de la relecture par les élèves.

Transcription de l'oral de Karline : « Une journée type de l'expédition "Voyageurs de glaces" en Arctique, au Nunavut »

Rire... euh... est-qu'il marche?... je peux commencer là?... Alors euh... tous les jours... mais... il faut que vous écriviez en même temps?... tous les jours en fait on se levait à 7 heures du matin... euh... ensuite euh... en fait... Ah oui... Alors... en fait, euh, mon sujet... c'est... en fait je vais vous raconter, ben... la journée type qu'on faisait là-bas. Donc, on commençait la journée à 7 heures, on se réveillait à 7 heures... euh... C'est les garçons qui nous criaient d'ssus en fait « Allez, debout! » Voilà. Alors ensuite on... on... on pliait nos sacs de couchage, nos duvets, nos mat'las. On démontait tout le camp et on préparait euh... le p'tit déjeuner, le p'tit déjeuner pendant que les garçons euh faisaient euh... préparaient euh... euh... la corvée d'eau pa'ce qu'il fallait toujours qu'on ait de l'eau chaude... en permanence... quoi,... tout' la journée, quoi... pa'ce que sans eau chaude, ... on peut pas... on peut pas boire et euh... on peut pas progresser. Donc on avait fait euh... cette eau chaude, hum... donc on déjeunait pendant un p'tit quart d'heure, un quart d'heure, une demi-heure et on se préparait à la visioconférence à la Cité de l'Espace pa'ce que pour nous il était 9 heures... et euh... à Toulouse il était 15 heures, et euh... on pouvait nous parler. Ça, c'était le premier protocole qu'on mettait en place. Un' fois qu'on avait fini euh, on retournait sur le camp et là on rangeait tout le p'tit déjeuner qu'on avait pas eu le temps de ranger et on finissait... si on avait pas eu le temps de manger et là on rangeait tout le camp...et on montait les... les... les traîneaux... euh on chargeait les traîneaux avec les Inuits. Euh... une fois qu'on avait fini on s'asseyait sur les traîneaux et les Inuits i nous... i mettaient... ils attelaient les chiens euh...donc aux traîneaux... nous on pouvait les aider... ça dépendait des guides qu'on avait... si.... si... si les chiens qu'on avait étaient trop euh... trop euh... trop sauvages ou pas. Donc une fois vers midi on partait et on euh... roulait... on glissait pendant une heure et demie. On s'arrêtait à une heure et demie. À une heure et demie on préparait à manger... pendant que les autres personnes faisaient les... mettaient en place... les autres protocoles qu'on avait à mettre en place. Euh... y'en avait trois ou quatre. Donc, les protocoles conçus par les partenaires, y'en avait trois quatre. Donc, le protocole Hydrosolab c'était, euh... on prélevait de la neige. Euh, ensuite y'avait le protocole Infoterra, on faisait des photos panoramiques du site, ... ça, c'était souvent à midi... mais ça pouvait être le soir aussi... Euh... Voilà... les protocoles CNES avec les relevés météorologiques qu'on faisait matin midi et soir. Donc... euh... une fois qu'on avait fini, euh... on... rangeait euh... toute... toute la nourriture qu'on avait, enfin... qu'on avait sortie en fait, qu'on avait toute, toute mis dans une caisse pour pas à avoir démonté tous les traîneaux... Et là... on repartait jusqu'à euh... six heures, sept heures du soir. A six sept heures on s'arrêtait, ça dépendait des conditions climatiques aussi et puis de notre progression et... euh... de ce qu'on avait à faire le soir, si on avait pas fait des euh... des protocoles le midi, ben on le faisait le soir donc euh... on s'arrêtait un peu plus tôt. Donc on s'arrêtait vers six, sept heures sauf le... le soir, le jour où on a fait un igloo et là on s'est arrêté vers... deux trois heures en fait, on a pas repris l'après-midi... Donc euh... donc voilà on s'arrêtait vers six sept heures et on... on faisait donc les corvées d'eau. Donc on allait chercher de la neige, et on la faisait... ben fondre et après la... la faire bouillir étant donné qu'il faut dix litres de neige pour avoir un litre d'eau et euh... une demi-heure pour faire bouillir un litre d'eau. Donc on passait vraiment beaucoup de temps à... à avoir de l'eau et il fallait toujours qu'on ait toujours un tour d'avance il fallait toujours qu'on ait de l'eau chaude dans les thermos pour euh... pour le soir pa'ce que par exemple, le matin, pa'ce que par exemple on vidait les thermos euh... dans les... dans les bouilloires pour que ça chauffe plus vite, pour pas qu'on ait à attendre trois heures pour manger, quoi... Donc le soir on mettait aussi en place les protocoles qu'on avait à mettre en place, ... notamment euh... le protocole euh... SMS pour envoyer des... des p'tits messages pour dire euh, pour dire qu'on était bien arrivés, ce qu'on avait fait pendant la journée euh... le protocole.

Télémédecine qui se faisait un soir sur deux... On faisait des électrocardiogrammes qu'on envoyait euh... ensuite vers... par satellite en France pendant que les autres ils faisaient le repas... pendant que les autres ils débarrassaient, ils faisaient la vaisselle... euh... *et cætera.* Et euh... une fois que tout est fini, on range un p'tit peu, on prépare le lendemain pour le p'tit déjeuner. Là euh..., il est neuf, dix heures du soir et euh, ça dépendait des personnes et... et on se couchait. Donc, on se couchait euh..., on se couchait vers neuf dix heures. Voilà. Et puis euh... en fait ça dépendait aussi... y en avait qui étaient fatigués... et euh... qui allaient euh... au lit, et d'autres euh... enfin moi je sais qu'y a des fois où euh ...j'avais envie d'être un peu tout' seule et puis de profiter du panorama parce que je savais que... j'y reviendrais pas forcément... et donc euh... y des fois euh... au lieu d'aller me coucher euh... tout de suite je prenais une demi-heure, j'allais marcher sur la banquise et regarder le panorama et voilà. Donc voilà...

Deux exemples de copies d'élèves : « Je me souviens de ma première rencontre avec Stéphane Levin ».

Écrit d'invention : Racontez votre première rencontre avec Stéphane Levin.

Copie 1

C'était après les vacances de ~~février~~ *Noël,* le premier mardi de la rentrée. On ne savait pas trop ce qu'on allait faire parce que la prof de français nous avait juste dit qu'on devait se retrouver en salle vidéo. Là ~~il y avait~~ un monsieur, *Stéphane Levin,* s'est présenté et nous a expliqué qu'il avait vécu en ~~Antarctique~~ *Arctique* une nuit polaire. Il s'agit d'une période de ~~plusieurs mois~~ *106 jours* où il n'y a pas de soleil. ~~Il s'était fait financer le voyage~~ Son voyage était financé par des ~~entreprises~~ *partenaires scientifiques* comme le CNES, Centre National d'Études Spatiales, ou la Cité de l'Espace et en échange, il a ~~fait~~ réalisé pour eux des protocoles expérimentaux comme des ~~trucs~~ exercices et tests pour la vue et l'acuité visuelle. *Il nous a raconté à quel point c'était dur, seul avec ses chiens dans le vent et le froid. C'était très physique.* ~~Et après~~ Ensuite, il nous a expliqué assez vaguement que cette année il organisait une expédition au Nunavut et que deux filles de la classe all~~ait~~aient y participer.

Avec Sarah, on était très contente car on espérait pouvoir participer au projet. Alors la classe a posé des questions *sur le mode de sélection.* On était surexcités à l'idée de vivre une aventure de ce style. *C'est une chance unique dans sa vie!* J'étais déçue pour Océane qui n'avait pas pu ~~participer~~ assister à l'exposé car elle était malade. *En fait, c'était une expédition à but scientifique pour montrer les problèmes liés au réchauffement climatique ; le but était de sensibiliser le public à ce problème.* Et là, l'explorateur, a annoncé que les deux filles qui ~~partiront~~ partiraient étaient Karline et Marion. On était tous déçus car pendant deux heures, il nous a avait laissé croire qu'on pouvait tous partir... Ça a un peu brisé nos rêves, certains ont pleuré. Mais il nous a consolés en nous disant qu'on allait vivre l'aventure par l'intermédiaire des filles.

Copie 2

C'était un mardi après les vacances de Noël. Après ~~une~~ l'heure de chinois, nous ~~avons en général~~ avions deux heures de français. Par chance ce jour-là, notre professeur nous ~~dit d'aller~~ *demanda de la rejoindre* en salle ~~vidéo~~ de conférence. Il y avait le proviseur ainsi que les documentalistes. Un homme se ~~présente~~ *présenta* et ~~commence~~ *commença* à nous raconter ce qu'il faisait de sa vie. *Il s'appelait Stéphane Levin.* C'était en fait un explorateur *toulousain* passionné par le grand froid et qui avait déjà fait mené plusieurs expéditions en Arctique. Il était passionnant, ~~et~~ nous a extrêmement bien informé sur ses voyages ~~avec l'aide de photos somptueuses~~ et nous a montré de somptueuses photos prises sur place. Il était certes fort intéressant mais nous ne comprenions pas trop ce qu'il venait faire ici jusqu'au moment où il commença à nous parler d'un projet un peu plus ciblé. Il allait désignéer deux ~~filles~~ *personnes* de la classe pour partir en expédition avec lui. ~~Je pensais que personne n'était au courant et qu'il allait choisir ces personnes en fonction de leur dossier. Mais évidemment ce n'était pas si facile. Au moment où il donna le nom de Karline et Marion, elles n'avaient par l'air étonnées du tout ? Je compris que ce projet avait déjà commencé~~ INUTILE *Ces personnes avaient déjà été prévenues et étaient d'accord pour participer. Il désigna Karline et Marion qui avaient été tenues de garder le secret jusqu'à ce jour.* Stéphane ~~l'explorateur~~ nous dit après que ce projet se faisait sur trois années avec en 2007 un voyage au Sahara et en 2008 un voyage dans la forêt tropicale. Il ~~a fait~~ faisait rêver toute la classe, tout le monde était enthousiaste jusqu'au moment où il nous dit que le projet n'allait concerner que la classe de Seconde. Il y a eu une vague de déception mais en sortant, la récré des Seconde 4 se porta sur toutes nos impressions. Tout le monde en restait bouche bée. Cette première rencontre était super !

Après une séance consacrée à la production orale et écrite, les élèves ont travaillé par deux pour relever les points communs et les différences entre les deux supports. Voici la synthèse de leurs travaux telle qu'elle a été conduite dans une troisième et dernière séance.

Dans les deux cas, les documents nous racontent une histoire. Les discours, oral ou écrit, sont à dominante narrative. On y retrouve donc des caractéristiques communes. Tout d'abord la présence de connecteurs temporels : O « à sept heures du matin », C2 « Un mardi après les vacances ». Ces connecteurs temporels témoignent d'une même volonté dans les deux discours d'organiser chronologiquement le récit, également soucieux de marquer la progression de l'action : O « Ensuite », « Une fois qu'on avait fini ». Les connecteurs logiques précisent également l'enchaînement cohérent de l'action. Mais les élèves ont pu relever une surabondance de connecteurs logiques notamment du « donc », à l'oral. On a pu interpréter cette sur présence de la conjonction à la fois par la volonté du locuteur de rendre perceptible la logique et la cohérence du discours, et comme un moyen de se reposer sur l'outil logique comme béquille pour reprendre le fil du discours et anticiper mentalement sur la suite. Autre caractéristique commune des deux discours : le système de temps du présent, avec le même emploi de l'imparfait C1 « c'était », « on savait » ; O « nous avions », « on se levait » ; et du passé composé C2 « a annoncé », O « on s'est arrêté ».

Enfin, ces discours narratifs engagent toujours une prise de position personnelle du locuteur : il utilise la première personne du singulier, répondant en ce sens à la consigne donnée ; il nous livre également ses émotions : O « J'avais envie d'être un peu toute seule », C2 « cette première rencontre était super ! ». Les mêmes phrases exclamatives viennent soutenir l'expression de ces sentiments.

Les élèves ont pu relever à l'écrit comme à l'oral l'incidence de la situation de communication sur la production du discours. Ils ont relevé l'usage d'un même niveau de langue avec des familiarités : à l'oral « p'tits messages » ou « C'est les garçons qui nous criaient d'ssus » comme à l'écrit « trucs » C2. Lorsque les élèves ont fait remarquer au rédacteur de la copie 1 ses expressions ou abréviations assez familières « la prof de français », l'élève a justement répondu que le sujet n'indiquait pas le destinataire du récit et que, s'adressant à un camarade qui n'était pas en cours ce jour-là, il avait utilisé un registre peu soutenu. On a pu conclure que le niveau de langue ne dépend donc pas de l'oral ou de l'écrit mais de la situation de communication. Autre manifestation de la prise en compte du destinataire : les rires à l'oral, la mention « INUTILE » à l'écrit.

L'aspect décousu du discours, l'absence de linéarité est commun à l'écrit et à l'oral. On retrouve en effet la même spontanéité qui se manifeste dans les copies d'élèves par des phrases incorrectes, fautes d'orthographe à l'écrit et des fautes de français à l'oral. Écrit et oral manifestent également des hésitations et des incidents de déroulement dans la conduite des discours : par des termes tels que « euh », « en fait », des pauses, des reprises à l'oral, le brouillon écrit laisse des traces de l'élaboration de l'énoncé avec les ratures, la mention « INUTILE ». L'aspect décousu se manifeste également par des changements brusques de sujet à l'oral comme à l'écrit : dans C1, le passage de la maladie d'Océane au but scientifique de l'expédition, à l'oral la juxtaposition des protocoles à mettre en place quotidiennement et de l'expérience ponctuelle de la construction de l'igloo. Les mêmes retours en arrière ont tendance à brouiller la linéarité du récit, à l'écrit comme à l'oral, et avec une même visée. Il s'agit la plupart du temps d'analepse à valeur explicative : dans la copie 2 lorsque l'élève revient sur le mode de désignation des heureux élus « Ces personnes avaient déjà été prévenues et étaient d'accord pour participer » ; à l'oral « le matin, pace que par exemple on vidait les thermos » Karline revient sur un épisode matinal alors qu'elle parle des activités du soir. De la même façon, les discours anticipent souvent sur les événements à venir et continuent ainsi de se jouer de la linéarité du récit. Dans la copie 1 l'élève se projette dans l'aventure à venir « on allait vivre l'aventure par l'intermédiaire des filles » ; à l'oral de même, Karline évoque les protocoles « qu'on faisait matin, midi et soir » en planifiant les activités de la journée dès l'évocation du matin.

Autres éléments communs à l'écrit et l'oral que les élèves ont pu relever à partir de notre corpus : les incidents de déroulement qui manifestent l'aspect discontinu du discours.

Les élèves ont pu remarquer que les ratures et corrections sur l'espace de la feuille se retrouvaient à l'oral sous la forme des corrections qu'effectuait Karline. Ils ont pu relever les mêmes procédés de reprises et de répétitions : à l'oral surtout, les répétitions de « on préparait euh… le p'tit déjeuner, le p'tit déjeuner » ; dans la copie 1, la répétition corrigée du verbe « participer ». De même, les deux discours surajoutent *a posteriori* des éléments, souvent des précisions qui relèvent également d'incidents de déroulement. La copie 1 rajoute une phrase qui précise l'objectif de l'expédition : *« En fait, c'était une expédition à but scientifique pour montrer les problèmes liés au réchauffement climatique ; le but était de sensibiliser le public à ce problème. »* comme la copie 2 rajoute des informations sur Stéphane Levin « C'était en fait un explorateur *toulousain* » ; de la même façon, l'oral permet des digressions : l'épisode de l'igloo ou l'appréciation sur le degré d'agressivité des chiens de traîneaux. D'autres incidents de déroulement consistent à corriger des fautes : fautes d'orthographe dans la copie 1 « deux filles de la classe all~~ait~~aient y participer » ou la copie 2 « Il allait désign~~é~~*er* deux ~~filles~~ *personnes* » qui n'apparaissent bien évidemment pas à l'oral où ce sont des fautes et corrections de syntaxe que les élèves ont pu relever « vers… par satellites », / « faisaient les… mettaient en place ». Les corrections à l'écrit comme à l'oral portent sur des expressions mal appropriées qui sont corrigées : « trucs » et « exercices » dans la copie 1, « salle vidéo » corrigé en « salle de conférence » dans la copie 2. De même à l'oral, l'élève corrige le verbe de mouvement en fonction du mode de transport utilisé « on partait et on euh… roulait… on glissait ».

En conclusion, nous avons distingué les spécificités des productions écrites et orales : c'est la transcription d'oral qui nous a mieux permis de comprendre comment fonctionnait un brouillon d'écrit ; c'est la comparaison avec le brouillon d'écrit qui a conduit les élèves à souligner les traits distinctifs de l'oral.

Concernant l'écrit, ces séances ont permis de faire un point profitable sur le bon usage du brouillon. Les bénéfices et prolongements de ces conclusions s'étendront sur des séances consacrées à l'écrit, notamment à l'écrit d'invention. Deux fonctions essentielles du brouillon d'écrit ont été ainsi mises en évidence. D'une part, une fonction que nous définirons comme fonction exploratoire. L'usage du brouillon aura été défini comme nécessaire à tout travail d'écriture. On pourra approfondir cette idée en Seconde dans le cadre de l'objet d'étude «Le travail de l'écriture» en travaillant sur des brouillons d'écrivains. Le désordre apparent, les ratures, les corrections en tous sens, les commentaires sont autant de propédeutiques au travail d'écriture. L'autre fonction sera désignée comme fonction de formulation. Raturer, revoir, c'est corriger l'orthographe ou une forme syntaxique incorrecte, c'est rechercher le mot ou l'expression la plus appropriée ; bref, c'est progresser vers une expression plus juste et plus claire dans la mesure où l'on écrit toujours pour un destinataire plus ou moins défini. En ce qui concernait l'oral, les élèves ont avoué avoir été surpris du résultat de leur transcription : l'aspect heurté du propos, le manque de cohérence apparent qu'ils avaient peu perçu à l'oral leur a sauté aux yeux une fois transcrit. Ils ont pu relever cette incohérence tant dans le décousu de la structure (digression, interruptions) que dans le discours (inachèvement des phrases, bredouillements). Ils ont pu réaliser d'une part que ces incidents de parcours sont logiques dans un oral, notamment improvisé comme c'était ici le cas. Cependant ils ont découvert que derrière cette apparente incohérence, il existait un sens, une cohérence qui se construisait justement à travers les tâtonnements. Les ruptures sont en effet le signe manifeste d'une volonté d'affiner le sens, de préciser sa pensée, de la corriger le cas échéant dans un souci de cohérence et de clarté du propos : elle sont l'expression manifeste d'une pensée en cours de construction. De même pour les proliférations qui s'expliquent par le fait que l'élaboration du discours est quasi simultanée de l'émission orale. Enfin les silences ont pu être interprétés comme signes de l'élaboration d'un discours en train de se construire en même temps que se construit l'effet à produire sur les destinataires.

4–Donner vie aux textes : dire les textes

Nous nous intéresserons ici à la « diction » des textes qui peut se faire de manière spontanée ou mémorisée, sous la forme d'une lecture ou de la récitation. Si les deux exercices présentent des variantes dont nous ébauchons ci-après les grandes lignes, ils présentent cependant plusieurs intérêts communs. D'une part ils mettent en évidence le lien oral/écrit et le va-et-vient constant de l'un à l'autre en cours de français : il s'agit dans les deux cas d'un écrit oralisé. Par ailleurs, situés en amont ou en aval de la lecture analytique, ils permettent une première ou une ultime forme d'explicitation du sens du texte.

A – La lecture de textes comme première forme d'explicitation du sens

Cette activité de lecture demande à l'élève de combiner plusieurs compétences que tout élève de lycée est censé maîtriser : découverte visuelle du texte, déchiffrage et prononciation à haute voix avec un effort d'expressivité qui permette de rendre compte de la compréhension du texte par l'élève. C'est sur cette lecture expressive que devra porter l'accent en Seconde, puisqu'elle est en partie évaluée lors de l'oral de l'EAF. Lire à haute voix implique pour l'élève de prendre conscience que toute lecture permet une première forme d'explicitation du sens. On peut pour cela demander aux élèves de préparer leur lecture et de justifier en classe de leur mise en voix, des changements de débit, de rythme, des variations mélodiques et accents d'insistance. Les exigences pourront varier en fonction des textes proposés à la lecture. Dans un texte narratif, il s'agira par l'intonation de mettre en évidence la progression de l'action, de rendre compte de l'insertion de passages de discours rapportés, ou encore de mettre en évidence l'affectivité du narrateur dans un passage au registre plus lyrique. Dans un texte poétique, on pourra, par la lecture, interpréter une ponctuation lacunaire ou l'intérêt d'un enjambement qui met en valeur tel terme, mettre en évidence une diérèse et expliquer sa présence. Par la mise en voix d'un texte de théâtre, il s'agira de prendre en compte les didascalies, relever leur importance ou pallier leur absence en prenant l'initiative d'user d'un ton adapté ; les élèves pourront également changer de ton en fonction des personnages présents sur scène.

Cet exercice peut être une excellente introduction à la lecture analytique : la lecture expressive permet ainsi de renseigner non seulement sur le degré de compréhension, mais également sur une première interprétation du texte par l'élève, sur la découverte de la première « strate » d'élucidation du texte, première étape de la lecture analytique. La mise en voix permet par ailleurs de mettre en valeur la dimension pragmatique de la communication orale. Il suffira de comparer plusieurs lectures d'un même texte pour mettre en évidence le fait qu'en fonction du débit, de la puissance de voix, des pauses et des formes de mise en valeur, l'effet produit sur les auditeurs varie ; que c'est le sens même du message qui peut en être considérablement modifié.

B – La récitation

La récitation ou mémorisation de texte est un genre principalement en usage à l'école primaire. On la trouve encore quelquefois en usage au collège. Mais l'exercice disparaît presque complètement au lycée. Exercice parfois très controversé mais toujours présent dans toutes les disciplines où il peut s'agir de « réciter sa leçon » et pas seulement sa poésie, il s'agit pourtant d'un exercice qui gagnerait à être réintroduit en Seconde, et même en Première car il présente un certain nombre d'intérêts non négligeables. Il permet d'une part pour l'élève de s'approprier un texte qui a été abordé précédemment, ou va l'être en classe en lecture analytique ou en lecture cursive. De plus, la récitation nécessite un effort de mémorisation qui pourra être précieux à l'élève tant le jour de l'écrit, en lui fournissant matière à citation pour la dissertation, que le jour de l'oral où la lecture du texte est un moment important. Elle participe à la constitution de la culture personnelle de chaque élève en lui donnant un accès privilégié aux textes. Enfin, au même titre que la lecture expressive, la récitation nécessite un travail sur la diction en mettant en jeu l'expressivité ; elle implique dès lors de la part de l'élève une première interprétation du texte commune à la lecture.

L'activité peut être pratiquée assez régulièrement tout au long de l'année et s'appliquer à tous les genres de textes : narration poésie, théâtre. Il s'agira de choisir des textes courts et sans difficulté majeure, cohérents dans leur « découpage ». La mémorisation du texte devra être évaluée au même titre que l'effort de diction. Les élèves percevront vite la relation entre les formes de mémorisation et le genre des textes. Un poème offrant le retour d'une structure identique (strophes, rimes, longueur des vers) pourra sembler plus facile à mémoriser. Pour un texte narratif, la progression thématique permettra de « baliser » le texte et d'offrir ainsi des repères mnémotechniques. On insistera sur la récitation des textes de théâtre, à une ou plusieurs voix : textes écrits pour être dits, ils se livrent tout naturellement à l'exercice, par ailleurs souvent prisé par les élèves. L'exercice permet en outre d'accompagner sa prestation d'éléments non verbaux : mimes, gestes, déplacements... On voit bien que les objectifs de la récitation sont multiples. Tous ne doivent pas être visés à chaque exercice. On pourra construire une progression sur l'année en annonçant dès la présentation du projet annuel que chaque élève devra par exemple apprendre lors de chaque séquence un poème ou un texte d'une dizaine de lignes.

5 – Oral et lecture analytique

Le commentaire des textes dépend de façon évidente d'une interrogation sur les modalités de prise de parole par les élèves en classe, et de la place accordée à ces interventions orales lors des lectures analytiques. L'instauration de la lecture analytique avait en effet, pour ambition de déplacer l'intérêt du discours magistral de l'enseignant divulguant le sens du texte vers d'autres démarches favorisant les interprétations des élèves. Quelles démarches l'enseignant doit-il donc mettre en œuvre dans la classe pour permettre à l'élève d'aborder un texte, le comprendre, de mettre en place des opérations d'élucidation du sens et d'interprétation des textes ?

Nous voudrions proposer ici une démarche qui situe la pratique de la lecture analytique en classe dans un juste équilibre entre écrit et oral : la séance dont l'enseignant a décidé du cadre général débute par un temps d'écriture assez bref d'environ cinq minutes ; puis un temps d'échange oral ; la séance d'explication du texte se clôt avec un nouvel exercice d'écriture un peu plus long. On verra bien ici comment l'oral se situe dans cet intervalle entre deux écrits.

La première étape demande aux élèves de rendre compte de leur première perception du texte par un exercice d'écriture dont les consignes peuvent être très variées. La première consigne peut être de demander aux élèves ce que le texte raconte ou de proposer un titre à l'extrait et de le justifier. On peut également demander, après lecture initiale du texte de rédiger un court écrit d'invention. On peut enfin proposer un texte de référence comme « modèle », texte qui sera mis en relation avec le texte premier. Il s'agit ensuite dans le temps d'échange oral pour le professeur de fournir aux élèves, après lecture de quelques écrits premiers, un ou deux outils appropriés soigneusement choisis qui leur permettront de passer de leur lecture initiale, lecture cursive première à une seconde lecture plus littéraire. Cette lecture seconde prend en compte grâce aux outils d'analyse littéraire fournis une « explication », une « analyse » du texte. On peut proposer une restitution en coopération ; demander à quelques élèves seulement de reformuler le sens élaboré en commun ; ou demander à tous de rédiger à la maison un texte où chacun devra livrer sa nouvelle interprétation du texte.

Ce dispositif peut ne pas être mené systématiquement. On ne peut que recommander de varier les approches des textes et les méthodes d'élucidation du sens. L'intérêt est de souligner ici comment se construit une compréhension du texte à lire, dans un va et vient entre lecture et écriture, entre oral et écrit.

La fiche pratique suivante a été réalisée avec une classe de Seconde en module. Dans les deux cas, les travaux d'écriture témoignent, pour un même élève, de l'évolution de sa compréhension du texte, grâce aux outils fournis par le professeur.

Mise en œuvre

L'articulation entre oral et écrit dans la lecture analytique

Lecture analytique : *La Princesse de Clèves*, Mme de La Fayette – La chute de M. de Nemours. (Partie II) « Peu de jours avant l'arrivée du duc d'Albe [...] Le roi lui ordonna de s'aller reposer ».

Étape 1 : Écriture « Que raconte le texte ? »

La scène se passe dans le milieu princier. Les personnages sont des hommes : M. de Nemours, le chevalier de Guise, le vidame de Chartres, le roi... s'adonnent aux loisirs de l'époque et de leur milieu : jeu de paume, chevauchée de chevaux... ; et des femmes : les « reines », Catherine de Médicis et Marie Stuart et les « dames » dont Madame de Clèves, qui observent les hommes. On peut deviner les sentiments amoureux des différents personnages à travers deux incidents : Chasterland, un serviteur, récupère « une lettre de galanterie », très certainement une lettre d'amour « tombée de la poche de M. de Nemours ». Le paratexte indique que cette lettre sera à l'origine d'un quiproquo mais à ce stade de l'histoire, on ignore à qui elle s'adresse. M. de Nemours chute de son cheval. Mme de Clèves laisse apparaître sa grande inquiétude et par le biais de celle-ci, ses sentiments envers lui. Mais le chevalier de Guise, épris de Mme de Nemours, est rongé par la jalousie lorsqu'il voit les deux personnages les yeux dans les yeux.

Étape 2 : Oral

La séance d'oral consiste essentiellement dans la mutualisation des remarques des élèves à partir de quelques lectures de leurs écrits. À l'issue de cette séance où il est laissé la parole aux élèves et où l'enseignant ne fait que consigner leurs pistes de lecture du texte, on fournit deux outils qui permettront aux élèves d'approfondir leurs remarques, de passer d'une première lecture spontanée du texte à un niveau de lecture plus complexe, comme en témoignent ces deux écrits d'un même élève. Les deux outils proposés ici sont très abordables ; nous ne détaillerons pas leur emploi car ils sont aisément accessibles. Il s'agit de :

– l'observation réfléchie du lexique propre à chacune des deux parties délimitées par les deux paragraphes du texte ;
– le point de vue : qui voit qui ? Qui se montre à qui ?

Étape 3 : Écriture « Que raconte le texte ? »

Dans la première partie du texte, on assiste à une succession d'actions ; en témoignent de nombreux verbes au passé simple « fit une partie », « ils allèrent voir jouer », « s'approcha »... et des connecteurs temporels qui marquent chacun la fin d'une action et le début d'une autre « Peu de jours avant l'arrivée », « après que la partie fut finie », « après que l'on eut été »... Enfin, les phrases sont courtes ce qui donne un rythme rapide et insiste sur l'enchaînement des actions. Dans cette première partie, le point de vue est omniscient puisqu'il nous informe des sentiments et des impressions des personnages : « cette reine, qui avait toujours de la curiosité », « il les voulut montrer »... et puisque le narrateur est au courant des actions antérieures à la scène : « Quoiqu'ils ne fussent pas encore dressés » en parlant des chevaux. Ce premier paragraphe relate les exploits des hommes. Il s'agit de l'univers de la guerre et de la violence comme l'indique le lexique : « dressés », « fougueux », « jeter l'un à l'autre », « blesser », « recule brusquement », « violence » ? Les hommes veulent en effet prouver leur virilité devant les femmes qui les regardent, sans pour autant chahuter les conventions sociales. Pour résumer, la première partie narre des actions qui s'enchaînent dans un univers masculin et guerrier.
La deuxième partie diverge fortement. En effet, l'accent n'est plus mis sur l'action mais sur ce que ressentent les personnages, y compris M. de Nemours. Le point de vue interne des lignes 21 à 23 en est la preuve. Les phrases sont plus longues, ce

qui montre que le but n'est plus d'agir beaucoup mais plutôt d'insister sur les sentiments des personnages. À l'inverse du premier paragraphe qui mettait l'accent sur les exploits des hommes, celui-ci développe le lexique des sentiments et des sensations: « appréhension », « trouble », « intéressé », « pitié », « touché », « bonté »... Ici le narrateur raconte une rencontre amoureuse où M. de Nemours et Mme de Clèves découvrent leur passion réciproque.
La transition entre les deux paragraphes se fait à l'aide du mot « blessé ». On passe en effet d'une blessure physique à une blessure affective. L'étude du lexique du regard permet de comprendre mieux le texte. Les termes tels que « ils allèrent voir », « s'en allait [...] voir » montrent que la première partie du texte est une mise en scène d'un tableau guerrier. Dans la suite du texte, les termes « il vit », « il connut », « il la regarda » montrent qu'il s'agit d'un échange de regards amoureux et que Mme de Clèves est au centre de la scène, ce qui va à l'encontre de toutes les conventions.
Au total, on a donc deux parties dans le texte. L'une est dédiée à la virilité, à la guerre, aux hommes qui se montrent ; l'autre à l'amour s'affranchissant de toutes les conventions.

Mise en œuvre

Lecture analytique: *Gil Blas de Santillane*, Alain-René Lesage. Gil Blas capturé par des voleurs, est contraint, sous le regard de ses compagnons, de voler un moine. (I,8) « Mais, mon père [...] des gens trop fins et trop rusés pour moi. »

Étape 1 : Écriture d'invention « Réécrire la même scène vue par les brigands. »

Nous vîmes Gil Blas parler un moment avec le moine, qui jeta enfin sa bourse à terre. Le religieux repartit ensuite au trot sur sa mule, tandis que notre « apprenti » ramassa son butin avant de nous rejoindre avec fierté. Nous le félicitâmes de son acte avec chaleur et il eut droit aux meilleurs compliments de Rolando qui lui prédit un avenir brillant dans le métier de brigand. Nous applaudîmes à ces mots et Gil Blas nous remercia humblement.
Nous louâmes Gil Blas un long moment, puis nous décidâmes de vider la bourse du religieux pour en observer le contenu. Notre capitaine l'ouvrit et n'en sortit que quelques petites médailles, des *Agnus Dei* et plusieurs scapulaires. Lorsque il fut bien assuré qu'il n'y avait plus rien dans le butin, nous rîmes tous de bon cœur aux dépens de Gil Blas qui s'était bien fait berner par le moine. Le ridicule de la situation lui apparut alors, mais il se blessa dans son orgueil et refusa de prendre part à notre joie. Le lieutenant rajouta une moquerie et nos rires reprirent de plus belle. Nous le taquinâmes un moment à tour de rôle, et le capitaine conclut le ridicule de Gil Blas par le conseil de ne plus voler de moines, gens trop rusés pour la naïveté de notre compagnon.

Étape 2 : Oral

De la même façon que pour l'exemple précédent, la séance s'articule en deux temps. Passer par l'écrit d'invention permet aux élèves de mettre en place des mécanismes de compréhension et d'interprétation du texte qu'ils doivent ensuite formuler. Après lecture de quelques textes, on leur demande de justifier certains choix d'écriture. Dans un second temps, l'enseignant leur donne deux outils de lecture du texte :

- distinguer auteur /narrateur /personnage ;
- les registres : comique, épique.

Étape 3 : Écriture « Que raconte le texte ? »

Gil Blas apparaît au début comme un héros, son action étant rendue glorieuse par le registre épique qui tend à susciter l'admiration en utilisant des termes hyperboliques tels que « Tu viens de faire des merveilles » ou « un excellent voleur », le champ lexical de la victoire avec « loué », « félicité » et « victoire » qui montre la réussite de son action. Cette réussite est évidente puisque l'ordre de Gil Blas « Jetez tout à l'heure votre bourse par terre » est suivie du fait que la victime « laissa tomber à terre » sa bourse. De plus le pronom « je » et les expressions « toujours les yeux sur moi » et « les yeux attachés sur toi » le placent au centre de l'histoire.

Cependant, son action, bien que réussie, n'est pas vraiment glorieuse puisqu'elle consiste à voler lâchement puisqu'il s'attaque à un prêtre. Son manque d'expérience est aussi illustré par la mauvaise opinion qu'il se fait de sa mule. Les *topoï* du registre épique sont alors inversés et tournent en dérision le héros dès la découverte du « larcin » qui déclenche les « ris immodérés » des bandits. Nous constatons alors que les expressions hyperboliques sont en fait de l'ironie et le champ lexical de la moquerie « ris », « s'égayer », « traits » montrent l'utilisation du registre comique, un comique de situation.

Nous pouvons voir que le texte est la superposition de deux narrations différentes. Le narrateur raconte en effet l'histoire longtemps après les faits, marquant sa distance avec la perception de la scène par le jeune héros. Il met en effet l'accent sur sa naïveté « Je le remerciai de la haute idée qu'ils avaient de moi » et se moque de lui-même : l'ironie de « air menaçant » nous le montre. Il prend conscience aussi de l'immoralité des voleurs et de leurs actes, les traitant de « scélérats » et les accusant du « dérèglement de leurs mœurs ». La confrontation des deux points de vue montre enfin que Gil Blas est beaucoup plus expérimenté et se moque de ce qu'il était jeune. Il fait de lui-même au début de son histoire un héros sans particularités héroïques, qui va probablement acquérir plus d'expérience au cours du récit.

II – Oral objet d'apprentissage : les prises de parole organisées

La perspective de l'oral à l'EAF pose nécessairement le problème de l'apprentissage mené en classe tant en Seconde qu'en Première pour permettre aux élèves d'aborder au mieux cette épreuve.

Une réflexion sur la notion de genre oral nous paraît intéressante pour mener un apprentissage à l'épreuve orale de l'EAF. L'équipe « Français oral » de l'université de Genève a en effet proposé la notion de « genres oraux » qui permet de cerner des outils stables dans la perspective d'en faire un objet scolaire approprié. Si on veut faire de l'oral un objet « enseignable », il nous paraît pertinent de cerner par le biais de la notion de « genre » les exercices permettant de construire un « programme », en tout cas un objet d'apprentissage dans le cadre d'une progression de la Seconde à la Première dans la perspective de l'oral de l'EAF.

Nous retiendrons pour ces exercices oraux le terme de « prise de parole organisée », exercice qui pourrait se rapprocher de l'activité de l'exposé sans toutefois s'y limiter. Nous souhaitons tout d'abord justifier ici de ce choix.

L'exposé est une des activités orales les plus fréquemment pratiquées dans le cadre du cours de français. L'exercice présente un intérêt transdisciplinaire évident puisqu'il est pratiqué dans d'autres matières. Il constitue donc un outil pratique et courant mais le plus souvent à visée informative, venant en support ou en complément du cours. Or les exercices que nous proposons ne sauraient se limiter à des oraux de type informatif.

Par ailleurs, on peut considérer l'exposé comme un genre scolaire oral. L'exercice permet ainsi de réconcilier l'aspect de l'oral comme genre formel et l'oral « intégré ». Nous renvoyons ici à Nonnon qui plaide pour une approche intégrée du travail sur l'oral : elle propose de travailler sur des genres scolaires, plus adaptés aux finalités de l'enseignement de l'oral en milieu scolaire. Or la première partie de l'oral à l'EAF peut être considérée comme un genre oral scolaire avec ses codes, ses conventions. L'exposé constitue véritablement un oral « socialisé », ritualisé, auquel l'élève devra être préparé au cours des classes de Seconde et Première. Mais si l'exposé correspond à la première partie de l'évaluation orale de l'EAF, il nous semble tout aussi indispensable de déconnecter l'apprentissage de l'oral de la stricte préparation à l'épreuve de l'EAF pour proposer une véritable didactique de l'oral.

Nous dépasserons donc la stricte définition de l'exposé comme discours à visée essentiellement informative et choisirons la dénomination de « prise de parole organisée » pour proposer un large éventail de contenus et d'exercices, en fonction des compétences à construire.

1 – Méthodes

Nous envisageons de sélectionner ici une série de prises de parole dont le point commun est de permettre à l'élève de pratiquer des formes de discours très variées qui ne se limitent pas à des oraux de type EAF. Ces prises de parole organisées peuvent être décrites en référence à des genres de discours : discours explicatif, argumentatif, descriptif ou narratif tels que les déclinent les manuels scolaires. En effet, comme nous l'avons précédemment souligné, l'approche par genre permet de caractériser plus facilement les discours oraux travaillés en classe. Nous nous intéresserons ici à des formes d'oral monologal, géré par un seul locuteur : l'élève, mais mettant en jeu à la fois les compétences de l'élève locuteur et de l'élève ou la classe auditoire.

Ces prises de paroles organisées seront bien évidemment envisagées dans leur dimension communicative en permettant à des élèves souvent peu impliqués dans la conduite du cours de participer de façon plus active. D'un point de vue interactionnel, elles nécessitent la prise en compte de l'auditoire. À ce titre, elles nécessitent une véritable prise de risque de la part du locuteur : *s'exposer*, c'est se montrer aux regards de, se livrer, donc être évalué.

Dans la perspective d'un oral « contraint », la prise de parole organisée devra être limitée dans le temps, selon des contraintes précisées en amont : un exposé de 3 minutes peut largement laisser le temps à l'élève de répondre aux contraintes de l'exercice, et permettre une évaluation. Il présentera en outre l'avantage d'être répété régulièrement sans lasser l'auditoire ou trop empiéter sur le cours.

Il nous semble enfin nécessaire d'expliciter en début d'année avec les élèves ce projet d'apprentissage de l'oral : quelles compétences vise-t-on à leur faire acquérir ? Quelles en seront les modalités d'exécution ? Selon quelle fréquence les exercices leur seront-ils proposés ? L'élaboration des fiches d'évaluation pourra être menée collectivement. Il s'agit donc d'un projet collectif à mener sur l'année, selon des modalités clairement identifiées et précisées aux élèves.

Dernier impératif enfin : les exercices devront être réguliers mais jamais déconnectés du travail mené en classe, constamment rattachés à la séquence. L'enseignant pourra sans problème intégrer trois à quatre prises de parole organisées par semaine, sous des formes et des typologies variées. La régularité de l'exercice est en effet garante de son efficacité : chaque élève doit, pour pouvoir progresser, se livrer régulièrement à l'exercice.

2 – Objectifs : quelles compétences acquérir ?

Très souvent, travailler l'oral du bac, c'est travailler des contenus. On attend de l'élève qu'il « restitue » de manière intelligente et intelligible ce qu'il a appris en cours pendant l'année. Il s'agit ici de mettre au point une liste de compétences relevant à la fois des qualités et aptitudes personnelles propres à l'élève, des compétences de conduites discursives mises en jeu le jour de l'examen, ainsi que des savoir-faire techniques qui dépassent largement le cadre de l'EAF[1].

A – Les compétences générales individuelles de l'élève

Les compétences reposent notamment sur les savoirs que possède l'élève, ainsi que sur les savoir-apprendre qui devront être mobilisés.

Les savoirs sont des connaissances résultant de l'expérience sociale, c'est-à-dire de savoirs empiriques et de savoirs académiques, résultats d'un apprentissage. L'élève doit ici faire appel à sa culture générale (connaissance du monde) ou à la maîtrise des codes socioculturels. Nous retiendrons ici les compétences communicatives langagières qu'il devra progressivement acquérir, les relations interpersonnelles qu'il sera amené à gérer, le langage du corps, le savoir-vivre (qui touche à la fois à la présentation générale de la personne, comme l'habillement ; à la ponctualité, aux conventions de la conversation et du comportement...). Entrent également en jeu les dispositions individuelles et traits de personnalité qui touchent par exemple, à l'image de soi et des autres, au caractère introverti ou extraverti manifesté dans la prise de parole. On touche ici aux traits de la personnalité de l'élève, entreprenant ou timide, possédant une bonne mémoire ou non, spontané ou retenu. L'objectif est bien entendu de faire varier ces attitudes de manière à améliorer la performance orale. Seul un entraînement régulier à ces prises de parole organisées, quelles que soient leurs formes, permettra à l'élève d'améliorer sa performance.

Les savoir-apprendre intéressent à la fois l'élève qui expose et les élèves faisant partie du groupe classe interlocuteur. Ils renvoient à la disposition de l'élève locuteur à prendre des initiatives, voire des risques dans la communication en face à face, mais également à développer des qualités d'écoute, d'attention à ce que dit l'autre. Ils relèvent de la capacité à observer de nouvelles expériences, à y participer et à y intégrer de nouvelles connaissances en modifiant ses connaissances antérieures dans la conscience que l'élève peut avoir de la langue et de la communication mais également dans son aptitude à l'étude. On touche ici à la capacité d'utiliser efficacement les occasions d'apprentissage offertes par les conditions d'enseignement, par exemple la capacité à être concentré, à rester attentif à l'information apportée, dans la mesure où l'élève pourra être sollicité le cours suivant pour rendre compte de ce qui s'est dit en cours ; la conscience de ses forces et de ses faiblesses et la capacité d'identifier ses besoins et d'organiser ses propres stratégies pour combler

---

1. Pour distinguer compétences individuelles de l'élève en situation de locuteur ou d'auditeur, et compétences communicatives langagières, nous faisons directement référence au *Cadre européen commun de référence pour les langues*.

ses lacunes ; son aptitude à s'accommoder d'une expérience nouvelle et de mobiliser ses autres compétences (observation, interprétation, induction, mémorisation…) pour la situation d'apprentissage donnée.

B – Les compétences communicatives langagières

Elles peuvent se décliner en compétences linguistique, sociolinguistique et pragmatique.

La compétence linguistique a trait aux savoirs et savoir-faire relatifs au lexique, à la syntaxe et autres dimensions du système de la langue pris en tant que tel. Il s'agit de la compétence à communiquer langagièrement à un destinataire donné. La compétence lexicale relève de la connaissance et capacité à utiliser le vocabulaire de la langue. On évaluera l'étendue du vocabulaire et son utilisation : l'élève possède-t-il une bonne gamme de vocabulaire pour le sujet relatif à l'exposé ; peut-il varier sa formulation pour éviter des répétitions fréquentes à l'aide de périphrases avec une recherche peu apparente d'expressions et de stratégies d'évitement ? La compétence grammaticale met en jeu la connaissance des ressources grammaticales de la langue et la capacité de les utiliser, autrement dit la capacité de comprendre et d'exprimer du sens en produisant des phrases. L'élève doit pouvoir maintenir un niveau convenable de correction grammaticale même lorsque l'attention se porte ailleurs, par exemple sur l'anticipation de son propos ou l'observation des réactions de son auditoire. La compétence phonologique suppose une aptitude à percevoir et à produire la prosodie ou phonétique de la phrase (accentuation et rythme de la phrase, intonation…), et à varier l'intonation et placer l'accent phrastique correctement afin d'exprimer des nuances de sens, jouer avec les attentes de son auditoire…

La compétence sociolinguistique renvoie aux paramètres socioculturels de l'utilisation de la langue, à ses normes sociales comme les règles d'adresse et de politesse. Relèvent de cette compétence les marqueurs des relations sociales qui dépendent de facteurs tels que le statut relatif des interlocuteurs et la proximité de leurs relations, les règles de politesse et les différents registres de langue.

La compétence pragmatique recouvre l'utilisation fonctionnelle des ressources de la langue (réalisation de fonctions langagières, d'actes de parole) mais renvoie également à la maîtrise du discours, à sa cohésion, à sa cohérence, au repérage des types et genres textuels, des effets d'ironie, de parodie… Elle permet donc de traiter de la connaissance que l'élève a des principes selon lesquels les messages sont organisés, structurés et adaptés. Ce sont les compétences discursives. Elles permettent à l'élève d'ordonner les phrases en séquences afin de produire des ensembles cohérents. Ces compétences touchent donc à la fois à la connaissance de l'organisation des phrases ; à la capacité de gérer et de structurer le discours en terme d'organisation thématique, de cohésion et de cohérence, d'organisation logique, de style et de registre, d'efficacité rhétorique ; à la capacité à structurer le plan et l'organisation des textes : comment est structurée l'information pour réaliser description, narration, argumentation…

Le discours va également devoir varier pour la réalisation de fonctions communicatives : sont attendues alors des compétences fonctionnelles. Elles recouvrent l'utilisation du discours oral en terme de communication à des fins particulières qui varient en fonction des discours (description, narration, commentaire, explication, démonstration, argumentation, persuasion…). Deux qualités vont déterminer le succès fonctionnel de la prise de parole. D'une part l'aisance ou capacité à formuler, à poursuivre ou à sortir d'une impasse : est-ce que l'élève peut s'exprimer longuement dans un discours naturel et sans effort. Est-ce qu'il n'a pas tendance à interrompre trop fréquemment et trop longuement son propos, hormis pour réfléchir au mot juste qui exprimera clairement sa pensée ou pour trouver un exemple approprié qui illustre l'explication. D'autre part la précision ou capacité à exprimer sa pensée, à suggérer afin de rendre clair le sens : peut-il exprimer avec précision des nuances de sens assez fines en utilisant avec une correction suffisante une gamme étendue de procédés de modalisations.

C – Les conditions de réalisation des activités langagières

L'approche et la difficulté d'une même tâche peuvent être perçues de façon très différente selon les élèves. Entrent en ligne de compte les conditions de réalisation qui influencent bien évidemment la façon d'appréhender la tâche demandée à l'élève. Ces conditions de réalisation dépendent d'un part des compétences spécifiques de l'élève, et des conditions et contraintes de l'exercice.

Les compétences spécifiques de l'élève font directement référence aux qualités et capacités propres à l'élève, et dépendent de caractéristiques individuelles de nature cognitive, affective et linguistique. Les facteurs cognitifs sont liés tout d'abord à la familiarité de la tâche. La prise de parole sera d'autant plus facilitée que l'élève est familiarisé avec l'exercice, le type de prise de parole, le sujet abordé, le type de texte… Ces facteurs prennent également en compte les aptitudes de l'élève, sa capacité d'organisation, sa culture personnelle, sa capacité à mobiliser des lectures ou des connaissances antérieures. Les facteurs affectifs concernent les émotions et sentiments de l'élève : la confiance en soi qui est liée à l'image de soi et à l'absence ou non d'inhibition, l'implication et la motivation qui vont bien évidemment jouer sur le succès de l'oral, ainsi que l'attitude générale (intérêt pour l'exercice, motivation pour faire partager ses connaissances la classe…). Les facteurs linguistiques font référence au niveau de connaissance et de contrôle de la syntaxe et du lexique, à la précision du vocabulaire employé ainsi qu'à l'aisance et à la pertinence du propos.

Les conditions et contraintes de l'exercice affectent tout d'abord la difficulté des activités d'interaction et production. Une aide extérieure peut faciliter l'exercice : une information préalable sur le type de prise de parole, la distribution d'une grille critériée qui établit précisément les modalités d'évaluation, les références à des contenus abordés en classe... Le temps alloué entre bien évidemment en ligne de compte : temps de préparation, mais également d'exécution. Les conditions matérielles influent également sur l'exercice : bruit de fond, disposition de la salle, température ambiante... Enfin, la nature des participants intervient dans la difficulté de l'oral : s'agit-il de s'adresser à ses camarades, à l'enseignant, à l'enseignant d'une autre classe ? D'autres contraintes proviennent directement de la réception. L'élève peut bénéficier d'une aide extérieure selon que l'oral est précédé ou non d'une phase préparatoire, que les consignes ont été claires et suffisamment explicites ou plus équivoques, que l'oral est le résultat d'un travail de groupe ou d'un travail individuel.

3 – Vers une typologie des prises de parole organisées

L'aisance orale essentielle le jour de l'EAF nécessite un entraînement préalable à la prise de parole qui ne saurait se borner à l'exercice limité à des « oraux type bac ». De même, l'expression d'un jugement personnel assumé attendu tant lors de la première partie de l'épreuve orale que dans l'entretien ne peut s'acquérir qu'au cours d'exercices ciblés et auquel l'élève pourra s'exercer à de nombreuses reprises. Notre objectif dépasse donc la stricte préparation à l'oral de l'EAF pour envisager une progression de la Seconde à la Première.

Nous envisagerons des situations extrêmement différentes de celle de l'oral de l'EAF, notamment en ce qu'elles engagent l'élève par rapport à l'enseignant, mais aussi par rapport à ses camarades. Le contexte communicationnel sera donc complexe : l'auditoire étant constitué à la fois de l'auditoire classe et de l'audi-toire enseignant. L'élève livré à l'exposé devra donc adapter doublement son discours : gagner l'attention de ses camarades et conserver l'approbation de son professeur.

A – Raconter (Seconde)

a – Que raconter ?

Une prise de parole portant sur « raconter » s'intègre naturellement à une séquence sur le récit. On peut raconter une nouvelle extraite d'un recueil, raconter un roman lu en lecture cursive, résumer les chapitres déjà lus... Mais l'exercice ne saurait se limiter au récit : les mêmes exercices pourront être transposés lors de l'étude du théâtre : « Que s'est-il passé dans l'acte précédent ? ». En Seconde, les modules fournissent par ailleurs un cadre intéressant pour multiplier ce genre d'exercices.

Les prises de parole peuvent être organisées de façon extrêmement variée. On peut demander à un élève de :

– Raconter à la première personne : une rencontre, une visite de classe, une expérience personnelle.
– Raconter une histoire qu'il doit inventer à partir de contraintes narratives plus ou moins fortes. On peut lui imposer la situation initiale et/ou finale, le sujet ou le personnage principal. Dans ce cas précis, la consigne peut être complétée de façon à rendre plus complexe l'exercice au fur et à mesure de l'année. On peut organiser des « prises de parole continues » en demandant à un élève, à partir d'un canevas donné, de raconter le début d'une histoire, et à un autre de raconter la suite le lendemain. D'autres compétences seront ici en jeu : la capacité d'écoute, d'attention à la parole d'autrui, et les contraintes propres à l'exercice de narration (respect de la cohérence interne du récit, de la situation d'énonciation, du contexte).
– Raconter l'intrigue d'un livre lu ou résumer les chapitres précédents avant une lecture analytique menée en classe.

Selon les objectifs assignés à ces prises de parole organisées, il convient de lier l'exercice oral à une situation de communication qui soit la moins fictive possible. Il s'agit ainsi de rendre l'oral plus efficace en motivant le sens de l'intervention orale. Les compétences communicationnelles seront d'autant plus naturellement mises en place par l'élève que sa prise de parole pourra avoir une prise directe sur l'auditoire classe : si l'élève raconte une visite de classe, il s'adressera particulièrement à l'élève absent ou donner à la classe son avis personnel. Raconter une histoire, cela peut être aussi tout simplement pour « le plaisir du conte » et on rappellera ainsi la satisfaction que l'on peut retirer d'une fiction lue ou racontée. Si on raconte l'intrigue d'un livre, c'est pour donner envie aux autres élèves de le lire, ou pour qu'ils apprennent le contenu d'un texte à portée patrimoniale ou dont l'enseignant estime qu'il doit être connu de tous. Rappeler les chapitres précédents d'une œuvre dont on étudie un extrait en lecture analytique peut permettre à tous de restituer le passage dans son contexte. On peut même demander à l'élève en début de séance de raconter le passage étudié « De quoi parle le texte ? Que raconte-t-il ? ». Même si l'élève se voit ainsi contrait de paraphraser le texte, cela peut constituer un point de départ efficace à la lecture analytique.

b – Compétences discursives mobilisées

Les compétences visées dans ce genre de prise de parole organisées pourront être définies avec les élèves, par exemple en cours de module.

Il s'agit tout d'abord de compétences linguistiques et discursives : raconter, c'est rapporter des événement dans le temps, c'est proposer une évolution qui fait passer un personnage d'une situation à une autre. Il s'agit d'une part de rendre perceptible le déroulement chronologique de ce que l'on raconte. On attendra d'un élève de Seconde que ce déroulement ne soit pas seulement linéaire mais emploie des anticipations, des analepses, des ellipses narratives en jouant avec les attentes de l'auditoire pour retarder par exemple la venue d'un événement important. Le travail sur les connecteurs temporels est donc ici essentiel : adverbes et compléments circonstanciels de temps souligneront le déroulement de l'action. L'élève devra également utiliser judicieusement les temps verbaux (temps du passé et présent de narration). Enfin raconter nécessite également un travail de concision : raconter, c'est faire des choix, voir l'essentiel, et à ce titre reformuler, utiliser des formules englobantes.

L'attention portée à la situation d'énonciation est également déterminante. La consigne donnée implique là encore des choix : la narration à la première personne (récit d'une expérience) ou à la troisième personne (raconter une histoire, résumer une intrigue).

Raconter suppose également la préférence d'un point de vue que l'élève devra pouvoir justifier : le narrateur est-il présent dans le récit ou bien s'efface-t-il derrière les faits ?

Ces séances de prise de parole organisées autour du discours « raconter » devront donner lieu à une synthèse qui amènera chacun à réfléchir sur les fonctions de ces oraux : il s'agit à la fois d'informer, de distraire, et de transmettre un savoir. Le récit permet à la fois de présenter un point de vue personnel et de procurer des émotions à son auditoire.

B – Décrire (Seconde)

a – Que décrire ?

L'étude de l'image apparaît très nettement dans les documents d'accompagnement sous ses deux enjeux que sont la maîtrise des discours et l'acquisition de références culturelles. Le programme propose donc « d'inclure dans les lectures celle de l'image c'est-à-dire de s'attacher à dégager les spécificités du discours de l'image et à mettre en relation le langage verbal et le langage visuel ».

Les prises de parole organisée s'attachant à la description peuvent prendre en compte la description d'un paysage ou le portrait d'un personnage. À ce titre, elles s'intègrent naturellement dans les séquences consacrées au récit, mais aussi et surtout à l'histoire littéraire et culturelle. L'exercice peut paraître également pertinent dans la perspective de l'EAF dans la mesure où le corpus proposé à l'élève à l'écrit peut comporter un document iconographique. On peut au fil des prises de parole rendre plus complexe les attentes en rajoutant un certain nombre de contraintes. L'élève ne devra plus décrire ce qu'il voit mais inventer en décrivant la même scène en changeant par exemple de point de vue. Il faudra ici faire les ajustements que nécessite ce glissement de point de vue, ajustement à la fois dans l'organisation de la description (d'où la scène est-elle vue alors ?), mais également en fonction du nouveau foyer de vision (qui voit ? quels sont ses sentiments par rapport à la scène décrite ? quels changements cela implique-t-il en terme de lexique, de registre...).

- On pourra par exemple au cours d'une séquence consacrée en Seconde à l'histoire littéraire et culturelle du romantisme, en complément à l'étude de *René* en œuvre intégrale, proposer aux élèves de décrire le paysage de Gaspar David Friedrich, *La Gorge* (1822) ou le *Portrait de Franz Liszt* par Henri Lehman.
- Dans l'exercice évoqué dans la mise en œuvre « L'articulation entre oral et écrit dans la lecture analytique » p. 163 sur le texte de *Gil Blas de Santillane.* « Décrire la scène du point de vue des voleurs » impliquait le glissement du registre réaliste vers le registre ironique, voire comique.
- Dans le cadre de la séquence proposée dans la première partie « Objets d'étude et perspectives d'étude » p. 29 sur *L'Œuvre* de Zola, on peut demander à deux élèves de décrire pour l'un d'entre eux, *Le Déjeuner sur l'herbe* de Manet, pour l'autre *Plein Air* de Claude Lantier à partir des extraits qui lui sont consacrés dans le roman. On pourra également proposer à un autre élève : « Imaginez ce que voit le personnage de dos, au premier plan. Décrivez ».

b – Compétences discursives à mobiliser

Le discours descriptif situe les éléments dans l'espace et s'attache à caractériser des personnages, des paysages ou des objets. Le plus souvent, il efface les marques de l'énonciation, recourt à la troisième personne et emploie le présent et l'imparfait de description. L'oral doit également mettre en jeu les éléments linguistiques qui désignent ou qualifient, propres à la syntaxe descriptive : présentatifs, démonstratifs, verbes d'état, appositions, adjectifs, subordonnées relatives, ainsi que des repères spatiaux (adverbes et compléments circonstanciels de lieu). Le discours descriptif utilise des verbes de regard et de perception, et adopte donc un point de vue, celui du narrateur ou du personnage.

Au fur et à mesure des prises de parole, les descriptions devront se faire de moins en moins linéaires et énumératives. Le déroulement de la description devra être de plus en plus élaboré, proposer un ordre moins aléatoire. Il conviendra de varier les outils de qualification et mettre l'accent sur les outils stylistiques au service de la description (comparaison, métaphore, personnification...).

On s'attachera enfin à mettre en évidence la fonction de la description : à l'intérieur du roman la description sert-elle l'histoire ou l'analyse psychologique ? Permet-elle d'anticiper sur la suite de l'intrigue ? À l'oral, décrit-on seulement pour informer son auditoire dans une perspective documentaire ou dans une perspective argumentative ?

C – Expliquer / informer (Seconde / Première)

a – Quelle information communiquer ?

Dans les pratiques quotidiennes, les discours explicatif ou informatif sont très souvent liés au narratif ou à l'argumentatif. Dans le cadre de prises de parole organisées au lycée, nous ne proposerons que des séquences se limitant à la prise de parole explicative / informative. Restituer des informations, présenter le résultat d'une recherche sur un sujet donné a pour objectif de communiquer un savoir lié à un support documentaire antérieur. Les domaines d'intervention peuvent être très larges, mais on ne perdra jamais de vue que ces prises de parole sont toujours intégrées à la séquence didactique. Il s'agira donc souvent pour l'enseignant de proposer à un élève une recherche documentaire sur un auteur, une œuvre, un événement historique… et d'en exposer le résultat à ses camarades. On voit combien l'exercice peut être précieux dans la perspective de l'étude d'un mouvement littéraire et culturel : la prise de parole organisée permet alors un apport historique ou culturel. L'enjeu est directement perceptible : il s'agit pour l'élève de communiquer un savoir, d'apporter une information importante et nouvelle en lien direct avec la séquence, d'instruire son auditoire. Cela suppose en amont pour l'élève locuteur une recherche documentaire précise ; on limitera plus que jamais la prise de parole aux trois à quatre minutes préconisées plus haut afin de gagner en efficacité, de ne pas lasser l'auditoire et d'éviter les exposés traînant en longueur. L'élève locuteur est ainsi placé en position d'« expert » par rapport à ses camarades, possédant un savoir qu'ils ne maîtrisent pas. Une attention soutenue au contenu de l'oral peut corriger cette ignorance.

Dans la perspective d'une progression de la Seconde à la Première, on proposera dans un premier temps des prises de parole à caractère purement informatif du type « Présenter le résultat d'une recherche » pour aller vers des prises de parole qui mêleront information et argumentation à savoir « Expliquez et justifier pourquoi / en quoi… ».

- On pourra demander à un élève « Effectuez une recherche documentaire sur la politique expansionniste de Louis XIV » en complément du groupement de texte « Portrait de Louis XIV » (p. 53).
- Lors d'une séquence consacrée à l'étude du romantisme : *René* de Chateaubriand en œuvre intégrale : « Expliquez à un élève absent en quoi consistent les caractéristiques du registre lyrique ».
- Dans le cadre d'une séance en Première : « Des cannibales » (p. 68), Montaigne en œuvre intégrale : « Présentez à vos camarades les conclusions d'une recherche sur la découverte et la conquête du Nouveau Monde ».

– À la suite de la lecture cursive de la « Note de l'auteur » de *L'Œuvre au noir,* Yourcenar, on peut demander à un élève : « Présentez à vos camarades une courte biographie des écrivains qui servent de modèle littéraire à Zénon ».

b – Quelles compétences discursives mobiliser ?

La prise en compte du destinataire est encore plus importante ici que dans les prises de parole portant sur « raconter » et « décrire » : l'élève doit partir de ce que l'auditoire sait ou ignore, et organiser son discours en fonction des attentes du destinataire. Ces attentes sont ici d'importance puisqu'il s'agit de communiquer à la classe une information complémentaire dont elle pourra tirer profit. La prise en compte de la réception est donc essentielle. Il s'agira donc de proposer une prise de parole claire, bien organisée. La progression du propos doit être directement perceptible. Le propos doit débuter par une présentation du sujet, puis le sujet lui-même avant de conclure. L'élève pourra utiliser le support du tableau pour noter dates, noms propres, mots difficiles. Enfin, le rythme de l'oral devra s'adapter à l'auditoire : l'élève sera attentif à ses réactions et ne pas hésiter à répéter des notions qui sembleront difficiles en fonction des réactions de l'auditoire, à ménager des pauses pour permettre à tous de suivre le fil de l'expli-cation, à avoir recours éventuellement au tableau.

Le locuteur peut, en fonction des consignes, s'engager sous la forme du je et impliquer ses destinataires ou bien choisir de rester en retrait en usant de constructions impersonnelles. L'oral se fait généralement au présent de vérité générale et les connecteurs logiques sont utilisés pour traduire les relations entre les faits, notamment pour traduire les relations de but et de cause.

D – Reformuler (Seconde / Première)

a – Quelles formes de la reformulation ?

La reformulation est une prise de parole organisée plus complexe qu'il n'y paraît. Elle combine plusieurs compétences discursives puisqu'elle mêle narration, explication et argumentation. Les exercices seront sériés et complexifiés de la Seconde à la Première.

La reformulation prend nécessairement appui sur des éléments préalablement « formulés » en rapport avec le cours, et a pour objectif d'aider les élèves à mobiliser leurs connaissances, à lier entre elles les séances en travaillant sur la cohérence de la progression pédagogique, et éventuellement, mais de façon plus marginale, à leur apporter de nouveaux savoirs. Dans ce cas, on fera plutôt appel à des prises de parole relevant d'informer/expliquer. Il s'agit de proposer à la classe un compte rendu synthétique et organisé de travaux, de lectures, de pistes de réflexion amorcés en classe.

- En fin de cours, alors que la lecture analytique d'un texte a été menée à l'oral, on peut demander aux élèves de reprendre les éléments essentiels et rédiger une synthèse : « Vous reformulerez les conclusions de la lecture analytique ».
- L'exercice proposé en Première peut être plus complet : lors de la validation en classe d'une lecture cursive, les élèves ont pu répondre à l'oral aux pistes de lecture fournies par l'enseignant. Après ce temps d'oral, un élève sera désigné pour préparer pour le cours suivant une reformulation des remarques faites à l'oral. « Vous ferez une synthèse des axes de lecture proposés autour de la validation de la lecture cursive ».
- À la suite d'un débat mené en cours, on peut désigner deux élèves secrétaires qui seront chargés, à la suite du débat, de reformuler les arguments des deux partis. « Après avoir présenté les deux thèses en présence, vous reformulerez dans un oral organisé les arguments avancés par chacune des deux parties. »

b – Quelles compétences discursives mobiliser ?

La prise de parole organisée portant sur « Reformuler » implique tout d'abord la compréhension précise du contenu dont il faut rendre compte. Proposer une reformulation des éléments évoqués à l'oral lors d'une lecture analytique implique que l'élève ait compris le texte, et qu'il ait bien suivi les débats. Des qualités de synthèse seront bien évidemment mobilisées : reformuler, c'est en l'occurrence récapituler les remarques entendues ou notées, retenir les plus importantes en supprimant celles qui sont redondantes ou peu pertinentes. Enfin, ce sont des qualités d'expression qui seront convoquées.

Il s'agira de présenter de façon rigoureuse sa prise de parole de façon organisée : après avoir présenté en début d'intervention l'objet de la reformulation et le support sur lequel elle s'appuie (écrit lu, débat en classe, lecture analytique d'un texte), la reformulation doit rapporter les points forts de l'expérience (débat, lecture analytique, validation de la lecture cursive), avant de conclure. La phase conclusive pourra par exemple mettre en valeur la pratique de l'exercice proposé à la reformulation, l'intérêt des pistes de lecture proposées, ou encore la validité des thèses en présence lors d'une confrontation polémique.

Selon les consignes données et le type d'exercice, l'élève pourra ou non s'impliquer personnellement dans sa reformulation. On pointera le fait que toute reformulation supposant des choix, elle implique le point de vue du locuteur et relève ainsi de l'argumentation. L'expression explicite du point de vue du locuteur fera l'objet d'une autre prise de parole consacrée à l'expression d'un point de vue ou avis personnel.

E – Exprimer un avis personnel, une position (Seconde)

a – Pourquoi exprimer un avis personnel, une position ?

L'oral de l'EAF demande aux élèves de rendre compte de leur lecture du texte, de leurs réactions de lecteur face au texte. L'implication de l'élève dans son discours, son engagement sont donc des éléments d'évaluation importants. Or dans ce genre de situation, l'élève se trouve face à deux difficultés presque contradictoires. La première est d'assumer la prise de risque qui consiste à s'investir personnellement, à affirmer devant autrui un avis personnel. Cette « exposition » périlleuse n'est pas si évidente pour certains élèves sans une pratique régulière de l'exercice. La seconde difficulté consiste à affirmer la présence du je et la doser de façon judicieuse afin de rendre le discours efficace : certains élèves affirment leur position personnelle avec beaucoup de force. Réfléchir jusqu'à quel point ils peuvent s'engager dans l'avis exprimé et à l'aide de quels outils, peut constituer un premier axe de travail pour cette prise de parole organisée. Dans cette première étape qui les mènera vers l'argumentation, on ne demandera pas forcément à l'élève de justifier sa prise de position. L'objectif principal sera d'apprendre à l'élève à s'investir personnellement, affectivement dans l'expression d'un avis, d'un jugement de valeur.

On pourra dresser une typologie de ces prises de parole organisées en fonction de la finalité du discours. L'élève devra, en fonction des consignes, exprimer un jugement de valeur moral ou esthétique, rendre compte de sa réaction émotionnelle, s'interroger sur le degré de vérité d'un événement, sur la nécessité d'une action.

- L'évaluation, l'appréciation : C'est la prise de parole la plus fréquemment proposée en classe. L'élève doit exprimer son avis sur un livre lu. On peut également lui demander d'exprimer son avis personnel sur la conduite d'un personnage. Dans le passage de *Gil Blas de Santillane* vu précédemment, la classe aura été sensibilisée à la conduite extrêmement ambiguë du personnage. On pourra interroger un élève : « D'après vous, Gil Blas va-t-il pouvoir, dans la suite du roman, accéder au statut de héros ? » Ou encore, lors de l'étude de *La Maison du Chat-qui-pelote,* les élèves ont eu à travailler en évaluation sur la scène de rencontre entre Augustine et Théodore de Sommervieux : « Pensez-vous que cette rencontre laisse présager un amour heureux entre Augustine et Théodore ? »
- La réaction émotionnelle à un fait : En Seconde, les élèves viennent d'achever la dernière scène d'*Hernani.* Don Ruy Gomez, caché sous le domino noir, a rappelé à Hernani la parole donnée et le pousse au suicide au nom de valeurs héroïques. Dona Sol le précède. Les deux héros meurent dans les bras l'un de l'autre. On s'interrogera sur la valeur du geste de Don Ruy Gomez : « Comment réagissez-vous à la conduite de Don Ruy Gomez dans ce dernier acte ? »

– Le degré de vérité d'un événement : Cet exercice peut intervenir en fin de lecture d'une œuvre et constituer à ce titre une forme de validation de la lecture cursive. Il peut également intéresser particulièrement le genre de l'essai ou, en série littéraire, l'autobiographie. Il peut enfin intervenir en cours de lecture d'une œuvre et interroger sur les motivations d'un personnage. Dans la séquence proposée en Seconde sur Proust dans le cadre de l'objet d'étude «Le travail de l'écriture», les élèves ont pu comparer deux versions d'un même épisode : l'épisode de la biscotte dans la préface *Contre Sainte-Beuve,* et celui de la madeleine dans *Du côté de chez Swann.* On demandera à un élève : «Pensez-vous que Proust nous rapporte ici un événement qu'il a réellement vécu ?»
– Le degré de nécessité d'une action. Lors de la lecture d'*Andromaque,* Racine en œuvre intégrale en Seconde (Objet d'étude : Théâtre, genre et registre), on étudie la scène III, 8 entre Andromaque et Céphise où la confidente essaie de convaincre sa maîtresse d'accepter le mariage avec Pyrrhus, mariage qui sauverait son jeune fils Astyanax : « Selon vous, Andromaque doit-elle épouser Pyrrhus pour sauver Astyanax ?»

b – Quelles compétences discursives mobiliser ?

On insistera particulièrement sur les choix qu'implique l'investissement d'un point de vue personnel, affectif dans l'expression d'un avis. On exigera bien évidemment la présence des indices de la personne, de la première mais également de la deuxième personne. La fonction expressive du langage est mobilisée : le locuteur exprime ses sentiments et manifeste sa présence dans son énoncé. L'élève devra également distinguer dans l'affirmation de son point de vue ce qui est sûr de ce qui est possible ou probable, et faire une utilisation judicieuse des modalisateurs compris comme ensemble des termes et expressions grammaticales par lesquels le locuteur exprime une appréciation sur le contenu de l'énoncé (rejet, distance, adhésion), et dans un sens plus large, sur le sujet dont il parle, notamment à l'aide de différents indices :

– des verbes : pouvoir, paraître, devoir, sembler, trouver, croire, prétendre... ;
– des adverbes et conjonctions : certainement, apparemment, peut-être, sans doute, heureusement, hélas, vraiment, aussi... ;
– de l'emploi du conditionnel qui peut modérer une affirmation «Je dirais que» ; de l'impératif ou du subjonctif de souhait «fasse... puisse...» ;
– du vocabulaire appréciatif et dépréciatif : lexique appréciatif, suffixes péjoratifs ou intensifs, niveau de langue, mots à connotation positive ou négative...
– d'indices syntaxiques : les phrases exclamatives et interrogatives qui expriment l'émotion du locuteur ou s'adressent à l'interlocuteur «N'avez-vous jamais ressenti...».

Enfin, l'élève devra savoir utiliser la concession à la fois pour nuancer sa propre position et prendre en compte la position d'autrui. La séquence suivante lui demandera d'aller plus loin et d'articuler discours personnel et discours argumentatif en justifiant le jugement de valeur.

F – Argumenter : convaincre, persuader (Seconde/Première)

a – Convaincre et persuader son auditoire

L'argumentation est au programme de Seconde comme de Première. En Seconde, l'intitulé de l'objet d'étude est « Démontrer, convaincre, persuader » ; en Première « Convaincre, persuader, délibérer ». Nous choisissons ici de nous intéresser à convaincre et persuader, deux démarches argumentatives communes aux classes de lycée. Ces prises de paroles pourront être intégrées aux séquences consacrées en cours à l'argumentation, mais elles ne sauraient s'y limiter. Sans préconiser le tout argumentatif, on fera juste remarquer que pour un élève de lycée, apprendre à construire une stratégie argumentative, soutenir une thèse dans l'intention d'emporter l'adhésion du destinataire, constitue une étape indispensable tant pour vérifier sa compréhension et sa connaissance que pour l'initier à l'épreuve de l'EAF, mais également pour l'aider dans l'affirmation de son opinion et la construction de sa personnalité.

Convaincre consiste à faire partager son opinion. Fondée sur le raisonnement, cette démarche fait appel à la raison du destinataire et s'appuie sur des arguments logiques et des exemples.

– Dans le cadre de l'étude de *Paul et Virginie* en œuvre intégrale avec la problématique « Nature et culture », on demandera à un ou deux élèves : « Dans une argumentation logique consacrée à convaincre, vous proposerez à vos camarades un réquisitoire contre l'éducation reçue par Virginie ».

Persuader est une démarche qui repose sur la séduction ; elle cherche à rallier le destinataire en cherchant à toucher sa sensibilité et son imagination.

– Une séquence a étudié les formes de la délibération dans le théâtre cornélien. Une séance a été consacrée à la lecture analytique des stances de Rodrigue, hésitant entre son honneur qui le pousse à venger son père et son amour pour Chimène (I, 6). On demandera à une élève d'imaginer la réponse de Chimène : « Imaginez le discours de Chimène qui tente de persuader Rodrigue de renoncer à sa vengeance au nom de leur amour. Vous serez particulièrement attentifs aux procédés affectifs destinés à obtenir l'adhésion de son amant ».

On insistera sur le fait que bien souvent, l'argumentation associe plusieurs démarches.

– Au cours d'une séquence consacrée à l'apologue, il a été proposé aux élèves « Les animaux malades de la peste » de La Fontaine. En conclusion de cette séance, on proposera à un élève de modifier la situation finale de la fable: « Imaginez le discours de l'âne qui se révolte contre l'accusation portée contre lui. Dans un discours s'adressant à tous les animaux, qui mêle arguments logiques et procédés de persuasion, il lance un appel à la révolte contre l'iniquité du roi ».

b – Quelles compétences discursives mobiliser ?

Convaincre s'appuie sur des arguments et des idées mobilisés pour soutenir la thèse. Ces arguments peuvent être de nature variée : on retiendra l'argument d'autorité, l'argument par analogie et l'argument *ad hominem.* Ils s'inscrivent dans un raisonnement logique : on distinguera raisonnement déductif, inductif, raisonnement analogique et raisonnement par l'absurde. Les exemples accompagnent l'argument ; ils font fonction de preuve. Pour établir une grille critériée visant à l'évaluation de ces oraux, on sera particulièrement attentif aux stratégies argumentatives mises en place et à leur justification. Tout d'abord l'ordre de l'argumentation : la thèse a-t-elle été énoncée au début ou à la fin, dans le cadre de quelle stratégie argumentative ? Puis l'agencement des arguments : dans quel ordre les arguments sont-ils présentés ? Pour quelle raison ? Enfin la valeur des exemples : s'agit-il d'un exemple illustratif ou argumentatif ? A-t-il été choisi de façon pertinente ? Les connecteurs logiques enfin doivent mettre en évidence les relations qui agencent le raisonnement.

Persuader consiste à modifier l'opinion d'autrui en faisant appel à ses sentiments : admiration, crainte, pitié, amour… Pour persuader, il faut donc trouver des arguments affectifs adaptés à l'auditoire. Certaines figures ont une grande force persuasive : en créant une certaine complicité avec l'auditoire, l'ironie et la litote ; les figures d'amplification, d'exagération et d'opposition permettent d'agencer les idées de façon expressive ; de même, métaphores et comparaison sont là pour frapper l'imagination de l'auditeur et donner plus de poids à l'argumentation. On insistera dans ces oraux sur la situation de communication. Tout d'abord l'image que le locuteur cherche à donner de lui-même : pour être persuasif, il doit paraître bienveillant, honnête, sincère ; mais on insistera également sur l'implication de l'auditoire dans son discours. La fonction injonctive du langage est à prendre en compte ici : pour chercher à agir sur le destinataire, le locuteur l'interpelle. Les impératifs, les invocations ou apostrophes, les interrogations rhétoriques et les marques de la deuxième personne sont autant de signes qui devront apparaître à l'oral. Autre caractéristique de cette démarche, c'est l'action oratoire qui accompagne le discours et relève également de la persuasion : le ton de la voix et ses variations, l'expression du visage, la gestuelle participent de cette volonté de modifier l'opinion d'autrui.

On ne peut tout évaluer lors d'une prise de parole organisée. Selon l'objectif visé, on proposera des contraintes différentes en rendant plus complexes les exigences. On peut par exemple demander à l'élève d'insister particulièrement sur la prise en compte de la situation de communication ; ou au contraire d'être plus attentif à la qualité et la progression des arguments. La prise de parole devra être organisée selon des critères définis en classe : introduction mettant en place le cadre de l'argumentation (présentation de la situation, définition des enjeux du discours argumentatif, axes structurants de l'argumentation) ; l'argumentation elle-même, organisée en une succession logique et cohérente d'arguments et d'exemples ; une conclusion qui rappelle la thèse initiale et les enjeux du discours.

Nous avons proposé ci-dessus quelques exemples de prises de parole organisées à intégrer dans des séquences qui ne sont pas forcément centrées sur l'argumentation. On peut décliner ce type de prise de parole en l'adaptant à des situations plus complexes. Nous proposons ici « Faire l'éloge et le blâme » et « Exposer un point de vue de lecture et le justifier » qui relèvent du même discours argumentatif et requièrent les mêmes compétences de logique de discours.

G – Faire l'éloge / le blâme (Seconde)

a – Dans quel cadre faire l'éloge et le blâme de quelqu'un / quelque chose ?

« Éloge et blâme » est un objet d'étude qui figure de au programme de Seconde. « Le but est de percevoir et comprendre en quoi les usages de l'éloge et du blâme sont des moyens importants d'argumentation ». À travers ces deux genres de l'épidictique, on approche les différentes façons de persuader en montrant la part des affects dans l'argumentation, tout en abordant des textes divers qui constituent des références culturelles importantes. L'éloge est un discours par lequel le locuteur vante les qualités de quelqu'un ou de quelque chose ; le blâme, à l'inverse, met en avant les défauts. Il s'agit dans les deux cas de porter un jugement d'ordre moral ou esthétique, et convaincre les destinataires que ce jugement est juste. Ce type de discours se prête bien à une prise de parole organisée puisque les critères et les procédés peuvent être aisément distingués.

Les principaux genres de l'éloge et du blâme seront abordés dans le cadre de la séquence didactique en cours : genres fonctionnels, genres oratoires et genres littéraires – voir la séquence « Éloge et blâme : portrait de Louis XIV ». Mais les prises de parole organisées portant sur éloge et blâme pourront être intégrées à toutes les séquences, permettant de faire un bilan ponctuel ou de vérifier les connaissances de l'élève. Les circonstances de l'éloge et du blâme peuvent être variées et porter sur des objets très différents.

– Faire l'éloge ou le blâme d'une opinion, d'une décision ou d'un comportement
  - À l'issue de l'acte I d'*Électre*, Électre interrompt le face à face Oreste / Clytemnestre (I, 11) et condamne son frère à être le bras de sa vengeance. La prise de parole organisée pourra permettre de faire un bilan ponctuel

dans l'étude de l'œuvre en demandant à un élève : « Montrez en quoi le désir de vengeance d'Électre peut paraître blâmable ».

- Dans une séquence consacrée à l'apologue, les élèves ont pu étudié l'extrait de l'*Histoire des oracles,* « L'Histoire de la dent d'or » de Fontenelle. En lecture cursive, on a proposé l'extrait de l'essai III, 11 « Des boiteux », où Montaigne fustige le même comportement. Pour clore la séance, on demandera à un élève : « Faites le blâme d'un raisonnement fondé sur les préjugés ».
- En synthèse de l'étude de *L'Œuvre* de Zola en œuvre intégrale, un élève permettra d'aborder la conclusion de la séquence en répondant à cette consigne : « À partir des projets de Sandoz et Lantier tels qu'il sont exprimés dans le roman en littérature et en peinture, faites l'éloge de l'engagement dans l'art ».

– Faire l'éloge ou le blâme d'une personne à travers le portrait. Si le portrait décrit l'aspect physique, la psychologie, les attitudes d'un personnage, il a forcément une visée argumentative. On peut louer la personne pour ses qualités physiques ou morales, dans des circonstances privées ou publiques ; on peut à l'inverse la blâmer pour sa conduite et ses défauts.

- Nous l'avons déjà proposé : ces prises de parole organisées peuvent permettre une validation de la lecture cursive. Ainsi, suite à la séquence sur « Des cannibales » de Montaigne, les élèves ont lu la « Note de l'auteur » qui fait suite à *L'Œuvre au noir* de Marguerite Yourcenar. À partir de ce texte, ils peuvent, sans avoir lu le roman, reconstituer le personnage de Zénon. On demandera à deux ou trois d'entre eux : « Faites un portrait élogieux de Zénon à partir de votre lecture et de vos connaissances concernant l'humanisme ».
- Lors de l'étude en œuvre intégrale des *Nouvelles orientales* de Marguerite Yourcenar, les personnages ont travaillé sur la caractérisation du personnage de Marko à partir de deux nouvelles « Le sourire de Marko » et « La fin de Marko Kralievitch ». On pourra alors leur demander : « Faites un portrait à charge de Marko ».

b – Quelles compétences discursives mobiliser ?

L'éloge et le blâme sont des discours de persuasion. Nous avons présenté plus haut une séquence sensibilisant les élèves à ce type d'exercices. Il s'agit de persuader des défauts ou des qualités d'une personne ou d'un objet, de susciter rejet ou au contraire admiration pour cette personne ou cet objet. Éloge et blâme utilisent :

– la première personne qui engage le locuteur ;
– le vocabulaire appréciatif, des figures de styles valorisantes ou dévalorisantes ;
– des procédés d'écriture expressifs : amplification, apostrophes, accumulation… ;

– des figures de style mettant en relief le jugement du locuteur : comparaison, métaphores, périphrases, hyperboles pour l'éloge ; ironie, antiphrase pour le blâme ;
– des registres particuliers : lyrique pour l'éloge ; polémique ou satirique pour le blâme.

L'éloge ou le blâme peuvent également porter sur une œuvre littéraire. Nous préférons consacrer une séquence à part entière à ce type d'oral argumenté. Il s'agit alors d'exposer un point de vue de lecture et le justifier.

H– Exposer un point de vue de lecture et le justifier (Première)

a– Une prise de parole complexe

Lors de la lecture analytique, l'examinateur attend avant tout de l'élève un point de vue personnel, si modeste soit-il. Ce que l'on attend de lui, c'est d'abord qu'il nous donne sa lecture. Nous nous sommes intéressés plus haut à l'expression d'un avis ou d'un point de vue, dans une approche centrée sur l'expression personnelle de l'élève sans s'attarder sur la conduite de l'argumentation. Nous pouvons à présent, dans le cadre d'une didactique de l'oral, aller plus avant en demandant à l'élève d'exprimer sa lecture du texte en justifiant cette lecture. La séquence sur l'éloge et le blâme consistait à exprimer un jugement de valeur et le justifier. Il s'agira pour l'élève d'exposer son point de vue de lecture d'un texte et de le justifier. Nous lions ici constamment la prise de parole à la lecture littéraire d'un texte ou d'une œuvre.

Cette prise de parole requiert donc de l'élève des compétences discursives complexes :
– mobiliser des connaissances antérieures sur un texte / une œuvre ;
– exprimer un point de vue personnel de lecteur sur un texte ;
– justifier de cette lecture en articulant discours descriptif et discours argumentatif puisqu'il sera demandé dans l'exercice d'illustrer le point de vue de lecteur par des références précises au texte ;
– agir sur le destinataire classe en développant l'argumentation.

Ce type de prise de parole organisée pourra varier en fonction de la progression didactique élaborée par chaque enseignant, de la place qu'elle occupe dans la séquence, et du type de séquence dans laquelle elle est associée. On peut dans ce cadre déroger à la durée de trois minutes prescrites plus haut, si elle paraît trop réduite pour permettre à l'élève d'argumenter son propos de façon suffisamment précise. Nous proposons ici une typologie de ces prises de parole que l'on peut proposer aux élèves :

• Exposer son point de vue de lecteur sur un personnage littéraire. Cet exercice sera proposé essentiellement lors de l'étude d'un texte en œuvre intégrale qui permet le recul nécessaire pour saisir l'évolution, l'épaisseur et la complexité d'un personnage. La consigne pourra varier en fonction de l'objectif de l'exercice. On pourra commencer par demander à l'élève de justifier d'un point de vue. « Vous montrerez dans un exposé construit et argumenté le caractère mélancolique de René ». On lui demandera ensuite d'exposer spontanément son point de vue personnel. « En quoi le personnage de Noël Guinard, dans *Fragments d'un paradis,* peut-il apparaître comme un double de la figure de l'auteur ? »

- Exposer son point de vue de lecteur sur une œuvre dans son intégralité ou sur une partie seulement.

On peut demander aux élèves en lecture cursive préalable à la lecture en œuvre intégrale de s'arrêter à un point défini de l'œuvre et de donner leur point de vue sur l'évolution de l'intrigue jusqu'à ce point de lecture. Les élèves par exemple, auront à lire *Paul et Virginie* jusqu'au bain de Virginie, épisode charnière dans l'économie du roman et l'évolution des personnages puisqu'il marque le passage de l'enfance à l'adolescence. Il s'agit du moment où nature et vertu se dissocient. La nature auparavant bénéfique devient tentatrice et destructrice : « Quel sens pouvez-vous donner à cet événement à l'issue de votre lecture ? »

Ce type de prise de parole est également à privilégier dans le cadre de la validation de la lecture cursive. C'est un moyen de vérifier à la fois la lecture et la compréhension de l'œuvre à lire par l'élève. À la suite d'une séquence consacrée par exemple à l'étude du récit, les élèves auront à choisir un roman dans une liste proposée par l'enseignant. Il s'agira de donner son point de vue sur l'œuvre lue en justifiant cette position par des références au texte. « Vous donnerez votre point de vue de lecteur dans un discours argumenté et documenté sur l'œuvre que vous avez lue ».

Demander à un élève d'exposer son point de vue de lecteur sur un aspect de l'œuvre étudiée en œuvre intégrale peut permettre à l'enseignant d'approfondir un axe de lecture privilégié de l'œuvre. Pour l'étude de « Des cannibales » de Montaigne en Première L, l'enseignant a demandé à un élève : « Vous étudierez dans l'œuvre la façon dont Montaigne utilise les références à l'Antiquité ». On attendra ici de l'élève qu'il fasse une lecture précise de l'œuvre, un relevé précis des références à l'Antiquité, des différents modes d'intégration de ces citations grecques et latines, et qu'il commente l'usage qu'en fait Montaigne dans la conduite de son argumentation. Là encore, les attentes devront être adaptées en fonction de la classe et de la progression à l'intérieur de la séquence. Cette prise de parole servira alors de support à une séance qui visera à montrer comment cet échange vivant avec les Anciens dans l'essai relève d'une pratique de lecture vivante, active mais autonome.

Enfin, ces prises de parole organisées peuvent être conçues comme des modes d'évaluation de lecture. Demander à un élève après l'étude des *Nouvelles orientales* « Le Lait de la mort : conte merveilleux ou nouvelle réaliste ? », c'est attendre de lui qu'il mobilise ses connaissances et poser la question du genre et du registre qui a constitué la problématique de lecture de l'œuvre.

- Exposer son point de vue de lecteur sur un extrait, c'est déjà s'engager dans une prise de parole plus proche de celle qui est exigée à l'EAF. Il s'agira ici, non pas de répondre à une problématique donnée, à une question sur un texte, mais de demander à l'élève soit en amont de la lecture analytique, soit en aval, de donner son point de vue, sa lecture du texte. Cette lecture devra bien entendue être argumentée et justifiée par des références au texte.

b – Quelles compétences discursives mobiliser ?

On évaluera plus particulièrement ici :

– L'importance accordée à la situation d'énonciation : l'investissement personnel de l'élève dans la prise de parole et la prise en compte de l'auditoire. La difficulté réside dans le fait de donner son point de vue sans surinvestir le discours, mais sans s'effacer totalement non plus. Cette exigence a été traitée plus haut (Exprimer un avis personnel, p. 177).

– *dans le discours argumentatif, on privilégiera :*

- la qualité, l'ordre et la pertinence des arguments ; le souci de progression. Il s'agit en effet de trouver un mode d'enchaînement qui soit argumentatif et non descriptif ; d'éviter les listes d'arguments mais de dynamiser le discours. L'élève doit dégager trois ou quatre enjeux du texte en allant du moins important au plus important ; il peut par exemple partir d'une observation première extérieure, pour aller vers une interprétation plus approfondie de l'œuvre ou du texte dont il doit rendre compte.
- l'usage pertinent d'un métalangage à réinvestir. Le vocabulaire d'analyse littéraire et grammaticale doit être à la base de la justification du point de vue de lecture. Il s'agit dans un premier temps d'amener les élèves à considérer le langage comme un outil dont il faut maîtriser les formes et les enjeux pour en faire un usage pertinent. L'élève doit donc montrer qu'il maîtrise ce métalangage et qu'il est capable de l'utiliser de façon judicieuse. Nous n'en donnerons pas ici la liste. Ce vocabulaire d'analyse littéraire doit être compris comme un outil pratique qui sert à désigner de façon précise des phénomènes intéressants pour une meilleure compréhension, pour une lecture approfondie du texte. Des questions générales (qui parle ? à qui ? de quoi ? quand et où ?), l'étude de la construction du texte, du lexique, de la syntaxe, la valeur des temps et des modes, les figures de style peuvent être posées pour tous les textes. Ce métalangage variera ensuite en fonction du

genre du texte: on étudiera particulièrement la stratégie et la progression d'un texte argumentatif, le point de vue et les discours rapportés dans un texte narratif, l'importance des didascalies et la répartition de la parole dans un texte théâtral; la versification dans un texte poétique.

– *dans le discours descriptif,* l'élève doit maîtriser les modes d'insertion des citations du texte dans le discours et articuler correctement argument et exemple.

Tout au long de la prise de parole, on pourra exiger de l'élève qu'il explicite les aspects métadiscursifs de son exposé : expliciter le plan, le passage d'une partie à l'autre de son exposé, rappeler ce qui a été dit précédemment, ménager des transitions…

On demande ainsi à l'élève de passer de l'état de description du texte à celui de l'interprétation à l'aide des indices relevés. On voit de cet exercice oral peut aller de pair avec l'initiation au commentaire littéraire.

I – Répondre à une problématique de lecture (Première)

Dégager une problématique de lecture, c'est cerner un problème posé par le texte, c'est définir un projet de lecture qui s'attache à un aspect particulier mais important du texte. Une fois la problématique dégagée ou posée, la lecture du texte est orientée en fonction de cette idée directrice. Cette problématique guide des procédés d'écriture. Il ne s'agit pas de faire une étude complète du texte, mais de répondre à la question en s'appuyant sur une observation détaillée du texte. On attend ainsi de l'élève qu'en fonction de l'aspect du texte éclairé par la question qui donne une direction forcément limitée à l'étude, il exploite et commente des procédés d'écriture appropriés.

Les compétences discursives mobilisées reprennent en partie celles qui ont été exposées plus haut dans des prises de paroles qui conduisent l'élève, au cours d'exercices graduellement plus complexes, à dégager une problématique du texte / à construire une lecture réfléchie du texte à partir de cette problématique. Il s'agit ici pour l'élève de répondre de façon argumentée et construite à une question sur un texte préalablement étudié en classe, c'est-à-dire savoir réinvestir le discours du cours dans un discours second qui implique à la fois compréhension du texte, recul par rapport à ce qui a été dit en cours et reformulation personnelle. Il s'agit là de la prise de parole organisée la plus proche de ce qui est demandé à l'élève à l'oral de l'EAF. Elle sera plus amplement traitée par la suite (Chapitre 3).

4 – Évaluer

Cette typologie d'exposé peut, on l'aura compris, donner lieu à d'infinies variantes, d'infinies adaptations. Dans les conditions de réalisation, on pourra demander à ce que la prise de parole organisée prenne ou non appui sur un écrit antérieur (cours, texte documentaire, texte littéraire). L'exposé pourra, selon les circonstances, s'appuyer sur des notes ou pas. Il aura été préparé en temps limité ou de façon plus libre à la maison. Certains pourront être improvisés en classe. À chaque enseignant de constituer à partir de la typologie précédente une progression cohérente qui mènera les élèves entrant en Seconde jusqu'à l'épreuve orale de l'EAF.

Nous ne proposerons pas ici de modalité d'évaluation de ces prises de paroles organisées. Si la fréquence, la durée les objectifs et le contenu en ont été précisément définis précédemment, libre à chaque enseignant d'élaborer des grilles d'évaluation en fonction du mode d'intervention des prises de parole à l'intérieur de la séquence, du rôle qui leur est assigné (soutien à la lecture analytique, appoint documentaire, mode de validation des connaissances…) et des objectifs assignés à ces prises de parole. On pourra distinguer dans chacune des grilles d'évaluation les critères concernant l'expression orale (voix, débit, rythme, articulation, prononciation, intonation, expression, qualité de la langue, prise en compte des destinataires) des contenus et savoirs mobilisés. Il convient que l'élève locuteur réalise qu'il n'est pas le seul sollicité au cours de ces prises de parole. On peut solliciter le groupe auditeur en l'interrogeant sur la performance : la prise de parole a-t-elle rempli ses objectifs ? A-t-elle été suffisamment claire ou convaincante ? On peut aussi faire évaluer la prestation orale par les autres élèves. Il est important dans tous les cas d'insister auprès des élèves sur la dimension communicationnelle de tout oral : toute prise de parole consiste en une prise de risque ; parler devant autrui, c'est être forcément évalué.

CHAPITRE 3

Préparer les élèves à l'oral de l'EAF

Même si la préparation directement orientée vers les exercices qui composent l'oral est logiquement réservée à l'année de l'EAF, l'apprentissage s'inscrit dans une perspective progressive qui débute l'année de Seconde. Durant l'année de Première, on a souvent le sentiment que le temps manque pour mettre en place des activités orales. Pourtant, celles-ci s'inscrivent naturellement dans le cadre des lectures analytiques et cursives et elles s'articulent tout aussi naturellement à la préparation aux épreuves écrites. Ainsi tel travail mis en place sur une lecture cursive pour préparer à l'entretien peut être réutilisé avec profit pour enrichir une dissertation d'exemples.

Nous avons tenté dans cette perspective d'envisager les différents aspects d'une préparation aux épreuves orales de l'EAF, sans pour autant prétendre à l'exhaustivité.

L'accent est mis notamment sur le travail de groupes dans les exercices que nous proposons pour préparer les élèves aux épreuves orales du bac. Ce type de travail apparaît comme le lieu privilégié – mais non exclusif – du travail sur l'oral. L'interaction contribue en effet à l'élaboration de la compréhension et de la formulation d'un sens par la répétition, la contestation, l'ajustement réciproque. Cela favorise des compétences d'écoute et de production de la parole. La verbalisation favorise aussi la progression dans l'interprétation des textes. Faire travailler les élèves en groupe développe la prise de parole de tous les élèves, même des plus timides qui ne participent pas en classe entière. Idéalement, cela permet de modifier la perception souvent négative que les élèves ont de leur propre parole : elle acquiert de la valeur dans le cadre de l'échange dialogué sur le texte. Le travail de groupe est aussi le lieu d'apprentissage de l'autonomie dans le travail, où les élèves construisent des compétences communicationnelles précieuses, on le verra, dans la perspective de l'entretien.

I – Préparer à l'exposé

1 – Quelle lecture analytique pour l'exposé ?

La lecture commentée en classe s'oriente dans deux directions distinctes et complémentaires : la lecture analytique et la lecture cursive. La première partie de l'épreuve de l'EAF a partie liée avec le premier type de lecture, l'entretien avec le second. Le candidat ne peut pas être interrogé sur les lectures cursives pour son exposé. La découverte et l'étude en classe du texte par l'élève jouent donc un rôle fondamental dans la prestation du candidat. Un tel constat ne découle pas de la réforme introduite en 2003 : on posait dans les mêmes termes le problème avant que ne soit introduit à l'oral du bac la question [1]. Réfléchir aux enjeux et aux implications de la lecture analytique semble d'autant plus nécessaire que cela conditionne bel et bien la réussite de l'exposé.

La lecture analytique, par ailleurs, est une approche des textes qui s'exerce avant tout à l'oral, dans le cadre des interactions verbales qui ont lieu dans la classe.

La question ne se réduit pas à l'idée de « faire parler » les élèves en classe. Elle ne se résume pas davantage au problème pédagogique bien réel des élèves qui n'osent pas s'exprimer dans le cadre du cours. Au demeurant, un élève discret en classe tout au long de l'année peut produire le jour de l'oral du bac un excellent oral.

Ce qui est en jeu de façon fondamentale, c'est bien la conception du travail sur les textes que suppose la démarche de la lecture analytique. Elle fait donc pleinement partie des enjeux les plus urgents mais aussi les plus complexes de la didactique de l'oral. Une « véritable » lecture analytique permet à l'élève d'être capable de répondre à la question. Que l'oral ne soit pas un « discours second [2] » restituant de façon mécanique le discours premier assumé dans le cadre de la classe par le professeur dépend largement du type de lecture analytique mis en place durant l'année. Or ce que l'on s'autorise en Seconde (prendre le temps d'une véritable découverte du texte par les élèves, viser des objectifs précis sans envisager une étude qui serait exhaustive, etc.) tend à disparaître en Première.

---

1. L'article d'Elizabeth Nonnon paru dans le numéro de *Recherches* n° 22, offre une réflexion précieuse sur ce sujet mais aussi plus généralement sur les démarches à mettre en œuvre pour préparer les élèves à l'épreuve orale. Elle précise que « les prestations d'élèves le jour d'un oral obligent à s'interroger sur les conduites de verbalisation que ces élèves ont réellement eu jusqu'ici à pratiquer en classe pour élucider les opérations permettant de problématiser et d'interpréter un texte ». Elle ajoute que ces prestations « sont difficilement séparables de la réalité des échanges verbaux dans la classe, où se sont initialement construits le rapport aux textes, l'image de ce qui est attendu en fait de discours à leur propos, mais aussi la place de sa propre parole dans l'élaboration de ce discours, et où peut s'exercer l'apprentissage pratique des conduites de verbalisation attendues », p. 101-102.
2. *art cit*, p. 126-127.

Durant l'année de Première, en effet, les lectures analytiques possèdent un statut particulier lié à l'échéance du bac. Le descriptif est la trace contractuelle de ce travail. Logiquement, les professeurs préparant des élèves à l'oral du bac ont le souci de faire de ces lectures analytiques des moments-clés du cours. La tentation alors est grande de faire une étude du texte la plus complète possible, en la présentant de façon extrêmement codifiée (et s'apparentant peu ou prou à un commentaire composé pour préparer les élèves à l'exigence d'organisation de l'exposé). Ces deux démarches ne sont pas satisfaisantes dans l'optique de la préparation de l'exposé.

Pour ce qui est d'une lecture analytique qui tendrait à l'exhaustivité, cela donne lieu à des lectures hypertrophiées, qui se poursuivent d'une séance sur l'autre et allongent considérablement la durée de la séquence sans pour autant garantir une meilleure préparation dans la perspective de l'oral du bac. En effet, la question posée invite, comme on a pu le voir, à réfléchir au texte à partir d'un aspect spécifique de ce dernier, qui devra faire l'objet de l'attention de l'élève : qu'il soit noyé dans une lecture analytique-fleuve peut difficilement l'aider. Quant au souci d'une étude excessivement formalisée et rigide, elle présente le même travers de ne pas stimuler la réflexion de l'élève sur un texte, de ne pas lui faire lire véritablement l'extrait… ce qui est pourtant supposé être évalué le jour de l'oral du bac.

La lecture analytique en Première suppose donc bien une élaboration des démarches d'interprétation pleinement prise en charge par l'élève. Elle suppose également que l'élève puisse dire « ce qu'il pense » du texte[3]. L'enjeu est celui, fondamental, de développer l'autonomie de l'élève. Or c'est précisément une démarche qui est au cœur de la réussite de l'exposé le jour de l'oral du bac.

Il ne s'agit donc pas de découvrir un sens du texte qui serait caché et dont le professeur serait le dépositaire, mais de lire un texte en construisant progressivement une interprétation fondée. L'intérêt est double : d'une part cela favorise l'oral en

3. Comme le souligne encore Elizabeth Nonnon, nous nous situons ici dans des questions qui se posent avec acuité dans le cours de français : l'activité de commentaire des textes est éminemment problématique. Non seulement pour les élèves, dont le rapport aux textes littéraires est loin d'être évident, mais aussi pour le professeur. C'est bien le « contrat disciplinaire » qui n'est parfois pas suffisamment clair. Elizabeth Nonnon pose à ce sujet des questions-clés : « Comment le fonctionnement concret du travail sur les textes en classe, les dispositifs mis en place et les échanges verbaux à leur sujet peuvent-ils aider les élèves à clarifier ce contrat disciplinaire et l'investissement qui est attendu d'eux dans le discours sur les textes ? Comment les placer davantage, face aux textes, dans une posture de prise en charge d'une interrogation et d'une interprétation ? ». Elle souligne par ailleurs le problème que pose la question de la paraphrase. Certains textes suscitent une telle approche qui est nécessaire aux élèves, au moins dans un premier temps de leur analyse, puisqu'ils s'approprient ainsi le texte en le reformulant. Il convient sans doute d'éviter de condamner en bloc une pratique qui semble aux antipodes de ce qui est attendu en matière de commentaire littéraire mais qui correspond pourtant à un réel mode d'approche des textes.

classe, et d'autre part cela place l'élève dans la posture de lecteur que l'on est susceptible d'attendre de lui lorsqu'il sera candidat. Encore faut-il que les professeurs devenus examinateurs acceptent de ne pas attendre une étude qui épuise tous les sens du texte et qui se présente sous la forme canonique de trois parties équilibrées et qu'ils valorisent la réflexion du candidat sur la question posée.

Par ailleurs, les tâches langagières telles que justifier, étayer, citer sont au cœur des lectures analytiques et devront être maîtrisées le jour de l'épreuve pour produire un bon exposé. La séance de lecture analytique d'un texte doit idéalement permettre de s'entraîner à ces différentes situations. Elles sont le lieu de l'apprentissage de la maîtrise du processus de construction du sens : on passe d'un relevé à une hypothèse interprétative, d'un jugement à une observation précise du texte et de ses indices. C'est là que l'élève construit les compétences qui lui permettront le jour de l'épreuve de répondre à la question en justifiant ses analyses et en motivant ses jugements.

Pour éviter que les mêmes élèves, à l'expression orale aisée, prennent de façon systématique la parole au détriment du reste de la classe, on gagne à passer – même pour des repérages très ponctuels – par un temps de préparation individuelle et faisant l'objet d'un brouillon. Les élèves plus lents ont le temps de la réflexion et la prise de parole s'appuie sur un écrit comme lors de l'épreuve orale. On demande alors à l'élève que la réponse fasse l'objet d'une prise de parole développée. En variant ces temps lors des séances – il s'agira parfois de relever un champ lexical, parfois de choisir des citations pertinentes pour illustrer telle interprétation, parfois de justifier une hypothèse – les interactions verbales dans la classe peuvent, de façon plus efficace, constituer un véritable travail sur l'oral.

Comment placer véritablement les élèves dans une posture de lecteur ? Beaucoup de réflexions menées sur la lecture analytique proposent des pistes fécondes sur la question. Les réactions des élèves recueillies au début de l'étude du texte doivent être le véritable point de départ de l'interrogation méthodique du texte. Elles permettent de suivre un projet de lecture qui donne tout son sens à l'étude du texte. Par ailleurs, les synthèses s'élaborent en commun, constituant des temps de réflexion et non de copie pour les élèves. L'oral peut se travailler en passant par l'écrit, comme nous avons pu le voir. Les notes, les questions ponctuelles de repérages (lexique, versification, syntaxe…) qui vont déboucher sur une interprétation, les synthèses élaborées par les élèves et non sous la dictée du professeur sont des moments importants de la lecture analytique.

Mise en œuvre

Une lecture analytique en Première

Nous proposons une séquence destinée à des élèves de Première, en détaillant une des lectures analytiques mises en oeuvre. Elle s'inscrit dans le cadre de l'objet d'étude intitulé « le roman et ses personnages : visions de l'homme et du monde ». Le groupement de texte est une propédeutique à l'étude en œuvre intégrale *La Curée* d'Émile Zola. La progression entre la Seconde et la Première est ménagée car l'approche du genre est ici réflexive.

Titre : Ambivalence des rapports entre le romancier et la science dans le XIXe siècle positiviste, entre identification, fascination et distance critique.

Problématique : Plus qu'un motif, la présence de la science et les figures de scientifiques dans les romans du XIXe porte en creux l'imprégnation, par les écrivains, des convictions positivistes du siècle. Ces convictions suscitent, de façon profonde, des modifications dans la vision de l'homme et du monde dont le roman est porteur. Cette aspiration à la science, à une démarche scientifique, infléchit et inaugure les projets romanesques même.

Groupement de texte

- Jules VERNE, *Autour de la lune,* Paris, Édition GF Flammarion, 1978, chapitre IV, p. 276 à 283.
- Gustave FLAUBERT, *Bouvard et Pécuchet,* Édition de Claudine Gothot-Mersch, collection Folio classique, Gallimard, chapitre III, p. 116 à 118.
- Émile ZOLA, préface de *La Fortune des Rougon,* Édition d'Henri Mitterand, collection Folio classique, Gallimard, p. 23-24.
- Émile ZOLA, *Le Docteur Pascal,* Édition d'Henri Mitterand, collection Folio classique, Gallimard, chapitre IV, p. 144-145.

Objectifs de la séquence

- Aborder l'évolution du genre romanesque.
- Réfléchir aux rapports entre le roman et la science (plus largement entre la littérature et la science) dans une époque donnée, en contextualisant les différents extraits étudiés ; aborder la question du mouvement du naturalisme dans son ambition et son parti pris scientifique.

Lecture analytique du texte de Zola : extrait du *Docteur Pascal,* 1893

« En tous cas, continua-t-elle, la science a fait table rase, la terre est nue, le ciel est vide, et qu'est-ce que tu veux que je devienne, même si tu innocentes la science des

espoirs que j'ai conçus?... Je ne puis pourtant pas vivre sans certitude et sans bonheur. Sur quel terrain solide vais-je bâtir ma maison, du moment qu'on a démoli le vieux monde et qu'on se presse si peu de construire le nouveau? Toute la cité antique a craqué, dans cette catastrophe de l'examen et de l'analyse; et il n'en reste rien qu'une population affolée, battant les ruines, ne sachant sur quelle pierre poser sa tête, campant sous l'orage, exigeant le refuge solide et définitif, où elle pourra recommencer la vie... Il ne faut pas s'étonner de notre découragement ni de notre impatience. Nous ne pouvons plus attendre. Puisque la science, trop lente, fait faillite, nous préférons nous rejeter en arrière, oui ! dans les croyances d'autrefois, qui pendant des siècles, ont suffi au bonheur du monde ».
– Ah ! c'est bien cela, cria-t-il, nous en sommes bien à ce tournant de la fin du siècle, dans la fatigue, dans l'énervement de l'effroyable masse de connaissances qu'il a remué... Et c'est l'éternel besoin de mensonge, l'éternel besoin d'illusion qui travaille l'humanité et la ramène en arrière, au charme berceur de l'inconnu... Puisqu'on ne saura jamais tout, à quoi bon savoir davantage? Du moment que la vérité conquise ne donne pas le bonheur immédiat et certain, pourquoi ne pas se contenter de l'ignorance, cette couche obscure où l'humanité a dormi pesamment son premier âge?... Oui ! c'est le retour offensif du mystère, c'est la réaction à cent ans d'enquête expérimentale. Et cela devait être, il fallait s'attendre à des désertions, quand on ne peut contenter tous les bonheurs à la fois. Mais il n'y a là qu'une halte, la marche en avant continuera, hors de notre vue, dans l'infini de l'espace ».
Un instant ils se turent, sans un mouvement, les regards perdus parmi les milliards de mondes, qui luisaient au ciel sombre. Une étoile filante traversa d'un trait de flamme la constellation de Cassiopée. Et l'univers illuminé, là haut, tournait lentement sur son axe, dans une splendeur sacrée, tandis que, de la terre ténébreuse, autour d'eux, ne s'élevait qu'un petit souffle, une haleine douce et chaude de femme endormie.

Les élèves découvrent au début de la séance ce texte court, limpide et riche à la fois. Après la lecture du texte, une présentation rapide explicite la place de l'extrait dans le roman. *Le Docteur Pascal* clôt en effet le cycle de Zola intitulé « Les Rougon-Macquart, histoire naturelle d'une famille sous le second empire ». À travers le personnage du docteur Pascal, il en présente aussi un bilan. Pascal Rougon vit avec sa nièce Clotilde, qu'il a élevée. C'est un savant, un homme passionné par la science, qui n'exerce presque plus la médecine, préférant se consacrer à des travaux de recherche. Il travaille sur la question de l'hérédité et a choisi comme objet d'étude sa propre famille, les Rougon-Macquart. Sa nièce l'assiste dans ses recherches. Mais attirée par la religion, elle s'éloigne peu à peu des convictions de son oncle et essaie de le détourner de la science. Ils ont un soir une discussion passionnée dans laquelle ils confrontent leurs points de vue. Le texte étudié est un extrait de cette discussion.

Quelques minutes sont laissées aux élèves pour formuler par écrit leurs impressions de lecture. La découverte du texte fait l'objet d'une appréhension première individuelle et réfléchie. Ces impressions premières sont lues à la classe (il suffit pour cela de ramasser quelques unes des productions d'élèves, de compléter à l'oral si elles ne rendent pas compte de tout ce qui a pu émerger). De ces propositions premières découle la suite du travail. Le texte fait l'objet, de façon immédiate, de remarques sur les positions opposées des deux personnages sur le thème de la science. Parfois émergent aussi des réflexions sur la proximité entre les personnages, diversement suggérée dans l'extrait: Clotilde puis le docteur Pascal s'expriment tous deux au discours direct dans un saisissant parallélisme que l'on peut voir sur plusieurs plans ; le troisième paragraphe introduit le décor de la description, un décor loin d'être neutre et qui joue un rôle dans l'échange entre les personnages, etc. Ces remarques constituent le point d'appui pour approfondir les premières réflexions sur le texte. Le projet de lecture vise donc à élucider la tension entre le discours sur la science, opposant science et religion de manière démonstrative, qui est le plus évident dans le texte mais ne le résume pas, et les ambivalences qui apparaissent en creux.

Il s'agit tout d'abord pour ce texte de valider les hypothèses sur l'opposition des deux points de vue. Ce sont les élèves eux-mêmes qui mènent le travail. Ils analysent en effet les deux discours, à l'aide d'un travail sur le lexique et sur la figure de la métaphore que le professeur leur a suggéré. Un premier bilan peut être fait, que l'on gagne à faire rédiger par les élèves. Le discours de Clotilde exprime le rejet de la science et l'attirance pour la religion. L'opposition entre science et religion qui apparaît ici est caractéristique d'un certain type de convictions du XIXe siècle. La figure du docteur Pascal est exemplaire du discours du savant. De plus, les deux personnages jouent clairement un rôle dans ce débat. Les élèves retrouvent ici des éléments qu'ils connaissent car ils correspondent à des connaissances acquises lors de l'étude des autres extraits de la séquence : connaissances culturelles liées au statut de la science au XIXe, compétences pour étudier un dialogue romanesque et envisager le rôle d'un personnage.

Il est facile ensuite de poursuivre l'analyse pour approfondir l'idée de tension, pour éviter de résumer ce texte à sa dimension argumentative. Les deux discours sont plus proches qu'il n'y paraît à la première analyse ; le dernier paragraphe introduit dans la réflexion un cadre qui reprend en réalité la discussion sous un autre aspect et le texte s'ouvre à une dimension poétique. Le discours même du docteur Pascal est à rapprocher d'un discours religieux que pourtant il condamne avec force, au point que l'on pourrait parler de la « foi » du docteur Pascal. Là encore, des analyses précises (lexique, rythme, images) sont effectuées pour que les élèves restent sensibles à ce qui caractérise la lecture analytique et lui donne sens : le va-et-vient entre observation et interprétation. Le texte en réalité dépasse bien l'opposition démonstrative. Ce qui est suggéré, c'est bien la proximité entre les deux personnages.

Le point sur : De l'explication de textes à la lecture analytique

Aux origines de l'explication de textes se trouvent le commentaire antique puis la glose de textes latins, ce qui explique le poids, d'une part, de l'analyse linéaire et d'autre part de l'explication au sens de déploiement de la signification du texte. Longtemps, l'explication de textes scolaire, exercice-clé des études de lettres, s'est opérée selon ce schéma canonique, qu'accompagne une rhétorique très ritualisée.
Le renouvellement de l'approche en vigueur s'est imposé pour différentes raisons. C'est tout d'abord un aspect sociologique qui l'a rendu nécessaire. Le primat accordé aux connaissances sur et autour du texte ôte tout sens à l'explication au sens traditionnel du terme pour une grande partie des élèves, dans un enseignement secondaire qui s'est transformé en s'ouvrant à un plus large public. Parallèlement aux recherches en psycholinguistique sur la lecture, de nouvelles approches pédagogiques sont apparues, notamment sous l'impulsion du *Français Langue Étrangère*. Cette nouvelle approche s'est enfin enrichie de théories littéraires mettant l'accent sur la réception et donc sur le rôle du lecteur.
Le terme de lecture méthodique apparaît dans les programmes en 1987. Mais il ne s'agit pas de proposer un exercice qui se substitue à l'explication de textes canonique. Quels sont alors les principes de la lecture que l'on dit maintenant analytique ? Le travail sur le texte donne lieu à une démarche de lecture active, de construction de sens. Il convoque des approches variées, relevant de diverses théories de la lecture et de la littérature. Il s'agit bien d'un parcours et non d'un produit.
Si lecture analytique et lecture cursive constituent les deux modalités complémentaires selon lesquelles s'articulent la lecture au collège et au lycée, la lecture analytique a clairement pour ambition de proposer une interprétation du texte. En classe, l'approche des textes selon ce mode permet de construire peu à peu l'autonomie de l'élève face au texte littéraire. Il fait en effet l'apprentissage du va et vient entre observation et interprétation. Les hypothèses formulées sont validées par l'examen attentif du texte. Si cette démarche est directement liée à l'épreuve orale du bac à plusieurs titres, c'est aussi le commentaire écrit qu'irrigue la pratique de la lecture analytique.

2– Décomposer et sérier les critères pour mieux travailler l'oral

L'étude effectuée en classe sous la forme d'une lecture analytique débouche sur l'exposé le jour de l'oral de l'EAF. Mais le candidat peut aussi être interrogé sur un texte qui n'a pas fait l'objet d'une lecture analytique en classe s'il appartient à un œuvre intégrale étudiée. On peut donc parler, pour cerner le travail que l'on demande au candidat, de l'examen méthodique, orienté par une question, d'un texte connu. C'est un exercice difficile et qui requiert une préparation spécifique. Comment réaliser un exposé «type-bac»? Qu'est-ce qu'un bon exposé? Pour répondre à ces questions auprès des élèves, il est tout d'abord important de clarifier parfaitement ce que l'on attend d'eux. Si une grande partie de ces attentes est liée au travail sur les textes qu'ils pratiquent tout au long de l'année lors des séances de lecture analytique, on leur demande également un travail très spécifique qu'ils doivent avant tout comprendre.

Pour cela il faut consacrer du temps à sérier avec eux les compétences exigées. Certes, séparer des compétences naturellement imbriquées dans la réussite de l'exercice peut apparaître assez artificiel, mais une telle démarche ouvre la possibilité d'un apprentissage progressif et permet au professeur de proposer différents exercices ponctuels. Le travail est effectué à partir des instructions officielles définissant l'épreuve et de la représentation que les élèves se font d'une épreuve orale. Trois séries de critères émergent :

- Il faut répondre à l'interrogation en proposant une analyse littéraire du texte orientée par cette question posée par l'examinateur. Le travail comporte alors deux pôles qui s'articulent dans le déroulement de l'exposé. Il s'agit tout d'abord de proposer du texte une analyse pertinente et motivée. Pour répondre à la question, le candidat appuie ses observations sur des citations précises du texte, il utilise des procédés stylistiques variées. Par ailleurs, il doit également montrer ses connaissances. Il est important de parfaitement clarifier les attentes pour cette série de critères qui est au cœur de la réussite de l'exercice. Pour cela, on peut renvoyer au cadre des lectures analytiques puisque c'est là d'une part que s'élabore le travail qui donnera lieu à l'exposé et d'autre part que les élèves abordent les textes selon les principes qu'ils retrouveront le jour de l'épreuve.
- L'exercice obéit à une mise en forme particulière. Le candidat doit maîtriser la rhétorique de l'exercice car c'est un art du convaincre que la situation d'évaluation impose. L'exposé se déroule donc selon des étapes claires: lecture du texte, introduction, développement et conclusion. La lecture peut avoir lieu avant ou après l'introduction; la question constitue le projet de lecture, l'axe selon lequel s'organise la réponse à la question; le développement est ordonné; la conclusion propose une synthèse. Les Instructions officielles

utilisent le terme de « démonstration ». La définition du mot avec les élèves met en évidence le fait que l'exposé doit présenter une organisation démonstrative et qu'il ne peut donc pas consister en une simple juxtaposition de remarques ponctuelles. Des marques de liaisons permettent de rendre compte des différentes étapes.

– C'est enfin un exercice oral dans lequel la qualité de la communication établie entre en compte de façon significative. Le candidat doit présenter un exposé oral clair et audible, s'adresser à l'examinateur et manifester sa conviction.

Pour faire apparaître les compétences et capacités à mettre en œuvre pour réussir un exposé, le professeur peut également prendre appui sur l'oral d'un ou plusieurs élèves. L'ensemble de la classe prépare un exposé type-bac ; deux ou trois élèves passent devant leurs camarades durant le temps imparti de dix minutes. Le professeur élabore alors avec la classe une fiche qui recense les difficultés rencontrées par le ou les élèves puis les compétences à mettre en œuvre pour tenter de les surmonter. La fiche peut se présenter sous une forme simple et claire. Le professeur peut la distribuer en guise de bilan de la séance ou choisir de l'élaborer pas à pas en fonction des oraux et des interventions des élèves par rapport à leurs propres préparations.

Un tel dispositif permet de donner sens aux injonctions qui sont celles du professeur. Ainsi, l'exigence d'organisation du discours correspond-elle à une nécessité : un discours de dix minutes décousu, confus, dans lequel s'enchaînent de façon désordonnée des remarques disparates ne peut être compris de l'auditoire. La rhétorique de l'exercice est ainsi envisagée auprès des élèves non pas comme un cadre arbitraire mais bien comme un art du convaincre.

Pour rendre plus efficace ce travail qui décompose les différents aspects de l'exercice, il est possible de faire travailler les élèves à partir d'une grille critériée. Elle permet tout d'abord de cerner les objectifs et les critères de jugement sur lesquels ils seront évalués. Elle est aussi le moyen de mesurer les problèmes auxquels ils sont confrontés. Auto-corrective, elle peut aussi permettre de mesurer les progrès d'une prestation à une autre. C'est donc un dispositif qui présente de nombreux avantages.

La grille critériée n'est cependant pas une panacée. Elle tend à mettre tous les critères sur le même plan, elle formalise des compétences dont la maîtrise est souvent globale et intuitive et elle peut laisser penser qu'il existe un exposé-type qui serait attendu par l'examinateur. De plus, certaines conduites discursives propres à la communication orale sont constituées d'une interaction entre des compétences qu'une grille sépare.

Problèmes rencontrés	**Compétences à mettre en œuvre pour les surmonter.**
Brièveté de l'exposé	Maîtriser des savoirs littéraires qui permettent l'analyse des textes : genres, registres, outils de l'étude stylistique...
Absence de prise en compte de la question - ou prise en compte insuffisante	Savoir analyser une question posée sur un texte ; mobiliser les savoirs en fonction de la question ; analyser un texte de façon personnelle.
Connaissances insuffisantes	Mobiliser ses connaissances sur le texte, le contexte, l'objet d'étude ; transférer des connaissances pour les adapter au texte étudié.
Exposé oral peu convaincant	Bien utiliser les ressources de l'expression orale (voix, gestes, conviction) ; s'exercer à la rhétorique de l'exercice (comme art de convaincre et de persuader).
Mauvaise gestion du temps de préparation	Prendre plus efficacement des notes, bien utiliser le brouillon ; gérer les 30 minutes de préparation : relecture du texte, analyse de la question, étude du texte en fonction de la question, organisation de l'exposé en plusieurs étapes claires.

Cependant ce type d'approche, surtout si une séance est consacrée à l'élaboration avec les élèves de cette grille peut se révéler très efficace pour préparer l'exposé de l'EAF. Il est possible d'y avoir recours au début du travail sur l'oral pour peu à peu se détacher de son utilisation au fur et à mesure que la maîtrise de l'exercice est acquise.

Par ailleurs, plusieurs types de grilles peuvent être envisagés. Si elle est élaborée avec les élèves comme un moyen d'auto-évaluation ou d'autocorrection, on peut leur suggérer de formuler les critères sous la forme de phrases à la première personne définissant les compétences requises. Pour la série de critères concernant l'expression et la communication, on peut ainsi lister les capacités : « j'utilise un niveau de langue approprié ; j'utilise un vocabulaire riche » etc. Avec des élèves pour qui la mise en forme même de l'exercice pose problème, il est plus judicieux de proposer une grille qui suive les différentes étapes de l'exposé, de l'introduction à la conclusion. On peut alors demander aux élèves d'évaluer sous la forme d'un codage les prestations de leurs camarades lorsque celles-ci ont lieu de façon régulière au début d'une séance.

Mise en œuvre

Exemple d'une grille critériée autocorrective pour l'exposé

Nom : Classe :

Texte sur lequel porte l'explication :

Temps utilisé pour la préparation :

Critères	Codage : ++ +/- -	Remarques
Réflexion, analyse et connaissances : – compréhension et prise en compte de la question, – réponse argumentée, – références au texte, citations, – analyse de procédés d'écriture, – connaissances culturelles en lien avec le texte (contexte, mouvement littéraire etc.).		
Rhétorique de l'exercice : – respect du temps de parole, – lecture correcte et/ou expressive, – réponse organisée avec des étapes claires : introduction, développement, conclusion.		
Expression et communication : – qualité de l'expression : niveau de langue, clarté, richesse et précision du vocabulaire, – voix : débit, articulation, volume, intonation, – regard, – gestuelle, – qualités de conviction, ton.		

3 – Les différentes étapes de l'exposé : lire le texte, répondre à la question en organisant sa réponse

Au début de l'exposé, on requiert une lecture du texte qui fait partie de la réussite de l'exercice. On sait que la lecture du texte renseigne sur le degré de compréhension du texte par l'élève. Pour préparer durant l'année les élèves à cet exercice, il ne suffit pas de leur rappeler qu'il est important de bien lire le texte, ni même de « faire lire » régulièrement les textes par les élèves en classe, il faut aussi leur permettre de s'exercer. Que signifie bien lire un texte ? Comment bien lire ? Là encore, ces questions peuvent avec profit être abordées directement.

Pour bien lire il faut avant tout respecter le rythme propre du texte, qu'il soit en vers ou en prose. Il convient donc d'être attentif à l'accentuation. Ce phénomène est complexe. Rappelons que le français est une langue à accent de groupe et que déterminer la place de cet accent est problématique. Les travaux de Meschonnic et Desson dans le *Traité du rythme* ont mis en évidence que le groupe rythmique n'est pas prévisible, c'est-à-dire que c'est seulement le discours, l'actualisation de l'énoncé qui détermine les groupes rythmiques[4]. Il n'existerait donc pas en français de « règles » d'accentuation mais bien des « principes accentuels ».

S'il est exclu d'entrer avec les élèves dans le détail de ces principes, il est nécessaire de les sensibiliser à ce qui fait une « bonne lecture ». Cela suppose d'une part de rendre compte de la syntaxe et du vocabulaire de façon à mettre en évidence le sens littéral mais aussi d'être attentif aux indicateurs qui, dans le texte, renseignent sur le débit – et notamment la ponctuation – et enfin d'accentuer le texte de façon adéquate. Même s'il est tout indiqué de demander de façon régulière aux élèves de lire à voix haute, la lecture du texte faite par le professeur est irremplaçable parce qu'elle constitue à la fois un modèle mais aussi pour certains élèves une première élucidation du sens du texte lorsqu'il pose des problèmes de compréhension. Le va-et-vient entre lecture « des yeux » – selon l'expression utilisée par Diderot dans *L'Encyclopédie* – et lecture à haute voix est formateur.

Mais un texte dit est également un texte interprété et la lecture à voix haute donne un sens au texte écrit. C'est ainsi que l'on parle souvent de lecture expressive qui « joue » le texte en envisageant plusieurs sens, en proposant des variations qui déclinent les significations possibles d'un extrait. Certains textes, à l'évidence, se prêtent plus volontiers à ce type de travail, et notamment le texte théâtral. Pour ce dernier la lecture à voix haute, nécessaire, fait pleinement partie de l'exploration du sens et aborde les questions de mises en scène.

---

4. Dans *Dire le vers,* Milner et Régnault développaient à l'inverse l'idée que l'accent se place sur un groupe syntaxique majeur que l'on peut déterminer dans l'énoncé.

Mise en œuvre

Exercer les élèves à bien lire : proposition de progression

Première étape : Prendre conscience de l'importance d'une bonne lecture à voix haute et travailler son élocution.
Divers exercices mettent en évidence les indices qui orientent la lecture à voix haute pour bien rendre compte du texte. On distribue tout d'abord l'*incipit* de *Dominique,* de Fromentin, avec une ponctuation lacunaire. Il fait l'objet d'une lecture à voix haute et on souligne l'importance de la ponctuation. D'une part elle donne sens et d'autre part elle indique aussi le débit : ralentissement ou accélération sont suggérés par le texte.

Certainement je n'ai pas à me plaindre me disait celui dont je rapporterai les confidences dans le récit très simple et trop peu romanesque qu'on lira tout à l'heure car Dieu merci je ne suis plus rien à supposer que j'ai jamais été quelque chose et je souhaite à beaucoup d'ambitieux de finir ainsi. J'ai trouvé la certitude et le repos ce qui vaut mieux que toutes les hypothèses. Je me suis mis d'accord avec moi-même ce qui est bien la plus grande victoire que nous puissions remporter sur l'impossible enfin d'inutile à tous je deviens utile à quelques-uns et j'ai tiré de ma vie qui ne pouvait rien donner de ce qu'on espérait d'elle le seul acte peut-être que l'on en attendît pas un acte de modestie, de prudence et de raison[5].

Pour faire prendre conscience de la notion d'accent, on distribue ensuite un bref texte dans deux versions différentes avec des termes soulignés différemment dans les deux versions. Il est demandé à un élève de lire le premier texte en accentuant les mots soulignés selon le principe de l'accentuation de la langue française (l'accent porte sur l'avant-dernière syllabe du mot s'il se termine par un e, sur la dernière syllabe dans les autres cas). Cela ne « fonctionne » pas pour le premier texte. Le second permet de dégager quelques principes simples d'accentuation : l'accent de groupe qui se porte sur un adjectif placé avant le verbe, l'accent prosodique d'attaque (qui croire...),

---

5. Extrait de Eugène FROMENTIN, *Dominique,* Paris, Garnier-Flammarion, 1967, 245 p., p. 45. Voici le texte correctement ponctué :
Certainement je n'ai pas à me plaindre – me disait celui dont je rapporterai les confidences dans le récit très simple et trop peu romanesque qu'on lira tout à l'heure – car, Dieu merci, je ne suis plus rien, à supposer que j'ai jamais été quelque chose, et je souhaite à beaucoup d'ambitieux de finir ainsi. J'ai trouvé la certitude et le repos, ce qui vaut mieux que toutes les hypothèses. Je me suis mis d'accord avec moi-même, ce qui est bien la plus grande victoire que nous puissions remporter sur l'impossible. Enfin, d'inutile à tous, je deviens utile à quelques-uns, et j'ai tiré de ma vie, qui ne pouvait rien donner de ce qu'on espérait d'elle, le seul acte peut-être que l'on en attendît pas, un acte de modestie, de prudence et de raison.

l'accent qui est lié à la répétition du mot « sans ». Il ne s'agit pas de proposer un cours magistral sur l'accentuation ni de suggérer que lire suppose de se poser la question de la place de l'accent mais bien de rendre sensible cette notion centrale pour la diction d'un texte.

Le pauvre homme ne savait plus à quel saint se vouer. Qui croire, où aller ? Sans argent, sans famille, sans ami, il désespérait de tout.
Le pauvre homme ne savait plus à quel saint se vouer. Qui croire, où aller ? Sans argent, sans famille, sans ami, il désespérait de tout.

Pour finir, des exercices de diction enchaînés[6] sont l'occasion pour le professeur d'insister sur un autre aspect d'une bonne lecture. Celle-ci suppose en effet d'articuler les mots, c'est-à-dire de les prononcer de façon distincte, syllabe par syllabe.

Deuxième étape : Adapter sa lecture à la nature du texte : travailler spécifiquement les textes de théâtre et les textes en vers.
Le travail a déjà mis en évidence le lien entre lecture à voix haute et sens du texte, ce que montre de manière nette la lecture d'un texte théâtral. Un exercice simple peut être proposé alors dans le cadre d'une lecture analytique. On impose des règles de lecture arbitraires en interrogeant ensuite les élèves sur les effets de sens induits. On fait par exemple lire un dialogue de théâtre en enchaînant les répliques rapidement, sauf pour deux ou trois répliques entre lesquelles on demande aux lecteurs de ménager un silence de quelques secondes. On demande ensuite à la classe de justifier ce choix. C'est une excellente amorce pour la lecture analytique car les sens possibles de la scène sont alors explorés.
Pour répondre aux interrogations des élèves sur la lecture qu'ils doivent produire le jour du bac, on leur rappelle de lire le texte théâtral sans omettre les didascalies mais sans nécessairement lire les noms des personnages pour préserver la fluidité de la lecture.

Pour ce qui est de la lecture du texte versifié, il est également judicieux de ne pas séparer le travail sur la lecture à voix haute de la lecture analytique du poème. D'une part, l'oralité du texte poétique est lié aux origines même de la poésie et la lecture à voix haute est bien souvent une voie d'accès au sens ou un enrichissement et un approfondissement du travail d'interprétation.

6. Sans pause, les élèves lisent les uns après les autres dans un ordre donné des phrases qui permettent d'exercer l'articulation. Quelques exemples : j'attends et j'exige d'exquises excuses. Tas de riz, tas de rats ; tas de riz tenta tas de rat ; tas de rats tenté tâta tas de riz. Sachez-le j'ai changé je chassais mais je ne chasserai plus. L'assassin sur son sein suçait son sang sans cesse.

D'autre part, la maîtrise des éléments de versification permet de mieux lire le vers : marquer la césure et la rime par une pause, souligner dans la diction un rejet ou un contre-rejet etc. Pour ce qui est du débit, le travail met en évidence le fait que le mètre a un effet ralentissant.

Troisième étape : Passer d'une bonne lecture à une lecture expressive.
On distribue à l'ensemble de la classe le poème de Musset « la Chanson de Fortunio ». Les élèves doivent s'exercer chez eux à lire le poème en choisissant d'en faire une lecture expressive, c'est-à-dire en le jouant – il ne s'agit pas d'une simple lecture correcte. Durant la séance, de nombreux élèves proposent leur lecture du poème. Deux choix se dégagent, tous deux trouvant leur justification dans le texte malgré leur caractère visiblement opposé : on peut imaginer une lecture sautillante et gaie qui correspond au titre même et qui renvoie à l'image en creux de la danse, de la ronde, ou à l'inverse une lecture qui insiste sur la tristesse et la douleur de l'amant. La notion de tonalité vient compléter cette approche de la lecture à voix haute.

On met ensuite en place un travail régulier sur la réponse à la question posée. C'est ainsi que les futurs candidats auront les moyens d'éviter l'écueil de la restitution pure et simple de l'explication menée en classe et de proposer une lecture personnelle étayée. En s'exerçant de façon régulière, les élèves sont en mesure le jour du bac de proposer un exposé réellement orienté par la question.

Dans ce but on peut consacrer assez tôt dans l'année une séance à la question posée sur un texte connu. Le professeur choisit un texte et pose une question à l'ensemble de la classe. Il ajoute le questionnaire suivant :

1 – Relevez, reformulez et définissez les mots-clés de l'intitulé.

2 – Quelles consignes la question donne-t-elle ?

3 – Relisez le texte à la lumière de la question en soulignant les éléments qui correspondent à la réponse.

Les élèves répondent individuellement puis mettent en commun leurs réponses deux à deux. Ce rapide travail de groupe permet de confronter les analyses. Le professeur complète cette approche en distribuant une liste de questions « type-bac » et l'ensemble de la classe analyse la nature des consignes données implicitement ou directement. À l'issue de ce travail, une fiche-guide élaborée en commun récapitule les éléments qui sont à prendre en compte de façon systématique pour bien appréhender chaque question dans sa singularité :

- La recherche de vocabulaire sur les mots-clés permet de s'assurer de la compréhension littérale de la question mais c'est aussi une étape qui évite que l'on s'enferme dans une réponse trop étroite à la question posée. Elle prépare aussi la prise de parole et affine la compréhension de la question de façon à mieux relire le texte sous son éclairage.

– Le travail sur les consignes met en évidence le fait que la question guide le candidat. Répondre à une question débutant par « comment » invite à être particulièrement attentif aux « procédés d'écriture », « en quoi » engage à une réflexion sur la progression et l'organisation de l'ensemble du texte, etc.
– La question invite à une relecture orientée du texte qu'il convient d'organiser lors des trente minutes de préparation.

Par la suite, le professeur gagne à faire pratiquer des approches variées de la tâche. Il peut par exemple mettre en place un travail de groupe dans lequel il demande aux élèves non pas de répondre à une question mais d'imaginer sur un texte une question « type-EAF ». Tous les groupes travaillent sur le même texte et une mise en commun finale met en évidence la pertinence des questions.

Mise en œuvre

Répondre à la question, organiser la prise de parole : des séances spécifiques pour s'exercer

Pour que le cadre soit clair, l'ensemble de la séquence est présentée rapidement, puis de manière plus détaillée les séances qui sont directement concernées. La lecture analytique fait l'objet d'une présentation détaillée car les séances de préparation à l'oral en découlent directement.

La séquence appartient à un projet annuel d'une classe de Première STI et s'inscrit principalement dans le cadre de l'objet d'étude « Poésie ». Elle permet, dans l'optique d'une progression de la Seconde à la Première, de réfléchir à la notion de lyrisme, ce qui est une perspective d'étude retenue par le programme de Première. Elle permet également d'envisager un aspect-clé de l'écriture poétique, la correspondance entre la forme et la signification, qui est d'une étude particulièrement riche dans le sonnet. Pour intégrer les éléments spécifiques à la préparation à l'oral, il convient que la séquence ne soit pas placée trop tôt dans l'année. Les élèves doivent se connaître, avoir pratiqué de nombreuses lectures analytiques, avoir été familiarisé avec l'épreuve de l'EAF.

Titre : « Poésie et lyrisme amoureux au XVIe siècle ».

L'étude se fait sous la forme d'un groupement de quatre textes, qui présente une unité formelle puisqu'il s'agit de sonnets :

– Louise LABÉ, « Je vis, je meurs... », sonnet 8, extrait de ses *Œuvres poétiques*[7] ;

– Pierre DE RONSARD, « Marie, levez-vous, ma jeune paresseuse... », extrait de la *Continuation des amours,* sonnet 23[8] ;

– Pierre DE RONSARD, « L'autre jour que j'étais... », extrait des *Sonnets pour Hélène*[9] ;

– Louise LABÉ, « Tant que mes yeux... », sonnet 14, extrait de ses *Œuvres poétiques*[10].

Problématique

Il s'agit tout d'abord de définir le registre du lyrisme, pour ensuite envisager la complexité de son expression au XVIe siècle : il mêle en effet sincérité et virtuosité poétique, élan personnel et imitation pétrarquiste... Par ailleurs, la confrontation des textes pourra montrer que si le lyrisme amoureux, omniprésent dans la poésie de l'époque présente certains traits communs, il revêt différentes formes. Ce sont donc les tensions que s'attachent à définir le travail sur le groupement de textes, qui correspondent bien à la forme fixe ici privilégiée, celle du sonnet dont on étudiera le fonctionnement.

Lectures cursives

Elles visent à élargir la perspective historique pour montrer la continuité de la notion de lyrisme dans l'expression poétique. On propose aux élèves l'étude de deux brefs ensembles de textes en leur soumettant des questions identiques. Le premier ensemble est composé d'une chanson de troubadour, « À la douceur du temps nouveau », de Guillaume IX, et d'un texte sur la lyrique courtoise ; le second de deux poèmes du XXe siècle, « J'ai tant rêvé de

---

7. Préface de François RIGOLOT, Édition GF Flammarion, Paris, 1986, p. 125.

8. On trouve le poème dans l'édition du livre de poche, Paris, 1993, *Les Amours* de Ronsard, (édition d'André Gendre), p. 336, mais il n'est pas en orthographe modernisé.

9. Il est intéressant de consulter le poème dans la langue du XVIe siècle, dans les *Sonnets pour Hélène* publié par Malcom Smith aux éditions Droz, Paris, 1998. Il semble cependant préférable de pratiquer avec les élèves la lecture analytique dans une version dont l'orthographe a été modernisée. Dans les Classiques Garnier, une excellente « version » est proposée dans les *Poésies choisies,* Bordas, Paris, p. 128.

10. François RIGOLOT, *ibid,* p. 128.

toi», de Desnos[11] et un extrait d'*Elsa,* d'Aragon, «Mon sombre amour d'orange amère... [12]». Pour ces deux ensembles, on s'attache avec les élèves à repérer deux éléments simples : d'une part les constantes ou traits communs qui sont ceux du lyrisme dans tous les poèmes (par une étude de l'énonciation et du lexique notamment), d'autre part les spécificités du lyrisme de chaque poème qui permettent de mettre en évidence un aspect important : chaque poème permet de définir un lyrisme qui lui est propre.

Lecture analytique

On étudie le poème de Louise Labé «je vis, je meurs...». L'entrée dans le texte peut passer, pour cette lecture, par deux citations. Tout d'abord, il est intéressant pour Louise Labé de proposer un éclairage biographique, ou plus exactement d'éclairer le contexte d'écriture du poème.

Dans son *Society and Culture in early modern France*[13], l'historienne Natalie Zemon Davis explique : «Pendant la première moitié du XVIe siècle, on encourageait la femme riche et bien née à lire et à écrire : en mettant à sa disposition des livres imprimés ; en l'incitant à suivre le modèle de la femme cultivée [...]. En revanche, il est probable que pour les femmes du menu peuple la lecture et l'écriture passaient pour ridicules : c'étaient des sujets réservés à la farce. Tout cela montre à quel point l'exploit de Louise Labé fut extraordinaire, elle, la seule femme poète de basse-naissance dans la France du XVIe siècle. Issue d'une famille lyonnaise de cordiers, de chirurgiens-barbiers et de bouchers, où certaines femmes (dont sa propre belle-mère) étaient illettrées, Louise fut appelée à écrire des poèmes et à les publier : parce qu'elle avait du talent et qu'elle était amoureuse».

La citation est très riche, l'analyser avec les élèves permet d'envisager à la fois le cadre, très lointain et vague pour eux du XVIe siècle mais aussi de leur donner des points de repères biographiques. À partir de cette citation, les élèves peuvent rédiger eux-mêmes, au cours de la séance, le début de l'introduction de la lecture analytique.

---

11. Poème extrait de *Corps et Biens,* collection Poésie, Gallimard, Paris, 1953, p. 91.
12. le texte est extrait du *Fou d'Elsa.* Il est à noter qu'il a fait l'objet, comme de nombreux poèmes d'Aragon, d'une mise en musique. Hélène Martin le propose notamment, sous le titre de «Chanson noire». Cette chanson est disponible dans un CD dont le titre est «Ogeret chante Aragon» chez Vogue, 1986. Il est intéressant d'intégrer à la séquence un travail sur cette mise en musique.
13. N. Z. Davis, *Society and Culture in early modern France,* Stanford university press, 1975. Traduction française : *Les Cultures du peuple. Savoirs, rituels, et résistance au XVIe siècle,* Paris, Aubier-Montaigne, 1980. Cité dans l'édition GF Flammarion par François Rigolot.

La deuxième citation peut suivre immédiatement la lecture du sonnet et leurs premières impressions de lecture (on peut leur proposer de les écrire en quelques phrases pour que tous aient le temps de réfléchir à une forme et une langue qui leur est peu familière). C'est un bref extrait du *Débat de Folie et d'Amour* de Louise Labé : « Le plus grand plaisir qui soit après amour, c'est d'en parler [14] ». Cette citation leur permet de ne pas se contenter d'envisager la dimension de confidence du sentiment amoureux pour mesurer le lien entre le sentiment et l'écriture, dimension fondamentale du lyrisme au XVIe siècle et que des élèves de Première ne peuvent pas percevoir de façon spontanée. C'est aussi toute la correspondance entre la forme et la signification qui peut, par l'intermédiaire de cette citation, être mise en évidente. Or elle est au cœur du fonctionnement de ce sonnet. C'est la problématique de lecture choisie, qui envisage le lyrisme amoureux dans ses liens avec la forme fixe.

Le sonnet est alors étudié, après un long moment d'observation guidé par des questions précises, sous l'angle du lyrisme amoureux dans un premier temps, puis sous celui des ambivalences de l'amour coïncidant avec la forme du sonnet. Ce dernier possède en effet un double principe de composition. D'une part, il est construit autour de le figure de l'antithèse, et l'on peut distinguer les deux quatrains et les deux tercets. Louise Labé donne de l'amour une image pétrie de contradictions : le sujet amoureux ressent des sentiments extrêmes et ambivalents. D'autre part, l'étude attentive du dernier vers suggère un deuxième principe de composition : la dimension cyclique. Là encore, forme et signification coïncident : c'est l'aspect cyclique de l'amour, son éternel recommencement de bonheur et de souffrances que Louise Labé met en évidence.

Pour finir, on peut faire mesurer aux élèves la dimension de codes : même si la citation de N. Z. Davis suggère une lecture de l'œuvre de Louise Labé comme une œuvre personnelle, empreinte d'un lyrisme singulier et sincère, l'évocation reste très dépendante des *topoï* de l'époque. On peut ainsi leur proposer la lecture du sonnet 12 des *Amours* de Ronsard : « J'espère et crains, je me tais et supplis... [15] ». D'autres poèmes peuvent être lus ou distribués : Catulle et son « odi et amo », Pétrarque et « je ne puis trouver la paix, et je n'ai pas de quoi faire la guerre... [16] ».

---

14. *Débat de Folie et d'Amour* par Louïze Labé Lionnoize, p. 76 du « Débat » dans l'édition GF Flammarion.
15. Louise Labé, *Les Amours,* édition du Livre de poche, Hachette, Paris, 1993, p. 89.
16. Pétrarque, *Canzoniere,* Paris, Gallimard, 1983, collection Poésie-Gallimard, 288 p., p. 127.

Séances spécifiques du travail sur l'oral

Le professeur a déjà précisé le cadre rhétorique de l'exercice. Ainsi, le travail en amont sur la grille critériée a déjà été effectué. La séance porte sur le sonnet de Louise Labé.

Lors d'une première séance, on place les élèves dans une situation d'examen : ils ont trente minutes pour préparer un exposé de dix minutes à partir d'une question. La classe ou le groupe a été divisé en trois. Le travail est individuel.

La première partie de la classe travaille sur la question suivante :

« Comment définiriez-vous le registre de ce poème de Louise Labé ? »

La seconde partie de la classe travaille sur la question suivante :

« Pourquoi peut-on parler d'une correspondance entre la forme de ce poème et son thème ? »

La troisième partie de la classe travaille sur la question suivante :

« En quoi peut-on dire que le premier et le dernier vers sont représentatifs de l'ensemble du poème ? »

À l'issue des trente minutes de préparation, l'un des élèves de la classe fait l'exposé devant les autres qui prennent des notes que le professeur oriente : présence d'un plan, réponses précises apportées à la question posée. Deux élèves présentent le plan qu'ils ont choisi de suivre pour répondre aux deux autres questions.

La deuxième séance est alors consacrée à un bilan du travail. Pour chaque question, une analyse en commun est effectuée, une organisation est proposée. Pour la première question on envisage tout d'abord le lyrisme amoureux, puis la peinture d'un amour fait de contrastes. Pour la seconde question, on retrouve les deux niveaux de composition du poème : la séparation quatrains-tercets dans laquelle se lit le thème de l'amour comme cœxistence d'éléments contraires ; la composition cyclique qui montre l'amour comme un éternel recommencement. Pour la troisième question, on retrouve deux aspects essentiels du texte : la présentation de l'amour comme ambivalence fondamentale, l'aspect cyclique qui place le premier et le dernier vers au cœur de l'interprétation même du poème.

Il est facile alors de mettre en évidence plusieurs dimensions de l'exercice : l'exposé doit avoir le souci de répondre nettement à la question posée mais repose sur un aspect essentiel du texte pour lequel les élèves retrouvent des analyses pratiquées durant la lecture analytique.

Il est exclu de faire un tel travail de façon systématique car il est bien évidemment long. En revanche il se révèle intéressant à mener sur un des textes du descriptif car il fixe de façon efficace des connaissances sur l'exercice.

Cette activité peut être prolongée de plusieurs façons. Elle peut donner lieu à un travail sur les brouillons : le professeur, à l'issue de la première séance ramasse les brouillons de l'ensemble de la classe (ou du groupe) ou bien ceux de quelques élèves. Il est également possible de poursuivre le travail de préparation à l'épreuve orale en envisageant la seconde partie de l'épreuve orale, l'entretien avec l'examinateur.

4 – Les oraux blancs

Décomposer les différents aspects en jeu dans la prestation orale ne dispense à l'évidence pas de proposer aux élèves des « répétitions » durant lesquelles ils préparent un exposé dans des conditions proches de celles de l'examen.

Assez rapidement dans l'année, le professeur peut faire « passer » des élèves à l'oral au début du cours. Une question a été posée sur un texte travaillé en classe lors d'une lecture analytique et qui figurera sur le descriptif, la préparation est effectuée à la maison. Il s'agit à la fois de faire répéter la rhétorique de l'exercice sans consacrer une séance entière au travail sur l'oral mais aussi de rappeler certains enjeux des textes, de lever d'éventuelles difficultés de compréhension qu'une question posée a pu soulever.

La préparation passe aussi par les « bacs blancs » qui permettent à l'élève de se retrouver dans la situation de l'examen y compris parfois avec un autre professeur. La tâche est rendue plus difficile qu'avant car il faut un « descriptif provisoire » pour préparer les questions. L'exercice est formateur cependant : élaborer le descriptif tout au long de l'année et non dans l'urgence ne présente que des avantages. Le « bac blanc » permet alors à l'élève non seulement de s'entraîner, mais aussi de prendre pleinement conscience du rôle du descriptif.

Lorsqu'il est possible de le faire, les bacs blancs peuvent être organisés en collaboration avec les autres professeurs ayant en charge des classes de Première. Un tel dispositif joue un rôle d'autant plus intéressant dans la préparation de l'élève qu'il a été mis en place dans une coopération des professeurs concernés. En amont, des critères d'évaluation sont précisés, des ambiguïtés levées, le cas échéant, sur tel aspect du descriptif. En aval, un bilan circonstancié des prestations des élèves permet ensuite à chaque professeur d'envisager la meilleure remédiation. La lourdeur de cette organisation est indéniable ; elle constitue cependant une des réponses à la question de « comment travailler l'oral » ?

Mais ce dispositif souvent lourd ne doit pas constituer la seule et unique façon de « travailler l'oral » en classe de Première : il est important que la préparation à l'oral prenne toute sa place durant l'année. En effet les « bacs blancs » sont trop souvent le moment où les élèves de Première découvrent l'exercice : dans une certaine fébrilité, au mieux, avec un sentiment d'incompréhension, au pire.

II – Préparer à l'entretien

Préparer à l'entretien peut sembler difficile car l'exercice s'apparente à une discussion, à un type de prise de parole proche des oraux informels du quotidien. Pourtant, on attend des élèves des savoir-faire qui excèdent largement ce cadre. Au demeurant, l'oral dit informel requiert des compétences que l'on doit retrouver chez l'élève en situation d'examen. Il faut que l'élève fasse preuve de qualités d'écoute mais aussi qu'il maîtrise la prise de parole à la fois pertinente, argumentée et personnelle.

Très en amont, c'est l'habitude de la réflexion sur les textes, la capacité d'argumenter sur des questions littéraires qu'il faut développer chez les élèves. Dès la Seconde, on peut mettre en place à l'intérieur des séquences un travail régulier qui enracine les compétences diverses que requiert l'exercice de l'entretien. Ce travail s'effectue au fil du projet annuel par le biais d'exercices ponctuels. Faire reformuler une interprétation, demander à un élève de proposer à l'oral la synthèse de tout ou partie d'une lecture analytique, mettre en place au début de chaque séance un bref moment de questionnement sur un texte précédemment étudié sont autant de démarches qui permettent un travail régulier.

Mais il est aussi intéressant de s'orienter vers des exercices qui prennent plus nettement place dans le cadre d'une préparation à l'entretien. Plusieurs pistes sont possibles. Deux genres oraux – pour reprendre la terminologie de l'ouvrage de Dolz et Schneuwly [17] – sont liés directement à l'entretien : le débat et l'interview.

Il peut ainsi être formateur d'organiser un débat en Seconde sur une question littéraire. Le terme de « débat » évoque la sphère politique, les questions controversées voire la polémique. En classe, lorsqu'un débat est organisé ponctuellement il s'agit soit de prendre une décision collective, soit d'envisager des questions de société pour effectuer un travail sur l'argumentation. Ce ne sont pas ces situations, pour intéressantes qu'elle puissent être que nous envisagerons ici. Le débat est aussi une situation de classe qui permet, s'il est organisé de façon rigoureuse et convenablement préparé, de donner aux élèves un cadre privilégié d'expression orale.

Dans ce cadre, de nombreuses compétences sont développées. L'enjeu est tout d'abord celui, simple, de la prise de parole en public. C'est donc l'aisance dans l'expression orale qu'il est possible de travailler par ce biais. Il s'agit également d'être à même de développer à l'oral une argumentation qui nécessite de prendre en compte les contradictions éventuelles. Cela suppose d'avancer des arguments,

---

17. *Pour un enseignement de l'oral,* DOLZ et SCHNEUWLY, « le débat régulé » en collaboration avec Serge ERARD.

d'être capable de les illustrer pour les rendre plus pertinents, de réfuter une contestation. Le débat devient alors un outil de réflexion qui permet à chaque débatteur (et à chaque auditeur) de préciser et de modifier sa position initiale et un «outil d'approfondissement des connaissances», «un outil de construction collective d'un solution [18] ».

Quel type de débat peut-on envisager qui puisse correspondre à ces objectifs ? Il importe d'être attentif d'une part au choix du thème de débat et d'autre part au dispositif mis en place. Le débat porte sur une question d'ordre littéraire ayant fait l'objet d'un travail préalable approfondi pour que les élèves aient réellement les moyens d'envisager les différentes aspects de la question. Il intervient donc à la fin d'une séquence. Pour ce qui est du dispositif à mettre en œuvre, il convient de partir d'une question controversée précise et que celle-ci ait été convenablement élucidée au préalable pour qu'il n'y ait pas de blocage de la parole à cause de problèmes de compréhension. Le débat, enfin, doit être régulé par un « modérateur » qui régule les échanges de façon à favoriser la plus large prise de parole possible.

Mise en œuvre

Organiser un débat régulé en Seconde : le fantastique en question

Présentation rapide de la séquence

Titre : le fantastique dans deux nouvelles de Gautier : le «temps hors de ses gonds [19] »

Problématique de la séquence

L'étude de deux nouvelles de Théophile Gautier permet de définir le registre fantastique mais révèle les limites et les ambiguïtés d'une définition univoque ou excessivement rigide du registre.

18. Ce travail s'inspire du genre de l'interview sans s'y rattacher directement. Dans un article intitulé « travail en Seconde autour d'une interview du CPE » (paru dans le *Recherches* n° 33, 2000, p. 119 *sq*), Nathalie Denizot utilise l'interview pour travailler l'oral. Elle fait ainsi le compte rendu d'une expérience menée avec une classe d'élèves de Seconde à qui elle a fait procéder à l'interview du conseiller principal d'éducation de leur lycée. Elle précise que ce travail peut «commencer à préparer [les élèves] à l'entretien, sans pour autant passer par une simulation ou une observation d'un oral type bac ».

19. L'expression est de Shakespeare, *Hamlet,* I,5 ; elle est notamment reprise par Deleuze dans son ouvrage *Critique et Clinique,* Paris, Minuit, 1993, à qui j'emprunte la traduction de l'expression anglaise *«the time is out of joint».*

Objectifs

1 – Maîtriser le genre de la nouvelle et ses traits distinctifs, en mettant l'accent sur le traitement du temps.
2 - Définir le registre fantastique et envisager la question de l'interprétation d'un texte par le lecteur.
3 - Aborder la singularité de l'écriture de Gautier, dont le fantastique se teinte d'humour – à rebours de ce que l'on imagine habituellement par rapport à ce registre.
4 – Travailler de façon spécifique l'oral : échanges à l'intérieur d'un groupe pour répondre à des questions, exercices ponctuels tels que raconter une nouvelle à un groupe qui ne la connaît pas, défendre une interprétation en repérant des indices dans le texte..., débat régulé.

Mise en place du débat régulé dans la classe

En amont : les élèves ont réfléchi aux différentes façons de définir le fantastique, après avoir eux mêmes proposés une définition à partir de l'étude des nouvelles. Ils ont en leur possession une « fiche-guide ».

Fiche-guide

Le fantastique : définitions et approches

T. Todorov, *Introduction à la littérature fantastique,* chapitre 2 : définition du fantastique.

« Dans un monde qui est bien le nôtre, celui que nous connaissons [...], se produit un événement qui ne peut s'expliquer par les lois de ce même monde familier. Celui qui perçoit l'événement doit opter pour l'une ou l'autre des solutions possibles : ou bien il s'agit d'une illusion des sens, d'un produit de l'imagination et les lois du monde restent alors ce qu'elles sont ; ou bien l'événement a réellement eu lieu, il est partie intégrante de la réalité mais alors cette réalité est régie par des lois inconnues de nous. »
« Le fantastique, c'est l'hésitation éprouvé par un être qui ne connaît que les lois naturelles, face à un événement en apparence surnaturelle. »

P.-G. Castex, *Le conte fantastique en France*

« Le fantastique se caractérise par une intrusion brutale du mystère dans le cadre de la vie réelle. »

J. Gaudon, préface à *La Morte amoureuse, Avatar et autres récits fantastiques,* collection Folio.

« J'éviterai d'avoir recours au concept d'hésitation, employé par Todorov. [...] Disons plutôt que le "réel" et le "mystérieux", loin d'être dans une relation d'exclusion ou d'hésitation, glissent l'un sur l'autre comme les plaques constituant l'écorce terrestre. »
« Gautier a lui même remarqué que, chez Hoffmann, l'insolite allait de soi, et l'on doit le louer d'avoir si bien suivi l'exemple du maître allemand que l'on a jamais vraiment envie de se poser la question de l'explication. »

La question suivante est inscrite au tableau : peut-on ou non définir le fantastique comme le fait Todorov par « l'hésitation éprouvé par un être qui ne connaît que les lois naturelles, face à un événement en apparence surnaturelle » ?
La salle de classe est organisée de façon à permettre les échanges (disposition en « U »). Il est demandé aux élèves d'avoir sous les yeux d'une part une feuille de brouillon qui va leur permettre de préparer leurs intervention, d'autre part les textes pour pouvoir éventuellement illustrer un argument, et enfin la fiche-guide.
Le professeur explique le principe du débat. Un élève joue le rôle de « modérateur ». Il distribue la parole selon une règle simple : il inscrit sur une feuille le nom de ceux qui souhaitent parler et se sont – discrètement – signalés à lui. À la fin de chaque intervention, il dit le nom de l'intervenant suivant. Il convient d'insister sur le fait que cela impose un délai entre les interventions qui peut être mis à profit en « préparant » l'intervention au brouillon. Par ailleurs, il se peut que l'on doive contester un argument alors que d'autres éléments se sont « intercalés » : la réponse peut s'enrichir de ce qui a été avancé par d'autres. On demande un volontaire pour jouer le rôle de modérateur en précisant qu'il n'est pas exclu du débat mais qu'il doit « s'inscrire » lui aussi avant d'intervenir.
Le débat commence par un tour de table : tout le monde s'exprime et cela permet de lancer la réflexion. On peut ainsi questionner les élèves pour savoir s'ils apprécient ou non de lire des textes appartenant au registre fantastique en leur demandant de justifier leur réponse, ou bien les interroger à propos d'une lecture cursive effectuée en vue de la séance (une nouvelle a été lue dans cette perspective : « La Main » de Maupassant).
Il est enfin important de garder un temps de bilan final, ou les différentes prises de position sont synthétisées.

Par ailleurs, en classe de Première, les lectures cursives peuvent donner lieu de façon ponctuelle à un travail qui permet aux élèves de préparer l'entretien. Il ne s'agit pas nécessairement de révisions : les différents exercices peuvent, de façon judicieuse, servir à valider les lectures cursives. Dans ce cadre, il est intéressant que ce soit les élèves eux-mêmes qui prennent en charge le questionnement. Ils seront ainsi mieux à même d'apprécier les questions de l'examinateur le jour de l'oral.

Mise en œuvre

Exercices de prise de parole en groupes à partir d'une lecture cursive

Présentation de la séquence et de la lecture cursive

Il s'agit d'étudier *Manon Lescaut*[20] avec des élèves de Première L, en œuvre intégrale, dans le cadre de l'objet d'étude sur le roman et ses personnages. La problématique adoptée pour la séquence choisit d'orienter l'étude vers la réception de l'œuvre pour ménager une progression entre la Seconde et la Première. Il s'agira donc d'envisager dans l'œuvre la tension entre l'idéalisation et une certaine représentation du vrai. Cette approche permet, avec des élèves familiers du genre romanesque, de considérer également le roman dans la perspective de son évolution du XVIIe siècle avec *Manon Lescaut* au XIXe siècle pour Sand.

En lecture cursive, les élèves lisent *Le Meunier d'Angibault,* de George Sand. Cette lecture permet de prolonger la réflexion sur le genre romanesque commencée avec Manon Lescaut en considérant le roman sandien, qui tout à la fois présente une vision du monde et incorpore une conception romanesque dont George Sand donne elle-même la teneur. Avant de commencer leur lecture, les élèves sont invités à prendre connaissance de la citation suivante, extraite d'*Histoire de ma vie* : « chacun veut trouver dans un roman une sorte d'idéal de la vie[21] ». De façon libre, chaque élève explique par écrit quel sens il donne à cette affirmation en illustrant sa réponse par des exemples de romans lus ou étudiés.

Mise en place du travail sur l'oral

Il s'agit de « valider » la lecture cursive par un travail oral qui a pour but direct de préparer à l'entretien de l'EAF. Trois domaines, choisis par le professeur, sont abordés, en effectifs réduits :

1 – L'histoire littéraire : mise en relation de *Manon Lescaut* et du *Meunier d'Angibault,* définition de ce qu'est le roman au XIXe siècle : idéalisme et utopie, réalisme et peinture sociale.

---

20. Prévost, *Manon Lescaut,* 1731.

21. George Sand, *Œuvres autobiographiques – Histoire de ma vie,* Gallimard, La Pléïade, p. 622 ; l'ouvrage existe en poche dans l'édition GF mais il ne s'agit pas du texte intégral.

2 – La confrontation entre la citation extraite d'*Histoire de ma vie* et *Le Meunier d'Angibault,* roman « socialiste » .

3 – Les personnages dans *Le Meunier d'Angibault* : système, rôles, effet...

Dans un premier temps, les élèves travaillent en binômes. Chaque groupe a pour consigne d'imaginer deux questions pour chaque domaine. On met ensuite en place un système « d'interviews ». Pour cela, on forme de nouveaux binômes dans lesquels chaque élève se trouve successivement en position « d'interviewers » puis « d'interviewés » : ils posent les questions préalablement préparées. On précise que l'échange peut se prolonger, sans excéder cinq minutes : celui qui interroge peut demander à l'interviewé d'expliquer ou de justifier sa réponse ou bien encore de la développer. Les « interviewers » prennent en note les réponses fournies par leurs camarades.

Dans un second temps la classe est divisée en trois groupes. Chaque groupe prend en charge l'élaboration d'une synthèse sur l'un des trois domaines envisagés, à l'aide des notes prises. Ces synthèses font l'objet d'une prise de parole organisée d'une dizaine de minutes. Le professeur complète alors le cas échéant les synthèses.

Même si un tel dispositif peut se révéler compliqué à mettre en œuvre, il présente de nombreux intérêts. L'approche de la lecture cursive est problématisée, les élèves s'exercent véritablement à la prise de parole puisque toutes les étapes de l'exercice passent par un travail oral, tous les élèves participent et la confrontation des analyses enrichit les impressions et réflexions personnelles.

Conclusion

SI LE TRAVAIL sur l'oral au lycée peut parfois sembler difficile à mettre en œuvre, c'est parce que beaucoup d'inquiétudes se cristallisent dans la question de la notation des productions orales.

Les difficultés sont multiples : on peine à déterminer un barême adéquat, on redoute de surestimer l'aisance orale au détriment du travail fourni et plus encore, d'évaluer dans le moment, rapide, de la production orale sans pouvoir revenir sur son jugement. Pourtant, la question n'est peut-être pas aussi sensible qu'il y paraît.

D'une part, tout oral n'est pas à évaluer de façon systématique. Les évaluations formatives et diagnostiques ne font pas nécessairement l'objet d'une note. On peut s'appuyer sur les grilles critériées pour déterminer les points qui posent problème, et ces mêmes grilles critériées permettent de mettre en place une auto-évaluation intéressante pour ce qui concerne l'oral. Par ailleurs, il serait compliqué et peu pertinent de noter de façon systématique les exercices portant sur les différentes conduites discursives propres à l'exposé et à l'entretien.

D'autre part, on peut facilement mettre en place une évaluation de l'oral produit par un élève si des critères précis ont été déterminés au préalable. Les élèves doivent savoir ce que l'on attend d'eux – d'où l'utilité de la mise en évidence des différents critères de réussite de l'exercice. Le professeur peut au fil de l'oral s'aider d'une grille voire enregistrer la prestation de l'élève pour pouvoir noter ultérieurement même s'il ne s'agit alors pas là d'un « oral blanc ».

Évaluer l'oral ne signifie pas mécaniquement noter l'oral. Toute prise de parole orale suppose une évaluation, et on a pu voir également toute l'importance de l'oral comme vecteur d'apprentissage. Il ne s'agit pas toujours d'évaluer en tant que telle une production orale construite et complète.

Le travail sur l'oral au lycée suppose d'articuler différents niveaux interdépendants. C'est précisément cette diversité qui fait la richesse du travail sur l'oral : travail qui se situe au confluent de tous les enjeux de notre discipline au lycée : les lectures analytiques et les lectures cursives, problématisées dans une séquence d'enseignement cohérente, la préparation aux épreuves, tant écrites qu'orales, de l'EAF.

De façon plus profonde, le travail sur l'oral engage le rapport aux textes littéraires, suscite la prise de parole d'élèves impliqués dans la construction du sens qui fonde notre discipline.

Œuvres étudiées

Œuvres intégrales

APOLLINAIRE, Guillaume, *Rhénanes.*

APOLLINAIRE, Guillaume, *Alcools,* « La Chanson du Mal-Aimé ».

BALZAC, Honoré, *La Maison du chat-qui-pelote.*

BALZAC, Honoré, *Une ténébreuse affaire.*

BECKETT, Samuel, *Mercier et Camier.*

BERNARDIN DE SAINT-PIERRE, Jacques-Henri, *Paul & Virginie.*

DUBILLARD, Roland, *Les Diablogues.*

FÉNELON, *Lettre au roi.*

GAUTIER, Théophile, *Les Contes fantastiques* « La Cafetière », « Le Pied de momie ».

GIONO, Jean, *Fragments d'un paradis.*

GIRAUDOUX, Jean, *Électre.*

HUGO, Victor, *Hernani.*

IONESCO, Eugène, *La Cantatrice chauve.*

LA FONTAINE, Jean, *Fables.*

MARIVAUX, Henri, *Les Acteurs de bonne foi.*

MICHAUX, Henri, *Un barbare en Asie.*

MONTAIGNE, Michel, *Essais,* I, 31, « Des cannibales ».

PREVOST, Abbé, *Manon Lescaut.*

RIMBAUD, Arthur, *Les Cahiers de Douai.*

SIMENON, Georges, *La Guinguette à deux sous.*

YOURCENAR, Marguerite, *Les Nouvelles orientales.*

ZOLA, Émile, *L'Œuvre.*

Groupements de textes

• Éloge et blâme autour du portrait de Louis XIV

– BOILEAU, Nicolas, Épître I « Au Roy ».
– RACINE, Jean, *Alexandre le grand* « Au Roy ».
– BOSSUET, Lettre à Louis XIV.
– LA BRUYÈRE, Jean de, *Les Caractères* « Du souverain ».
– FÉNELON, *Les Aventures de Télémaque.*

• L'apologue, un plaisir subversif ?

– LA FONTAINE, Jean de, *Les Fables,* VII,1 « Les Animaux malades de la peste ».

– FONTENELLE, Bernard le Bovier de, *Histoire des oracles,* Première dissertation, chap. IV.

– MONTESQUIEU, *Lettres persanes,* « Le Roi de France est vieux ».

– DIDEROT, Denis, *Jacques le fataliste.*

• Les *incipit* balzaciens

– *La Maison du chat-qui-pelote.*

– *L'Auberge rouge.*

– *La Recherche de l'absolu.*

– *Le Père Goriot.*

• Réflexion et contestation dans la littérature au XVIIIe siècle

– VOLTAIRE, *Commentaire sur le livre des délits et des peines,* IX « De la peine de mort ».

– MONTESQUIEU, *De l'esprit des lois,* « De l'esclavage des nègres ».

– DIDEROT, DENIS, *Encyclopédie,* « Autorité politique ».

• Poésie et lyrisme amoureux au XVIe siècle

– LABÉ, Louise, *Œuvres poétiques,* « Je vis, je meurs… ».
– RONSARD, Pierre, *Continuation des amours,* « Marie, levez-vous, ma jeune paresseuse… ».
– RONSARD, Pierre, *Sonnets pour Hélène,* « L'autre jour que j'étais… ».
– LABÉ, Louise, *Œuvres poétiques,* « Tant que mes yeux… ».

- Proust : de l'écriture à la publication

  – M. Madeleine, lecteur aux éditions Fasquelle, rapport de lecture de *Du côté de chez Swann.*

  – Lettre d'André Gide à Marcel Proust, janvier 1914.

  – Lettre de Gaston Gallimard à Marcel Proust, 15 mai 1916.

  – « La réception de l'œuvre », G. COGEZ, *Marcel Proust, À la recherche du temps perdu.*

  – Extraits de l'œuvre de Proust : Contre Sainte-Beuve, préface – « la petite madeleine », *Du côté de chez Swann – à l'ombre des jeunes filles en fleurs,* le portrait d'Albertine.

- Le romancier et la science au XIXe siècle

  – VERNE, Jules, *Autour de la lune.*

  – FLAUBERT, Gustave, *Bouvard et Pécuchet.*

  – ZOLA, Émile, préface de *La Fortune des Rougon.*

  – ZOLA, Émile, *Le Docteur Pascal.*

Lectures de l'image

– BRAQUE, Georges, *L'Homme à la guitare.*

– MIGNARD, Pierre, *Louis XIV à cheval couronné par la victoire, devant Namur.*

– VERNET, Horace, *Joseph Vernet, attaché à un mât, étudie les effets de la tempête.*

Références bibliographiques

Textes et références officiels

Nouveaux programmes de Première parus au BO n° 40 du 2 novembre 2006.

Jean JORDY, *La mise en œuvre du programme de français en classe de Seconde,* Rapport au ministre de la Jeunesse, de l'Éducation nationale et de la Recherche, octobre 2003.

Ministère de l'Éducation nationale, Lycée, voie générale et technologique, *Accompagnement des programmes, Français, classes de Seconde et Première,* Paris, CNDP, septembre 2001.

Ouvrages de didactique

Jean-Jacques BESSON, *L'Oral au collège*, CRDP de l'Académie de Grenoble/ Delagrave, 1999.

Alain BOISSINOT, Anne ARMAND et Jean JORDY (coordonné par), *Le Français en collège et lycée*, « Profession enseignant », Hachette Éducation, 2001.

Didactiques de l'oral, CRDP Basse-Normandie, Direction de l'enseignement scolaire – 14 et 15 juin 2002, « Les Actes de la DESCO ».

Joaquim DOLZ, Bernard SCHNEUWLY, *Pour un enseignement de l'oral, Initiation aux genres formels à l'école,* « Didactique du Français », ESF, 2000.

Bruno MAURER, *Une didactique de l'oral : du primaire au lycée,* Bertrand-Lacoste, « Parcours didactiques », 2001.

Références théoriques sur l'oral

Cadre européen de référence pour les langues (CECR), Division des Politiques Linguistiques Strasbourg, Conseil de l'Europe, Didier, 2001.

Claire BLANCHE-BENVENISTE, *Approches de la langue parlée en français,* Ophrys, « l'Essentiel », 2000.

Jean-Louis CHISS, *Didactiques de l'oral,* CRDP de Basse-Normandie, 2003.

Oswald DUCROT, *Le Dire et le dit,* Éditions de Minuit, « Propositions », 1989.

Frédéric FRANÇOIS, *Pratiques de l'oral – Théories et pratiques,* Nathan pédagogie, 1995.

Françoise GADET, *Le Français ordinaire,* Armand-Colin, 1997.

Catherine KERBRAT-ORECCHIONI, *L'Énonciation, de la subjectivité dans le langage* – Armand-Colin, 1993.

Revues et Articles

« Les Genres de la parole », *Langages,* n° 153, mars 2004.

« L'Oral pour apprendre », coordonné par Françoise GADET, Catherine LE CUNFF, Gilbert TURCOT, *Repères,* recherches en didactique du français langue maternelle n° 17, nouvelle série, 1998.

« La Communication », *Pratiques,* n° 40, décembre 1983.

« Interactions : dialoguer, communiquer », coordonné par Dominique BUCHETON, *Le Français aujourd'hui,* n° 113.

« Parler », *Recherches,* n° 22, 1995.

« Oral », *Recherches,* n° 33, 1995.

Nathalie DENIZOT, « L'Oral au lycée : quels objets didactiques ? », *Le Français aujourd'hui,* Actes du congrès de Besançon, mai 2002 « La langue de l'école au lycée ».

Nathalie DENIZOT, Marceline LAPARRA, Monique MAQUAIRE, Élisabeth NONNON, « Table ronde : l'oral au lycée », *Pratiques,* n° 107/108, décembre 2000.

Nathalie DENIZOT, « Travail en Seconde autour d'un interview du CPE », *Recherches,* n° 33 « Oral », 2000.

DAUNAY, LELCAMBRE, MARGUET, SAUVAGE, « Pratiques d'oral dans le travail de groupe », *Recherches,* n° 22 « Parler », 1995.

Françoise GADET, « L'oral : quelles modalités de production pour quelles signification », Séminaire Perspectives actuelles de l'enseignement du français, Paris, 23-25 octobre 2000.

Claire BLANCHE-BENVENISTE, « Faire des phrases », *Le Français aujourd'hui,* n° 101, mars 1993.

Claire BLANCHE-BENVENISTE, « Langue parlée, genres et parodies », *Repère,* n° 17 « L'oral pour apprendre », 1998.

Marie-Louise MARTINEZ, « Comment l'audiovisuel peut contribuer à la didactique de l'oral dans le cadre d'une approche communicationnelle en français », *Recherches,* n° 22 « Parler », 1995.

Élisabeth NONNON, « L'apprentissage des conduites de questionnement : situations et tâches langagières », *Repère,* n° 17 « L'oral pour apprendre », 1998.

Élisabeth NONNON, « Prise de parole autour des textes et travail sur l'oral au lycée », *Recherches,* n° 22, « Parler », 1995.

Élisabeth NONNON, « La parole en classe et l'enseignement de l'oral », *Recherches,* n° 33 « Oral », 2000.

Élisabeth NONNON, « Pour une approche intégrée du travail sur l'oral : réflexions sur les tâches langagières et les fils rouges de l'enseignement », *Recherches,* n° 33 « Oral », 2000.

Estelle VERSTRAETE, « Digressions sur les interactions verbales entre élèves travaillant en groupe », *Recherches,* n° 33 « Oral », 2000.

Savoir et Faire en Français

Lectures cursives : quel accompagnement ? – 2005
Annie Rouxel

Pratiques orales de la langue à l'école :
séquences didactiques cycle 3 / liaison 6ᵉ – 2005
Claude Le Manchec

Lire des œuvres intégrales au collège et au lycée – 2002
Gérard Langlade

Lire les textes fondateurs – 2001
Itinéraires thématiques
Rémy Dutriaux, Françoise Ferrand

6ᵉ – Le français en questions – 2001
Des réponses dans les pratiques et les recherches
Claudette Delprat, Françoise Moirot, avec la participation de Claudine Garcia-Debanc

L'autobiographie en classe – 2001
Sous la direction de Marie-Hélène Roques
Contributions de Philippe Lejeune, Marie-Françoise Chanfrault-Duchet, Anne Pibarot, Anne Roche, Isabelle Bordallo, Françoise Moirot, Anne Champion, Françoise Chaumont, Martine Marsat et contributions et articles de Marie-Hélène Roques

Quelles grammaires enseigner à l'école et au collège – 2001
Discours, genres, texte, phrase
Présentation par Claudine Garcia-Debanc, Jean-Claude Confais, Michel Grandaty
Contributions de Katherine Weinland, Christian Puren, André Petitjean, Françoise Revaz, Alain Rabatel, Christian Plantin, Isabelle Delcambre, Michel Fayol, Nicole Biaglioli-Bilous, Catherine Tauveron, Claudette Oriol-Boyer, Claudine Garcia-Debanc, etc.

Le sens du matériau – 2000
Approche stylistique du commentaire de texte
Philippe Jousset

Enseigner la littérature – 2000
Présentation par Marie-José Fourtanier et Gérard Langlade
Contributions de Georges Legros, Alain Boissinot, Pierre Glaudes, Karl Canvat, Jean-Louis Dufays, Jean Jordy, Bernard Veck, Bernadette Gromer, Violaine Houdard-Mérot, Michel Descotes, etc.

Maîtres et serviteurs – 1997
Groupements de textes
Sylvie Jedynak

La lecture méthodique – 1989. Nouvelle édition 1999
De la construction du sens à la lecture méthodique
Michel Descotes

Achevé d'imprimer
sur les presses du
CRDP Midi-Pyrénées
3, rue Roquelaine – BP 7045
31069 Toulouse cedex 7

Dépôt légal : mai 2007

Tirage : 1 000 ex.